Norman H. Wright

Mein Vater und ich

W0109297

Norman H. Wright

# Mein Vater und ich

Editions Trobisch

Die Originalausgabe erschien unter dem Titel
ALWAYS DADDY'S GIRL im Verlag Regal Books/GL Publikations

© Regal Books

ISBN 3-87827-027-5


1. Auflage 1991
2. Auflage 1992
3. Auflage 1994
Copyright der deutschen Ausgabe
© 1991 Editions Trobisch
Postfach 2048, 77680 Kehl/Rhein

Übersetzung: Ulrike Schweitzer
Umschlag: Holler Design
Satz: Fotosatzstudio Schillinger, Lahr
Druck: St.-Johannis-Druckerei, Lahr   29683/1994

# Inhalt

# 1

# Erzählen Sie mir von Ihrem Vater

„Erzählen Sie mir von Ihrem Vater." Judith schaute mich ganz verwirrt an, als ich sie dazu aufforderte. Sie war eine Karrierefrau mittleren Alters und hatte eine Position im Bereich des Managements inne. „Was hat mein Vater damit zu tun, daß ich hier bin?" antwortete sie. „Ich kam, weil ich Probleme in meinem Büro habe. Mein Vater ist schon seit Jahren tot."

„Erzählen Sie mir von Ihrem Vater." Lydia schaute abwehrend auf den Boden, dann blickte sie mich an. Tränen stiegen ihr in die Augen. „Ich habe schon Schwierigkeiten, an meinen Vater zu denken", fing sie sachte an. „Ich denke, ich habe viele meiner Erlebnisse mit ihm einfach ausgeblendet. Ich kann mich an nichts erinnern, was vor meinem zwölften Geburtstag war. Es ist seltsam, daß Sie mich gerade nach meinem Vater fragen. Gibt es eine Verbindung zwischen meinem Vater und den Beweggründen, die mich zu Ihnen führten?" Lydia war zur Seelsorge gekommen, weil sie ständig mit Männern ausging, die nicht zu ihr paßten, und außerdem hatte sie eine ganze Reihe zerbrochener Beziehungen hinter sich.

„Erzählen Sie mir von Ihrem Vater." Utes Augen strahlten, als sie zu erzählen anfing. „Mein Vater war ein echter Gewinnertyp", sagte sie lächelnd. „Jedes von uns Kindern genoß die Beziehung zu ihm. Er war lustig, und man konnte gut mit ihm reden. Er zog sich nicht zurück, wie andere Männer es tun. Was ich am meisten an ihm schätzte, war sein Glaube an mich als Frau. Vielleicht fühle ich mich heute deshalb so gut als Frau. Er bestätigte mich als Person, ich brauchte nichts dafür zu tun. Papa hat einen bleibenden Eindruck bei mir hinterlassen."

„Erzählen Sie mir von Ihrem Vater." Was würden Sie, eine erwachsene Tochter, darauf antworten? Ich bin sicher, daß viele Gedanken und Gefühle Ihren Vater betreffend aufkommen werden. Manche mögen angenehm sein, andere wiederum nicht. Das werden wir in diesem Kapitel noch etwas näher betrachten. Welchen Einfluß hatte Ihr Vater auf Ihr Leben? In der gleichen Weise, wie Ute sich dessen bewußt wurde, welchen Einfluß ihr Vater auf ihr Leben hatte, so hat Ihr Vater – ob es Ihnen gefällt oder nicht – bei Ihnen einen bleibenden Eindruck hinterlassen. Ob er Ihnen nahestand oder sich eher auf Distanz hielt, ob er anwesend oder abwesend, kalt oder warmherzig, liebevoll oder mißhandelnd war – Ihr Vater hat Sie geprägt.

## *Ihr Vater und die Männer in Ihrem Leben*

Ihr Vater beeinflußt auch Ihr heutiges Leben stärker, als es Ihnen wahrscheinlich bewußt ist. Ihre Gefühle und Gedanken über sich selbst und Ihre Beziehung zu anderen Männern spiegeln diesen Einfluß auf Sie wider. Oft beeinflußt das, was ein Vater seiner Tochter gegeben hat, ihre Erwartungen gegenüber den Männern in ihrem Leben. In gleicher Weise verhält es sich auch mit dem, was ein Vater seiner Tochter versagt hat.

Michelle suchte Hilfe, weil sie sich nach einem liebenden, für sie sorgenden Mann sehnte und eine glückliche Familie haben wollte. Sie hatte schon über zwanzig Jahre nach einem solchen Mann Ausschau gehalten. Obwohl sie mehrere Männer kennengelernt hatte, die sie wirklich liebten, fand sie nie den idealen Mann. Sie hatte die Tendenz, sich vorschnell in eine Beziehung zu Männern zu stürzen, die sie anhimmelten. Aber nach einer Weile fand sie bei jedem eine Menge Fehler. Michelle suchte in ihrer Phantasie den perfekten Mann, obwohl ihr Verstand ihr sagte, daß dieser nicht existierte. Ihre Gefühle trieben sie jedoch dazu, diesen Mann weiter zu suchen.

Als wir ins Gespräch kamen, stellte sich heraus, daß Michelle als Kind Vaters Liebling war. Er hatte sie gehegt und verwöhnt, denn sie nahm in seinem Herzen einen besonderen Platz ein. In Michelles Augen konnte Papa nichts Falsches tun. Doch Papa hatte ihr nur seine positive Seite gezeigt; seine Fehler und Schwächen hatte sie nie gesehen.

Wie war Michelles Leben in den letzten zwanzig Jahren von ihrem Vater beeinflußt worden? Sie hatte vergebens nach dem Mann gesucht, der wie Papa war und so vollkommen lebte, wie Papa zu leben schien. Michelles Vater war der Maßstab, an dem sie alle anderen maß. Folglich konnte sie die normalen Fehler und Unvollkommenheiten eines Mannes nicht tolerieren. Michelle hatte nie über das Bild des perfekten Vaters hinaussehen können, um zu verstehen, daß er genauso menschlich war wie die Männer, die sie ablehnte.

Eine weitere Patientin, ich nenne sie Karin, erstaunte mich. Sie beschrieb mir, welche Behandlung sie sich von Männern hatte gefallen lassen. Sie ließ sich bis zur Grausamkeit mißhandeln. „Ich würde so gerne einen Mann treffen, der mich anständig behandelt", sagte sie. „Ich scheine immer nur Männer anzuziehen, die mich schlecht behandeln, aber ich weiß nicht warum. Ich bin jetzt so weit, daß ich nichts mehr mit Männern zu tun haben will. Nic mchr! Ich möchte mich auf keine andere Beziehung mehr einlassen, aber ich weiß, daß ich es doch tun werde. Was ist nur mit mir los?"

Während der Seelsorge wurde Karins mangelndes Selbstbewußtsein deutlich. Sie hatte tiefe Wunden aus ihrer Kindheit, wo sie gefühlsmäßig verlassen worden war. Die Beziehung ihrer Eltern war geprägt von Zorn und der fehlenden Erfüllung. Karins Vater hatte wenig Zeit für sie und kontrollierte sie mit seinem Zorn. Sie wurde zwar nicht körperlich mißbraucht, aber dafür um so mehr im seelischen Bereich. Sie fühlte sich wertlos und unbedeutend, vor allem in den Augen ihres Vaters. Als Erwachsene fühlte Karin sich genauso. Sie erwartete, daß Männer sie auf die gleiche Weise behandeln wie ihr Vater. Karin schien ein unbewußtes Bedürfnis zu haben, ein Opfer zu sein, was sie dazu führte, daß sie sich mit Männern einließ, die ihre Furcht erregten und sie mißhandelten.

Mit der Zeit entdeckten wir, daß Karins schlimme Beziehungen zu Männern noch ein anderes Bedürfnis in ihr stillten. Ihre schlechte Beziehung zu ihrem Vater hinterließ Schmerz, Gefühle der Traurigkeit, Depression, Wut und Bitterkeit. Es war schwer, diesen Gefühlen ins Auge zu sehen und mit ihnen fertig zu werden. Wenn sie einen Partner hatte, der sie mißhandelte, konnte sie ihre Schmerzen zeitweilig vergessen. Sie mußte dann ihre ganze emotionale Kraft aufwenden, um diese Beziehung zu überleben. So wurde aus dem gegenwärtigen Schmerz ein Schild gegen den Schmerz aus der Vergangenheit.

Diese Situation mag seltsam klingen, aber heute gibt es viele Frauen, die aufgrund des negativen Einflusses, den ihr Vater auf ihr Leben ausübte, ähnliche Probleme haben. Denise kam zu mir in totaler Frustration über ihre Ehe. Sie beschrieb ihren Mann als einen netten Mann, der aber passiv und erfolglos war. Sie gab zu, daß sie seit 10 Jahren vergebens versuchte, ihn zu ändern. Während wir sprachen, erzählte mir Denise von ihrem Vater, der zwar sehr nett, aber so „wischi-waschi" war. Er hatte ein großes Potential und viele Fähigkeiten, war aber nie erfolgreich. Denises Mutter kritisierte ihn ständig und setzte ihn herab. Denise hatte manchmal das Gefühl, ihn verteidigen und beschützen zu müssen. Sie konnte nicht verstehen, weshalb er keinen Erfolg hatte, hörte aber nie auf, an ihn zu glauben.

*Es gibt sehr viele Frauen,*
*deren Ehen unter dem schmerzvollen Einfluß*
*der Beziehung zu ihrem Vater leiden.*

Denise fühlte sich zu ihrem Mann hingezogen, weil dieser ähnliche Qualitäten hatte wie ihr Vater. Sie ging in die Ehe mit dem Glauben, sie könne ihn ermutigen und anregen, wunderbare Dinge zu tun. Es klappte nicht, jedoch versuchte sie es weiterhin. Warum hat Denise einen Mann gewählt, der so sehr ihrem Vater glich? Sie wollte das erreichen, was ihrer Mutter nicht gelungen war. Durch ihre Bemühungen um ihren Mann wollte sie beweisen, daß ihr Vater im Grunde ein erfolgreicher Mann war. Und hätte er die rechte Frau gehabt, so hätte er es auch geschafft. Denises Fall mag ungewöhnlich klingen, ist aber sicherlich kein Einzelfall. Es gibt sehr viele Frauen, deren Ehen unter dem schmerzlichen Einfluß der Beziehung zu ihrem Vater leiden.

## *Der Einfluß Ihres Vaters*

Wie würden Sie Ihre Beziehung zu Ihrem Vater beschreiben? Wie hat diese Ihre Beziehung zu Männern, Ihre Karriere oder Ihr Selbstwertgefühl beeinflußt? Nehmen Sie sich Zeit, um Ihre vergangene/gegenwärtige Beziehung zu Ihrem Vater einzuschätzen, indem Sie die folgenden Fragen beantworten:

1. Was sind/waren die positiven Eigenschaften Ihres Vaters?
2. Was sind/waren seine negativen Eigenschaften?
3. Was empfanden Sie Ihrem Vater gegenüber, als Sie ein zehnjähriges Kind waren? Zwischen Ihrem 11. und 20. Lebensjahr? Zwischen 20 und 30? Gegenwärtig?
4. Welche Gefühle drückte Ihr Vater offen aus? Wie drückte er sie aus?
5. Beschreiben Sie, wie Sie und Ihr Vater sich einander mitteil(t)en.
6. Welches war das schönste Erlebnis, das Sie mit Ihrem Vater hatten?
7. Welches war das negativste Erlebnis, das Sie mit ihm hatten?
8. Was ist/war das Ziel im Leben Ihres Vaters?
9. Worin gleichen Sie Ihrem Vater?
10. Worin sind Sie anders?
11. Auf welche Weise beeinflußte Ihr Vater Ihre Partnerwahl?

Die beiden ersten Fragen offenbaren am deutlichsten den Einfluß Ihres Vaters auf Ihr Leben. In all den Jahren meiner seelsorgerlichen Praxis habe ich diese Fragen Hunderten von Frauen im Alter von 20 bis 40 Jahren gestellt. Vielleicht können einige der Antworten, die ich erhalten habe, für Ihre Beziehung zu Ihrem Vater und zu den Männern in Ihrem Leben aufschlußreich sein. In den folgenden Kapiteln werden wir die Fragen behandeln. Doch hier wollen wir einmal sorgfältig den Einfluß der positiven und negativen Eigenschaften studieren, die Frauen ihren Vätern zuschrieben.

## *Positive Eigenschaften*

Er ist voller Zuneigung. Er ist großzügig, liebenswürdig, liebt Spaß und ist gerne bei seiner Familie. Er liebt Jesus, arbeitet hart. Er ist intelligent, unterstützt seine Familie und überlegt stets, was das Beste für sie ist.

Er ist aufrichtig, sehr freundlich, klug, intelligent, vertrauenswürdig, man kann sich auf ihn verlassen. Er lernt immer dazu, ist stets auf dem laufenden, ein harter Arbeiter.

Mein Vater war ein sehr liebevoller Mann. Er drückte bereitwillig seine Liebe zu uns aus. Er arbeitete sehr hart, war immer fleißig und ein sehr engagierter Christ.

Charakterstärke, respektabel, ein Leiter, sportlich fit, treu, hart arbeitend.

Mein Vater ist wirklich leistungsorientiert. Ich weiß nicht, ob das positiv oder negativ ist. Einmal hat er mit drei Dingen auf einmal jongliert. Als ich älter wurde, sah ich ihn nie, was ich als negativ empfinde, denn ihm entgingen 10 Jahre meiner Kindheit. Ich glaube nicht, daß ich meinen Vater gut kenne, und es fällt mir schwer, seine guten oder schlechten Eigenschaften aufzuzählen. Er war nicht besonders aufregend. Er hat alles mögliche versucht. Er hatte immer seine Meinung, und dabei blieb es.

Mein Vater ist diszipliniert und verantwortungsvoll. Er hat gelernt, seine tiefe Zuneigung zu seiner Familie auszudrükken. Er bemüht sich, sehr verständnisvoll zu sein und im Gespräch auf uns einzugehen. Er ist gutaussehend und hoch geachtet.

Er besitzt viel Eigeninitiative und nimmt alle möglichen Erfahrungen, Hobbies oder Tätigkeiten in Angriff, selbst wenn er dazu nicht so begabt ist. Er liebt meine Mutter. Er zeigt große Loyalität gegenüber seiner Frau und seiner Schwester. Er hat ein beständiges, ausgeglichenes Wesen. Seine Gefühle sind tief, und auf beruflicher Ebene verfügt er über bewundernswerte Talente zur Verbesserung seiner Fähigkeiten. Er blödelt gerne mit seinen Töchtern und läßt sich von ihnen aufziehen. Er kann gut spielen, und ich bewundere seine Lernkapazität. Er ist aufrichtig, liebenswürdig und großzügig. Er kommt gut zu Rande. Er ist fähig, sich zu ändern und die Vergangenheit loszulassen.

Voller Mitgefühl, zielorientiert, sanft, fromm, voller Liebe, mitteilsam, verständnisvoll, sanftmütig, einer, der schnell versteht.

Mein Vater besitzt viel Geduld und Ausdauer. Er ist immer beschäftigt und vollendet, was er angefangen hat. Er verkörpert bei uns zu Hause die Autorität. Er hat viele Aufgaben und wird allen gerecht. Er hat einen guten Sinn für Humor.

Er hatte stets klare Ziele für sich und seine Familie. Er hat hart gearbeitet, um diese zu erreichen. Er ist gutherzig, bringt den Bedürftigen (vor allem den Älteren) und „Vergessenen" (er macht darum nicht viel Aufhebens) in seinem Ort Nahrungsmittel. Er liebt seine Familie sehr. Er ist weise und fürsorglich. Er hat jung und alt Arbeitsgelegenheiten verschafft und ihnen so geholfen, ihr Selbstwertgefühl aufzubauen und ihre Ziele zu erreichen. Viele Menschen kommen zu ihm, um für persönliche oder geschäftliche Belange Rat zu suchen.

Mein Vater ist ein freundlicher Mensch, voller Liebe und Verständnis. Er ist rücksichtsvoll und aufmerksam, und man kann leicht mit ihm ins Gespräch kommen.

Er ist gütig zu mir und unterstützt mich. Ich fühle mich von ihm akzeptiert. Ich respektiere ihn als einen intelligenten Mann, der hart arbeitet; und ich bin stolz auf ihn. Er ist ausgeglichen, voller Liebe, und seine Gesellschaft ist sehr angenehm.

Vor seiner Scheidung hat er mir immer zugehört, wenn ich das Bedürfnis hatte zu reden. Er hat mich sehr unterstützt und ermutigt. Er hat für mich extra Zeit genommen, mich in seine Tätigkeiten miteinbezogen und mir stets das Gefühl gegeben, jemand Besonderes zu sein. Er war zu mir wie mein bester Freund, der mir Zuneigung gab, wenn ich sie brauchte. Er ist sehr sensibel und ausgeglichen und hat eine gute Portion Humor.

Mein Vater ist sanftmütig, freundlich, demütig, liebevoll, intelligent (belehrbar), fürsorglich, ein guter Zuhörer, geistlich gut fundiert, besitzt viel Weisheit, ist gerecht, gelassen und geduldig.

Er ist sehr großzügig, hat Kinder sehr gerne, ist gelassen. Er bleibt ruhig in beängstigenden Situationen. Mit ihm kann man leicht auskommen, er macht bei den meisten Dingen mit, ermutigt und unterstützt – er ist immer er selbst!

Mein Vater hat sein Leben, seine Familie, seine Angestellten etc. unter Kontrolle. Er ist ein starker Mann, voll Autorität, den man nicht leicht ausnutzen kann. Er ist gut organisiert, weiß, was er vom Leben erwartet, und ist daher auch sehr entschlossen.

Mein Vater ist ein sehr fürsorglicher Mann. Er war immer für mich da als Unterstützung und Vorbild. Er war immer bereit, mit Hand anzulegen und zu helfen, eine Last zu erleichtern. Mein Vater ist sehr sanft. Er schreit fast nie. Er ist sehr gut zu anderen Menschen. Er kommt ihnen entgegen und sorgt dafür, daß sie sich angenommen und wohl fühlen.

Mein Vater hat immer für materielle Dinge und Finanzen gesorgt. Er war immer für mich da. Nach der Scheidung hat mein Vater seine Beziehung zu seinen Kindern aufrechterhalten. Er ließ nicht zu, daß seine Scheidung die Beziehung zu mir beeinträchtigte.

Mein Vater hat immer gut für seine Familie gesorgt, war ein treuer Ehemann und hat uns immer unterstützt, auch wenn er dies nicht so gut ausdrücken konnte. Er war immer bereit, so gut er konnte an unseren Aktivitäten teilzunehmen, meistens als Zuschauer.

## Negative Eigenschaften

Er konnte nie gut zuhören. Manchmal versuchte er zu sehr Konflikte zu vermeiden. Er besitzt keine Disziplin über seinen Körper. Er kommuniziert überhaupt nicht. Er ist nicht sensibel für die Bedürfnisse seiner Frau. Er hat große Schwierigkeiten, die emotionale Seite der Menschen zu verstehen. Es ist ihm gleichgültig, ob seine Arbeit qualitativ gut ist oder nicht.

Er ist stur, nicht sehr reif in zwischenmenschlichen Beziehungen, mit Verwandten sehr intim, aber im Grunde ein Einzelgänger. Er hat manchmal einen engen Horizont, kann impulsiv sein, aber sehr distanziert in seinen Gefühlen.

Mein Vater konnte nicht gut mit Geld umgehen. Da mein Vater nicht fähig war, gut zu kommunizieren, konnte ich mit ihm nie über das reden, was in meinem Leben geschah. Daher standen wir uns nicht besonders nahe.

Mein Vater wird manchmal sehr wütend und schreit. Sein Leben zu Hause wird vom Fernsehen bestimmt. Er ist ein junger Christ, aber er scheint nicht sehr an seinem geistlichen Vorwärtskommen oder am Bibellesen interessiert zu sein.

Er trinkt zuviel, versucht mich und meine Entscheidungen zu manipulieren, hängt an der Vergangenheit. Er ist ständig schlechtgelaunt, sorgt sich zu sehr um Geld und ist dem Leben gegenüber sehr negativ eingestellt. Er zeigt nie Zuneigung oder Liebe, ja er weint nicht einmal. Er hat Schwierigkeiten, ehrlich zu sein, vertraut keinem, vor allem keiner Frau. Er ärgert sich über meine Mutter.

Er geht schnell hoch, ist in sich zurückgezogen und wird manchmal gewalttätig. Er übernimmt nicht die Verantwortung für die schlechten Dinge, die er getan hat. Er ist unfähig, die Gefühle anderer Menschen zu verstehen oder mit ihnen umzugehen. Er ist nie richtig erwachsen geworden. Er hat immer noch Gefühlsschwankungen wie ein Kind.

Er ist ein arbeitssüchtiger Mensch. Er ist sehr beherrschend, beschimpft seine Umgebung und denkt, ich sei ein Versager. Erfolg und Materialismus sind für ihn alles. Er denkt sehr negativ und demütigt andere. Er zeigt keine Gefühle oder Zuneigung.

Seine Unterstützung ist an Bedingungen geknüpft. Er benutzt meine Mutter als Vermittlerin bei der Kommunikation. Er ist kalt und einschüchternd, verschlossen gegenüber jeglichen Dingen, die ihn enttäuschen, seinen Glauben herausfordern oder ihn verletzen könnten.

*Mein Vater hat nie meine
emotionalen Bedürfnisse gestillt.
Deswegen war ich ihm nicht so nahe,
wie ich es gewünscht hätte.*

Er ist beherrschend, stur und eigensinnig und dickköpfig. Er wiederholt sich oft. Manchmal denkt er nur an sich selbst. Er war gemein, fast brutal zu meiner Schwester, bis diese von zu Hause wegging. Er kennt meine Mutter nicht wirklich. Er arbeitet Tag und Nacht und hat für sie keine Zeit. Als Folge daraus steht jetzt nach 44 Jahren eine tiefe Kluft und Traurigkeit zwischen ihm und meiner Mutter, die fast nicht zu überbrücken sind. Ständig läßt er zu, daß sein Herrschaftsbestreben ihn daran hindert, gemeinsame Familienaktivitäten zu genießen. Ich möchte keinen solchen Partner!

Er hat ein aufbrausendes Temperament, er hegt Groll. Wenn es jemand einmal mit ihm verdirbt, dann bleibt es dabei. Zum Glück hat man da eine bessere Chance, wenn man zur Familie gehört. Er ist sehr leidenschaftlich, niemals müde. Ich denke, er arbeitet selbst noch während seines Urlaubs.

Er scheint nicht zu wissen, wie man Gefühle mitteilt oder zuläßt und wie man mit Beziehungsproblemen umgeht. Obwohl er nie seine Beherrschung verliert, kann er auf passive Weise sehr stur und aggressiv werden.

Ungeduldig, streng, Mangel an Sensibilität. Drückt Gefühle gar nicht oder nur schlecht aus. Verliert bei manchen Themen schnell seine Beherrschung. Verlangt sehr viel von anderen. Denkt nicht immer nach, bevor er redet.

Mein Vater hat nie für meine emotionalen Bedürfnisse gesorgt. Deswegen war ich ihm nie so nahe, wie ich es gewünscht hätte. Er achtet mich auch nicht als erwachsene Person, sondern schneidet mir das Wort ab oder ignoriert mich.

Nicht mitteilsam, teilt seine Gefühle nur schwerlich mit. Benutzt Gesprächspausen, um andere zu verletzen. Er ist stur, nicht spontan, hat eine sehr rauhe Art. Sieht Konflikten nicht ins Auge. Er würde sie am liebsten ignorieren, auch wenn eine Konfrontation das Problem lösen würde.

Er kann seine Versprechen und Engagements nicht einhalten. Schnell wütend, verschlossen, läßt keinen an sich herankommen. Ihm fehlt manchmal der gesunde Menschenverstand. Unmotiviert. Verkriecht sich manchmal in seine kleine Welt. Überbesorgt. Er ist leicht asozial, zu sehr von meiner Mutter abhängig. Übernimmt nicht seine Aufgaben im Haus. Kritisiert manchmal, hört schlecht zu, ist auch negativ. Vergibt nicht leicht, hegt Groll, vor allem gegen Verwandte. Spricht manchmal, bevor er denkt.

Bevor Sie jetzt weiterlesen, bitte ich Sie, diese beiden Auflistungen nochmals durchzulesen. Unterstreichen Sie jede positive bzw. negative Eigenschaft, die Sie bei Ihrem eigenen Vater finden. Vielleicht denken Sie darüber nach, wie Sie ihn in drei Phasen Ihres Lebens wahrgenommen haben: als kleines Kind, als Jugendliche und jetzt als Erwachsene. Wenn Ihr Vater bereits gestorben ist, so versuchen Sie, seine Qualitäten durch Ihre letzten Erinnerungen an ihn einzuschätzen. Durch diese Übung werden Sie entdecken, welchen Einfluß Ihr Vater auf Sie hatte, und lernen, damit umzugehen.

## *Die Werte Ihres Vaters, Ihre eigenen Werte*

Ihr Vater hat Ihnen seine Werte vermittelt oder es zumindest versucht. Kennen Sie diese Werte? Erinnern Sie sich daran, welche Überzeugungen Ihr Vater in bestimmten Bereichen des Lebens hatte? Nehmen Sie sich einige Minuten Zeit, um darüber nachzudenken, wie sich die Werte Ihres Vaters auf Ihr Leben ausgewirkt haben. Die folgende Auflistung enthält einige wichtige Themen des Lebens. Überlegen Sie genau, was Ihr Vater zu den einzelnen Bereichen dachte. Vervollständigen Sie dann die jedem Thema folgende Aussage „Mein Vater sagte immer... ". Es sind für jedes Thema zwei Beispiele gegeben. Vervollständigen Sie danach die Aussage, die beginnt mit „Ich denke heute...", indem Sie zu jedem Bereich Ihre Meinung wiedergeben. Vergleichen Sie schließlich Ihre Aussagen mit denen Ihres Vaters, um herauszufinden, wie sich Ihre Werte und Überzeugungen mit denen Ihres Vaters decken.

Wovon mein Vater und ich überzeugt sind:

*Geld*
Vater sagte immer: „Verschwende nicht dein Geld für nutzlose Dinge."
Vater sagte immer: „Geld wächst nicht auf Bäumen."

Mein Vater sagte immer: ........................................................

Ich denke heute: ..............................................................

*Nahrung*
Vater sagte immer: „Paß' auf, daß du die richtigen Nahrungsmittel ißt."
Vater sagte immer: „Wenn du das ißt, wirst du dick werden."

Mein Vater sagte immer: ........................................................

Ich denke heute: ..............................................................

*Sexualität*
Vater sagte immer: „Sexualität ist ein Geschenk Gottes, das in die Ehe gehört."
Vater sagte immer: „Paß' auf, daß du durch deine Art, dich zu kleiden, nicht in Schwierigkeiten kommst."

Mein Vater sagte immer: ........................................................

Ich denke heute: ..............................................................

*Frauen*
Vater sagte immer: „Frauen sind zu emotional und flatterhaft."
Vater sagte immer: „Frauen sind nur zu einem Zweck da."

Mein Vater sagte immer: ........................................................

Ich denke heute: ..............................................................

*Glaube*

Vater sagte immer: „Dein Glaube an Christus ist die wichtigste Entscheidung in deinem Leben."

Vater sagte immer: „Den Maßstäben des Glaubens gerecht zu werden ist sehr schwer."

Mein Vater sagte immer: ...............................................................

Ich denke heute: ...............................................................

*Freizeit*

Vater sagte immer: „Achte darauf, daß du weise mit deiner Zeit umgehst."

Vater sagte immer: „Entspanne dich und genieße deine Zeit. Denn wenn du erst einmal erwachsen bist, mußt du arbeiten."

Mein Vater sagte immer: ...............................................................

Ich denke heute: ...............................................................

*Arbeit*

Vater sagte immer: „Du bist noch nicht alt genug, um einen Job zu haben."

Vater sagte immer: „Arbeite hart, welchen Job du auch hast, und du wirst vorankommen."

Mein Vater sagte immer: ...............................................................

Ich denke heute: ...............................................................

*Männer*

Vater sagte immer: „Paß' auf, wenn du mit einem Mann ausgehst. Männer wollen immer nur das eine."

Vater sagte immer: „Suche einen Mann mit Geld und Verstand, anstatt einen, der gut aussieht."

Mein Vater sagte immer: ...............................................................

Ich denke heute: ...............................................................

*Schule*

Vater sagte immer: „Tu dein Bestes und bringe immer Einser nach Hause, und ich werde stolz auf dich sein."

Vater sagte immer: „Warum sollte ein Mädchen studieren? Das ist Geld- und Zeitverschwendung."

Mein Vater sagte immer: ..............................................................

Ich denke heute: ......................................................................


*Beruf*
Vater sagte immer: „Aus dir wird einmal eine gute Lehrerin."
Vater sagte immer: „Du wirst einmal Ärztin."

Mein Vater sagte immer: ..............................................................

Ich denke heute: ......................................................................


*Selbstvertrauen*
Vater sagte immer: „Paß' auf, daß du nicht zu sehr von dir selbst eingenommen bist."
Vater sagte immer: „Ich war nicht viel wert."

Mein Vater sagte immer: ..............................................................

Ich denke heute: ......................................................................


*Meine Freunde*
Vater sagte immer: „Ich habe gute Freunde gewählt."
Vater sagte immer: „Ich habe zuviel Zeit mit meinen Freunden verbracht, als ich ein Teenager war."

Mein Vater sagte immer: ..............................................................

Ich denke heute: ......................................................................


*Ängste*
Vater sagte immer: „Es gibt nichts in der Welt, wovor du dich fürchten müßtest."
Vater sagte immer: „Ich befürchte, du wirst nicht so werden, wie Mutter und ich es uns wünschen."

Mein Vater sagte immer: ..............................................................

Ich denke heute: ......................................................................

*Emotionen*

Vater sagte immer: „Emotionen und Gefühle sind Zeitverschwendung. Sie bringen dich nur in Schwierigkeiten."

Vater sagte immer: „Ich verstehe oft deine Gefühle nicht."

Mein Vater sagte immer: .................................................................

Ich denke heute: ............................................................................

Was haben Sie über sich selbst und Ihren Vater gelernt? Vielleicht ist es Ihnen möglich, ihm einige Ihrer Einsichten mitzuteilen. Er wird bestimmt überrascht sein, daß Sie sich daran erinnern, was er glaubt. In diesem Kapitel haben Sie sich an Ihren Vater erinnert und es ausgedrückt. Damit haben Sie schon einen enormen Schritt unternommen, um seinen Einfluß in Ihrem Leben zu verstehen und darauf einzugehen. Der nächste Schritt besteht darin zu untersuchen, welches Bild Töchter im allgemeinen von ihren Vätern haben. Wie war/ist Ihr Vater? Paßt er in das Bild eines perfekten Vaters? Lesen Sie bitte weiter.

# 2

# Unterschiedliche Vaterbilder

*Vater.* Das Wort allein ruft bei einer Tochter schon sehr unterschiedliche Vorstellungen hervor. Man nennt ihn Vater, Paps, Pa oder Papa. Zum Leidwesen vieler Mütter ist das erste Wort einer Tochter oft „Papa" anstelle von „Mama". Ein Vater betritt die Welt seiner kleinen Tochter in verschiedenen Rollen. Sie sieht ihn oft als den Direktor ihres Lebens, ihren Mentor und Führer. Sie sieht ihn wahrscheinlich auch als Versorger und Sicherheitsquelle an. Viele kleine Mädchen hören ständig den tröstenden Satz: „Wenn Papa heimkommt, bringt er das in Ordnung." Sie haben vielleicht solche Erinnerungen von einem Vater, der jedes Problem lösen und das schlimmste Chaos beheben konnte. Vielleicht sind Sie in einem sehr traditionellen Zuhause aufgewachsen, in dem der Vater die Haupteinkommensquelle war. Er war es, der die Rechnungen bezahlte und besondere Dinge belohnte. Er nahm die Familie mit in Urlaub, und im Restaurant bestellte er das Essen für alle. In Ihrer jugendlichen Unschuld haben Sie Ihren Vater als allmächtig angesehen. Töchter lieben das Gefühl der Sicherheit und der Kraft, das ihnen dieses Vaterbild vermittelt.

Ihr Vaterbild mag sogar die biblischen Eigenschaften eines Familienoberhauptes miteinschließen, so wie in 1. Timotheus 3, 4 ein göttlicher Mann beschrieben wird: „Er soll ein guter Familienvater sein und seine Kinder zu Gehorsam und allem Anstand erziehen."

Vielleicht war er ein gutes Beispiel für die biblischen Richtlinien der Vaterschaft: „Diese Worte, auf die ich dich heute verpflichte, sollen auf deinem Herzen geschrieben stehen. Du sollst sie deinen Söhnen wiederholen. Du sollst von ihnen reden, wenn du zu Hause sitzt und wenn du auf der Straße gehst, wenn du dich schlafen legst und wenn du aufstehst" (5. Mose 6, 6–7). „Ihr Väter, reizt eure Kinder nicht zum Zorn, sondern erzieht sie in der Zucht und Weisung des Herrn!"(Eph. 6, 4). „Ihr Väter, schüchtert eure Kinder nicht ein, damit sie nicht mutlos werden" (Kol. 3, 21). Vaterschaft ist ein hoher geistlicher Ruf. Väter sollen lehren, ermutigen, führen und für ihre Kinder sorgen. Wenn Ihr Vater die Rolle des geistlichen Führers zu Hause erfüllt hat, sind Sie gesegnet und sollten zutiefst dankbar sein.

Bisher haben wir über Väter geredet, die ein positives Bild bei ihren erwachsenen Töchtern hinterlassen haben. Aber vielleicht können Sie diesem Bild des starken, liebenden Vaters, der Führer und Versorger der Familie ist, nicht zustimmen, weil ihr Vater nicht so war. Ihr Vater war eher wie der Vater von Dornröschen oder von Aschenputtel, die das Leben ihrer Töchter alles andere als positiv beeinflußt haben.

Dornröschens Vater war der König. Er liebte seine Tochter, aber er vergaß eine der ältesten und mächtigsten Feen zur Taufe seiner Tochter einzuladen. Das Ergebnis war der hundertjährige Schlaf und die Inaktivität seiner Tochter. Aschenputtels Vater schaffte seiner Tochter auch Probleme. Er ließ sich von einer zu starken, beherrschenden Frau dominieren. Aus diesem Grunde war Aschenputtel dazu verurteilt, in Lumpen herumzulaufen und als Dienstmädchen zu fungieren. In beiden Märchen waren die Väter im Leben ihrer Töchter zwar vorhanden, aber unwirksam. Das glückliche Ende jeder Geschichte besteht darin, daß beide Mädchen aus dem Kerker ihres Zuhauses von schönen jungen Prinzen herausgerettet werden. Heutzutage gibt es auch viele junge Frauen, die zu Hause alles andere als ideale Väter haben und dem ersten „Prinzen", der kommt, Vertrauen schenken, in der Hoffnung, die Sicherheit und Geborgenheit zu finden, die ihnen bei ihren Vätern gefehlt hat.

Es ist auch möglich, daß Sie nicht das Bild eines idealen oder eines anwesenden aber unwirksamen Vaters, sondern das eines mißhandelnden oder abwesenden Vaters in sich tragen. Vielleicht sind Ihre Erinnerungen an Ihren Vater so durch seine negativen Eigenschaften verdunkelt, daß es Ihnen schwerfällt, in

Ihnen positive Gedanken oder Gefühle ihm gegenüber zu entdecken. Wie Ihr Vaterbild auch sein mag, die nächsten Kapitel werden Ihnen helfen, mit Ihren vergangenen Erfahrungen und der gegenwärtigen Situation auf konstruktive Weise fertig zu werden.

## *Der einzigartige Beitrag eines Vaters*

Väter haben eine einzigartige und genau festgelegte Rolle bei der Bahnung der Zukunft ihrer Kinder. Willard Gaylin, der Autor von *Feelings* (Gefühle), beschreibt es so:

„Wenn wir in der Vergangenheit etwas zu stark erleben, so werden wir es da erwarten, wo wir es nicht sollten, und vermuten, wo es nicht ist. Wurden wir z. B. von einem strafenden Vater eingeschüchtert, der uns terrorisiert hat, so werden wir uns allen Autoritätspersonen aufgrund der Erinnerungen an einen dominierenden Vater nähern. Die Erinnerung an diese Autorität nimmt in uns einen größeren Raum ein als die eigentliche aktuelle Autoritätsperson, mit der wir es momentan zu tun haben. Gleichgültig, wie freundlich und unanfechtbar diese Autoritätsperson ist, werden wir jedem Lehrer, jedem Arbeitgeber so begegnen, als hätte er die Macht und die Persönlichkeit des dominierenden Vaters, der unser Leben einmal beherrscht hat."[1]

In ihren ausführlichen Interviews mit Frauen hat Suzanne Fields einige wichtige Bereiche des väterlichen Einflusses in dem Leben von Töchtern herausgefunden:

„Die Erinnerungen von erwachsenen Frauen berühren Schlüsselthemen wie die sexuelle und psychologische Reife. Frauen sehen Vater-Tochter Parallelen in ihren Ehen und Liebesbeziehungen, wo der Vater einen langen Schatten über Sexualität, Arbeit, Fortpflanzung und Freizeit legt. Kompetenz und Weiblichkeit sind die beiden Werte, die die meisten interviewten Frauen nannten, auf die Frage hin, worauf ihr Vater den größten Einfluß ausgeübt hat. Es sind die positiven Eigenschaften, die das

Selbstbewußtsein, die Arbeit und die Liebe bestimmen."[2]

Ihre Eltern waren Ihre ersten Vorbilder, und jedes Elternteil spielte in Ihrer Entwicklung eine andere Rolle. Natürlich überlappen sich die Einflußbereiche von Vater und Mutter in einigen Bereichen der Erziehung und Entwicklung. Schauen wir uns doch einmal die Bereiche an, in denen Ihr Vater eine von der Mutter sich unterscheidende Rolle hatte.

*Vertraut werden mit der Männlichkeit.* Ihr Vater war derjenige, der Sie mit dem anderen Geschlecht bekannt gemacht hat. Wie sorgfältig Sie durch Ihren Vater über Männlichkeit informiert wurden – durch Reden und Vorbild – und wie gut Sie diese Lektion gelernt haben, wird in Ihrem Umgang mit Männern im geschäftlichen und persönlichen Bereich sichtbar werden. Ihr Vater hat Ihre Sicht von den Männern gefärbt und Ihre Erwartungen bestimmt, wie sich Männer Ihnen gegenüber verhalten sollten.

*Die Liebe eines Vaters.* Mütter und Väter drücken ihre Liebe zu ihren Töchtern unterschiedlich aus. Die Liebe einer Mutter ist eher bedingungslos und gibt der Tochter ein Gefühl der Sicherheit. Die Liebe eines Vaters jedoch wird oft als Belohnung für eine Leistung geschenkt und vermittelt der Tochter somit das Gefühl, daß man sich Liebe verdienen muß.

Der Ausdruck der Liebe eines Vaters wird oft dadurch erschwert, daß viele Väter unfähig sind, spontane, direkte Zuneigung auszudrücken. Sie neigen eher dazu, ihre zärtlichen Gefühle zu verbergen. Mütter müssen ihren Töchtern oft die unausgesprochene Liebe der Väter übersetzen. „Dein Vater liebt dich wirklich", wird eine Mutter ihre Tochter trösten, „er kann es nur nicht so zeigen." Eine Tochter, die das Glück hat, einen Vater zu besitzen, der seine tiefsten Gefühle offen zeigen kann, hat eine wertvolle Gabe erhalten, die ihr Leben und ihre Erinnerungen an ihren Vater bereichern wird.

Wie sieht es mit Ihnen aus? Wie hat Ihr Vater Ihnen seine Liebe mitgeteilt, seine zärtlichen Gefühle? Mußte Ihre Mutter Ihnen seine Liebe so übersetzen, daß Sie sie verstehen konnten?

*„Das ist mein Mädchen."* Die Wertschätzung und das Lob, die ein Vater seiner Tochter in ihren frühen Jahren schenkt, ist

anders als die einer Mutter. Mütter sind normalerweise öfters da als Väter, somit haben die Kommentare und Antworten der Väter mehr Bedeutung. Weshalb? Weil sie anders und seltener ausgedrückt werden. Sein positives Eingreifen kann dafür sorgen, daß eine Tochter nicht zu sehr von ihrer Mutter abhängig wird. Das Vertrauen eines Vaters in seine Tochter und ihre Fähigkeiten wird ihr genügend Selbstvertrauen einflößen, daß sie alleine überleben kann. Es ist wichtig, daß ein Vater sie respektiert, bewundert und vor allem die Tatsache ernst nimmt, daß seine kleine Tochter dabei ist, eine Frau zu werden. Wenn ein Vater seine kleine Tochter nicht gehen läßt, kann daraus eine ungesunde psychologische Abhängigkeit entstehen. Besteht eine zu starke Abhängigkeit, die sich bei der erwachsenen Tochter fortsetzt, so werden sich die beiden immer als Eltern-Kind begegnen und nicht auf dem Stand zweier Erwachsener. Ihr Vater kann wohl immer noch eine Autoritätsperson darstellen, wenn Sie erwachsen sind, aber er darf nicht so autoritär sein, als wären Sie ein Kind.

*Väter spielen eine entscheidende Rolle dabei, wie eine Tochter Ehrgeiz, Leistung und Kompetenz versteht. Ein kluger Vater wird ihr zu verstehen geben, daß diese Eigenschaften keinesfalls im Gegensatz zur Weiblichkeit stehen.*

*Gestaltung der Zukunft.* Väter eröffnen in besonderer Art ihren Töchtern die Zukunft und gestalten ihre Rolle. Manche Väter vermitteln ihren Töchtern eine ausgedehnte Sicht ihres Potentials, wie das Beispiel einer erfolgreichen Geschäftsfrau es erläutert. „Als ich klein war, nahm mich mein Vater auf den Schoß und sagte mir, daß es nichts gäbe, was ich nicht tun könnte. Ich könnte alles tun, was ich versuchen würde. Er vermittelte mir den Glauben an mich selbst und meine Fähigkeiten." Traurigerweise gibt es andere Väter, die ihren Töchtern eine sehr begrenzte Sicht ihrer Rolle in der Welt vermitteln. Sie geben ihnen zu verstehen, daß Frauen die vorgezeichneten Rollen als Ehefrau, Mutter, Haushälterin usw. übernehmen müßten. Dies sind ausgezeichnete Rollen, solange die Tochter aus dem reichhaltigen Angebot, das eine Frau heutzutage hat, wählen kann. Viele Töchter werden jedoch nicht gefördert, das zu werden, was sie werden könnten. Sehr viele Frauen, die trotz der engstirnigen Ansichten ihres Vaters außerhalb der Familie erfolgreich sind, haben Angst, zu erfolgreich zu sein. Sie projizieren die Ansichten ihres Vaters auf die Männer in ihrem Leben und fürchten sich davor, ihre Beliebtheit bei den männlichen Kollegen zu verlieren und für ihre Ehemänner eine Bedrohung zu sein.

Väter spielen eine entscheidende Rolle in der Sichtweise der Tochter von Ehrgeiz, Leistung und Kompetenz. Ein weiser Vater wird ihr zeigen, daß keine dieser Eigenschaften der Weiblichkeit entgegensteht. Frauen können von ihren Vätern auch lernen, wie die Macht in Arbeitsverhältnissen aufgeteilt ist. Sie können die positive Seite und die Grenzen männlicher Arbeit sehen. Hoffentlich lernen sie auch, wie sinnlos es ist, zu viel erreichen zu wollen und die eigene Identität auf seinen Leistungen aufbauen zu wollen.

## Der weibliche Faktor

Ihre Beziehung zu Ihrem Vater war Ihre erste entscheidende Beziehung zum männlichen Geschlecht. Er war der erste Mann, dessen Aufmerksamkeit Sie gewinnen wollten. Er war der erste Mann, mit dem Sie flirteten, den Sie drückten und küßten, der Sie als besonderes Mädchen unter vielen hervorhob. Alle diese Erlebnisse mit Ihrem Vater waren notwendig, um das Element in Ihnen zu nähren, das Sie von ihm und allen anderen Männern unterscheidet: Ihre Weiblichkeit. Diese liebevolle Aufmerksamkeit eines Vaters gegenüber seiner Tochter bereitet sie für ihre einzigartige weibliche Rolle als Freundin, Verlobte und Ehefrau vor.

Wenn in Ihrer Beziehung zu Ihrem Vater als Kind etwas fehlte, dann litt am meisten Ihre Weiblichkeit darunter. Warum? Als kleines Mädchen drückten Sie die aufsprossenden Keime der Weiblichkeit aus. War Ihr Vater emotional oder physisch abwesend, oder hart und abweisend, dann werden Sie dies automatisch und im Unterbewußtsein als seine Ablehnung Ihrer Weiblichkeit interpretieren. Sie hatten damals noch nicht die intellektuelle Fähigkeit, seine Ablehnung zu verstehen oder zu verarbeiten, noch hatten Sie einen inneren Abwehrmechanismus, um sich dagegen zu verteidigen. So haben Sie einfach ganz naiv gefolgert: „Ich möchte, daß Papa mich mag. Papa mag mich nicht so, wie ich bin, also werde ich mich so ändern, daß er mich mag."

Wenn ein Vater die Weiblichkeit seiner Tochter nicht schätzt oder nicht darauf eingeht, so wird sie in ihrer Entwicklung gehemmt. Einer Tochter, die kaum erfahren hat, was es heißt, daß sich ihr Vater an ihr als kleines Mädchen erfreut, fehlt etwas Wichtiges. Sie muß ihre Weiblichkeit selbst entdecken, was oft tragische Folgen in ihrer Beziehung zu Männern hat. Väter beeinflussen die Weiblichkeit ihrer Töchter. Ein Vater, der sich nicht durch die Sexualität seiner Tochter bedroht fühlt, sondern warmherzig ist und sie annimmt, hilft ihr, auf normale Weise in ihre Weiblichkeit hineinzuwachsen. Es stimmt, daß sich die Sexualität einer Frau ein ganzes Leben lang entwickelt, aber sie wird definitiv gefördert – oder verzögert – durch ihre frühe Beziehung zu ihrem Vater. Ihre Weiblichkeit wird gefördert durch sein Lächeln, wenn sie ihm zublinzelt, oder seinen Ausdruck der Freude über ihre neue Frisur oder ihre neue Kleidung.

Erinnern Sie sich daran, wie begeistert Sie über neue Kleider waren und wie Sie sich auf die Reaktion Ihres Vaters freuten? Hofften Sie, daß er Ihnen voller Freude sagen würde, wie schön Sie aussähen? Hat er Sie auf den Arm genommen und herumgewirbelt? Das sexuelle Selbstbewußtsein einer Frau wird zum Teil durch die Reaktionen ihres Vaters ihr gegenüber gebildet.

Leon Hammer, ein Psychotherapeut, der sich mit der sexuellen Gleichgültigkeit von Frauen beschäftigt, diskutiert die Rolle des Vaters in der sexuellen Entwicklung seiner Tochter:

> „Dieser Mann muß jeden Aspekt der Weiblichkeit des Mädchens sehen, fühlen, wertschätzen und darauf reagieren – ihre Haare, ihren Körper, ihre Kleider, ihr Lachen, ihre Stimme, ihren Gang, ihre Gesten. Dadurch daß er sie hält, küßt, drückt und mit ihr spielt, muß er ihr seine Freude daran zeigen. Die Freude, die er erhält und in offenem Ausdruck zurückgibt, wird bestimmen, wie sehr das Mädchen später durch die Existenz und Gegenwart eines Mannes erfreut sein kann."

Wächst das Mädchen heran, ohne von ihrem Vater in ihrer Weiblichkeit bestärkt zu werden, so kann sie zu dem werden, was ein Schriftsteller als „gepanzerte Amazone" beschreibt. Sie reagiert auf das Fehlen ihres Vaters, indem sie manche der maskulinen Funktionen des Vaters übernimmt. Da der Vater ihr nicht das männliche Bild vermittelt hat, das sie gebraucht hätte, beschließt sie, diese Rolle selbst zu übernehmen. Sie baut ein starkes, maskulines Selbstbewußtsein auf, durch persönliche Leistungen oder indem sie sich aggressiv für eine Sache einsetzt. Sie spiegelt dann auch väterliche Züge wider, indem sie Situationen und Menschen beherrscht und „die Spielregeln bestimmt". Bei der Arbeit ist solch eine Frau ein wahres Arbeitstier und zu Hause „läuft" ihre Familie wie am Schnürchen.

Diese Pseudo-Maskulinität dient der Frau als Schutzwall. Es ist ihre Rüstung und ihr Schild gegen den Schmerz des Verlassenseins oder der Ablehnung durch den Vater. Sie benutzt ihre Rüstung, um ihre sanfte, weibliche Seite zu schützen, die von ihrem Vater – statt unterstützt – abgelehnt wurde. Aber eine Rüstung, die dafür sorgt, daß das Äußere nicht nach innen kommt, läßt auch das Innere nicht nach außen. Die gepanzerte Amazone hat Probleme, ihre weiblichen Gefühle zu zeigen – die eigentliche sanfte Seite ihres Lebens. Sie entfremdet sich selbst von gesunden Beziehungen zu Männern und von dem erfüllten Leben, das zu genießen sie als Frau geschaffen wurde.

Können Sie sich als Frau mit solch einer Beschreibung identifizieren? Finden Sie Züge der gepanzerten Amazone in Ihrer

Persönlichkeit? Wird Ihnen plötzlich klar, daß Ihr Leben heute die Ablehnung ihrer Weiblichkeit als Kind durch Ihren Vater widerspiegelt? Lesen Sie weiter. Die folgenden Kapitel werden Ihnen helfen, Ihre Situation und Ihre Gefühle Ihrem Vater gegenüber zu verstehen und zu analysieren.

## Der bestätigende Vater

Ein der wichtigsten Beiträge des Vaters zum Heranwachsen seiner Tochter ist seine Bestätigung. Wenn Ihr Vater einige der Eigenschaften eines bestätigenden Vaters hatte, die auf den folgenden Seiten besprochen werden, dann ist die Wahrscheinlichkeit groß, daß Sie eine gute Beziehung zu ihm haben (wenn er noch lebt), ein positives Selbstbild und gesunde Beziehungen zu den Männern haben, die Sie umgeben. Wenn Ihr Vater nicht dem entspricht, was hier beschrieben wird, so haben Sie gewiß Probleme, mit ihm auszukommen. Je nach Grad des erlittenen Entzugs, haben Sie auch Schwierigkeiten, sich selbst anzunehmen und mit anderen Männern in Beziehung zu treten.

Während Sie Ihren Vater mit den hier beschriebenen Eigenschaften vergleichen, seien Sie vorsichtig, daß Sie ihn nicht verurteilen oder sich selbst bemitleiden, weil er versagt hat. Der Zweck dieses Abschnittes besteht darin, Ihnen zu helfen, zu verstehen, wie das Verhalten Ihres Vaters Ihr Leben geformt hat, und Ihnen einen Weg zu zeigen, wie sich das Verhältnis zu ihm verbessern kann.

*Ein ausgeglichener Zugang.* Es ist zwar wichtig, daß ein Vater die körperlichen Qualitäten einer Tochter bestätigt, aber er darf nicht andere Qualitäten, so wie Errungenschaften, Werte oder Haltungen abwerten, insbesondere die, welche die Schrift lehrt. Eine Tochter braucht Liebe und Bestätigung für das, was sie ist, nicht für das, was ihr Vater wünscht, daß sie sei. Komplimente und Bestätigungen sollten oft und bedingungslos ausgedrückt werden. Ich habe gehört, wie Väter zu ihren Töchtern sagten: „Wenn du nicht besser auf dein Äußeres achtest, wird keiner mit dir ausgehen wollen" oder „Wenn du nicht etwas abnimmst, wird sich dir kein Junge nähern". Solche Kommentare, auch wenn sie ein Körnchen Wahrheit enthalten, sind das Gegenteil von Bestätigung. Die Normen des Vaters, wie eine Tochter sein sollte, sind offensichtlich wichtiger, als was sie ist. Das schneidet tief in die Gefühle einer Tochter ein. Wie hat Ihr Vater Sie bestätigt? Gab es ein Gleichgewicht in seinen Kommentaren, oder hat er zu großen Wert auf die äußere Erscheinung gelegt? War seine Bestätigung bedingungslos oder wollte er, daß Sie seinen Normen gerecht werden?

*Einen Akzent auf das Weibliche.* Manche Väter bestärken die weibliche Seite ihrer Töchter, andere fühlen sich dadurch bedroht. Sie wissen nicht, wie sie mit der Bewunderung eines kleinen Mädchens umgehen sollen, daher ziehen sie sich vor ihrer weiblichen Reaktion zurück. Diese Zurückweisung von ihrem Vater kann dazu führen, daß eine Tochter sich in Zukunft in Beziehungen zu Männern unwohl fühlt, da ihre erste Erfahrung des „Hofiertwerdens" nicht erfolgreich war. Manche Väter haben andere Motivationen, um die Weiblichkeit ihrer Töchter zu bestärken, wie es William Woolfolk und Donna W. Cross beschreiben:

„Väter, die sehr stark und dominierend sind, können ihre Töchter extrem beeinflussen. Manche formen den Charakter ihrer Tochter als Kompensation dafür, daß sie nicht so eine Art von Mutter oder Frau gehabt haben. Für einige Väter werden die Töchter zur Hoffnung für die Zukunft. Ihre Töchter können sie zu der Art von Person formen, die ihnen das Glück gibt, das sie nie kannten. Der Einfluß eines Vaters drückt sich so indirekt aus, daß viele über Jahre hinweg diesen Einfluß unterschätzt haben. Vati ist derjenige, der ihr vermittelt, daß sie wertvoll ist. William Reynolds in „Der amerikanische Vater" sagte, daß weder „Ehefrau, Sohn, Mutter, Vater, noch sonst jemand, das geben kann, was die Tochter dem Vater vermittelt, nämlich Zustimmung und Bewunderung, ohne daß er etwas dafür tun muß." Vatis Mädchen kann ihn mit den Gewändern eines wahren Helden schmücken, und die einzige Gegenleistung dafür ist, daß er ab und zu da ist. Alles andere muß sich der Vater hart erarbeiten und verdienen: Liebe, Respekt, Geld usw. Nur seine Tochter schenkt ihm ihre Belohnungen umsonst."[3]

Ein Vater, der fähig ist, die Kleider seiner Tochter, ihre Bemühungen um ein gutes Make-up, ihren Schmuck – ihre ganze Attraktivität als Frau – zu bewundern, hilft ihr, das Selbstvertrauen zu entwickeln, das sie für ihre spätere Beziehungen zu Männern braucht. Leider fühlen sich einige Väter so unwohl bei diesen Versuchen ihrer Tochter, eine Frau zu werden, daß sie ihre Tochter lächerlich machen, anstatt sie zu unterstützen. Sie sind abwesend, wenn sie ihren Charme spielen läßt, oder stoßen sie beiseite, weil sie zu müde oder zu gereizt sind, um richtig darauf zu reagieren. Die Folge dieser Abweisung wird man später in der Unsicherheit dieser jungen Tochter sehen und in ihren Zweifeln, ob sie für Männer wohl anziehend ist.

Hat Ihr Vater Ihre Weiblichkeit geschätzt und bestätigt oder hat er sich dabei unwohl gefühlt? Können Sie sehen, wie seine Reaktionen auf ihre Weiblichkeit Ihr Leben heute geformt hat?

*Bestätigung der ganzen Person.* Aufrichtige Bestätigung ist wichtig, nicht nur weil sie momentan das Gefühl der Sicherheit vermittelt, sondern weil sie die Tür zu gesunden Beziehungen öffnet. Von ihrem Vater sollte ein Mädchen erfahren, daß sie attraktiv ist, daß ihr Gespräch interessant und ihre Kreativität der Mühe wert ist. Wenn ihr Vater in ihren formenden Jahren ihre geistigen und geistlichen Eigenschaften lobt, so wird sie lernen, nicht nur auf unsicheren Qualitäten wie Sex-Appeal zu bauen, um als Erwachsene Männer anzuziehen. Bestätigung von ihrem Vater in gesunden Maßen wird sie davon überzeugen, daß sie eine wichtige Person ist und nicht nur ein Sexobjekt darstellt. Wenn der Vater dafür sensibel ist, wird er schon früh im Leben seiner Tochter anfangen, ihr zu zeigen, wie er sich an ihr als Person erfreut. Er wird sie für ihr Sein bestätigen und nicht für ihr Tun. Er wird sie drängen, die bewundernswerten Züge ihrer Mutter zu imitieren. Durch Bewunderung und Zustimmung wird er stets ihre zu entwickelnden Fähigkeiten herausstreichen. Er wird die Leistungen anderer Frauen hervorheben, die in der Welt etwas vollbracht haben, und wird sie anregen, selbst Wertvolles zu vollbringen.

Wenn sie so lernt, ihm zu gefallen, kann sie später im Umgang mit anderen Männern vertrauensvoll sein. Ihre Beziehung zu Männern als Erwachsene wird ein hohes Niveau haben, wenn ihr Vater eine entsprechende Beziehung zu ihr hatte.

## *Der verletzende Vater*

Es wäre wundervoll, wenn mehr Väter ihre Töchter auf diese Weise bestätigten. Doch aufgrund ihres Hintergrundes, persönlicher Erfahrungen, des Mangels an Gelegenheiten oder der Weigerung zu wachsen, gibt es viele Väter, die ihre Töchter verletzen, anstatt sie durch ihre Bestätigung zu unterstützen. Manche Väter, die einen schwachen Charakter haben, von einer Arbeit zur anderen wechseln, vom Alkohol und vom Glücksspiel verzehrt werden, sind für ihre Töchter eine Quelle der Scham. Mir sind solche begegnet. Ein Vater kann seine Tochter verletzen durch seine Abwesenheit, durch Scheidung, Krankheit, Tod oder seine Zurückgezogenheit. Er kann sie auch verletzen, indem er ihr keine Grenzen setzt und die Richtlinien der Bibel für sein Leben ignoriert. Er kann sie so verwöhnen, daß sie niemals Grenzen entwickelt, keine Werte und keinen Respekt vor Autorität in ihrem Leben hat. Manche Väter verlieben sich vielleicht unbewußt in ihre Töchter und behalten sie in gewisser Weise als persönliche Gefangene. Manche Männer sind voreingenommen und haben die „Macho-Mentalität", basieren auf Macht und Autorität, sehen auf ihre Töchter herab und verachten die weiblichen Eigenschaften. Andere Männer arbeiten 60 Stunden pro Woche und sind sehr erfolgreich, verletzen aber ihre Töchter, indem sie zu Hause passiv und unbeteiligt sind. Ein Vater muß für seine Tochter physisch, emotional, intellektuell und geistlich dasein. Indem er versucht, ein bestätigender Vater zu sein, kann er seiner Tochter darin helfen, sich in diesen Bereichen zu entwickeln.

Viele Frauen wurden von ihren Vätern verletzt, weil ein Mangel an Annahme in ihnen Gefühle der Unsicherheit, des Unbeteiligtseins und der Isolation schufen. Daraus folgt, daß sie nicht wissen, wie man einem Mann nahe ist. Manche von ihnen lernen nicht, daß man Liebe, Wärme, Nähe und Intimität von einem Mann erwarten kann, weil ihre Väter diese Gefühle nie zeigten. Oft fühlen sich diese Frauen, denen die väterliche Liebe und Annahme vorenthalten wurde, betrogen. Sie hegen tief in ihrem Inneren Groll gegenüber ihrem Vater und Männern im allgemeinen. Wenn dann ein anderer Mann sie irgendwie enttäuscht, bricht ihr Ärger heraus. Viele Männer werden bestraft und vertrieben für das, was der verletzende Vater der Frau in frühen Jahren angetan hat.

Manche verletzte Frauen reagieren auf den Entzug der väterlichen Liebe in umgekehrter Weise: sie zeigen eine extreme Gier nach Männern. Sie verlangen Beziehungen zu Männern, die von absoluter Hingabe gekennzeichnet sind. Mir sind einige solcher verletzter Frauen begegnet, die in der ständigen Begeisterung und Leidenschaft des Anfangs leben möchten. Wenn eine Beziehung zur Routine oder vorhersagbar wird, suchen sie einen anderen Mann, der ihren großen Hunger nach Liebe und Annahme stillt.

Enthält das Bild Ihres Vaters einige dieser hier beschriebenen Eigenschaften? Können Sie sich mit den Eigenschaften der verletzten Frau identifizieren? Die gute Botschaft an Sie ist, daß Ihre Wunden und Ihre Beziehung zu dem Sie verletzenden Vater geheilt werden können.

## *Die Herausforderung der Pubertät*

Der Einfluß eines Vaters im Leben seiner Tochter ist in der frühen Kindheit sehr wichtig. Aber welchen Einfluß hat er, wenn sie in die Pubertät kommt? Er hat immer noch einen bedeutenden Einfluß. Die junge Frau steht in dem Prozeß der emotionalen Trennung von ihrem Vater. Diese Tatsache allein bringt schon Schmerz und Enttäuschung in eine Vater-Tochter-Beziehung mit hinein, selbst wenn die Beziehung gut war.

Ein Vater kann die Entwicklung seiner Tochter in der Pubertät auf emotionalem und sexuellem Gebiet behindern, indem er negativ auf die sich entwickelnde Sexualität reagiert. Wenn der Körper eines Mädchens zu reifen beginnt, ziehen sich viele

Väter – oft unbewußt – von ihren Töchtern zurück. Väter sorgen sich manchmal um die sexuelle Wirkung, die ihre Tochter auf sie oder den sie auf ihre Tochter haben könnten. Die Folge davon ist, daß Intimitäten wie auf dem Schoß sitzen, Schmusen und Umarmen nach und nach aufhören.

Doch braucht ein Mädchen im Teenageralter immer noch den Kontakt mit ihrem Vater. Bestimmte Arten wie das „Pferdchenreiten" sind zwar dann nicht mehr angemessen, aber körperliche Zuneigung kann auch auf andere Weise ausgedrückt werden. Mädchen, die als Jugendliche zur Promiskuität neigen, stammen oft aus einem Elternhaus, in dem der Vater seine Zuneigung nicht gezeigt hat. Diese Väter haben es versäumt, das Bedürfnis ihrer Tochter nach Berührung und körperlicher Bestätigung zu stillen. Wenn ein Vater sich von seiner Tochter zurückzieht oder sich ganz entzieht, weil er sich von ihrer körperlichen Entwicklung bedroht fühlt, überläßt er einen großen Teil seiner elterlichen Rolle der Beratung und Beziehung der Mutter. Sein Entzug zu dieser Zeit läßt das Mädchen schlecht ausgerüstet, um in romantischer Weise auf Männer zu reagieren. Dr William S. Appleton sagt:

> „Ein Mädchen, das einen warmen, nicht verführerischen, aufmerksamen, ihr Freiheit gewährenden Vater hat, der genügend Geduld und Verständnis für ihre Rebellionsphase in der Pubertät aufbringt, kann sich glücklich schätzen. Im Alter von 14 oder 15 mag sie ihm vielleicht zurufen: „Ich hasse dich!", er wird sie aber nicht dafür zu streng bestrafen oder sich gar von ihr zurückziehen. Beide, Vater und Tochter, werden versuchen so gut sie können, sich ihrem wachsenden Frausein anzupassen, anstatt so zu tun, als wäre sie noch ein kleines Mädchen. Er wird sich an ihrem heranwachsenden Körper ohne Angst und Kommentar erfreuen. So wie er ihre wachsende Sexualität akzeptiert, wird sie sie annehmen können, auch wenn es beide etwas unsicher macht. Die Reaktion und die Annahme der Eltern helfen einer jungen Frau, sich sexuell zu entwickeln. Indem er sich bemüht, nicht ihre Freunde auszuschalten, nicht schöner und attraktiver zu sein, sondern als Vater zu handeln, der oft

35

die unpopuläre Rolle hat und sie wütend macht, läßt er zu, daß jemand sie ihm wegnimmt."[4]

Das Heranwachsen einer Tochter zu einer Frau ist hauptsächlich für den Vater ein Problem. Eine Trennung ist unvermeidlich, und das ist ihm unangenehm. Aufgrund dieser Sorge werden Probleme, die sich zwischen Vater und Tochter in der Kindheit entwickelt haben, während ihrer Teenagerzeit gefestigt und verstärkt. Die Tatsache, daß sein kleines Mädchen bald von zu Hause weggeht, macht ihm die Realität seines Alters nur zu deutlich – und das ist sehr unangenehm für ihn.

Die Teenagerjahre einer Tochter sind für einen Vater deshalb ein Problem, weil sie mit seiner Midlife-Krise, seinen Schwierigkeiten in Ehe und Beruf zusammentreffen. Sie wird bei jeder Kleinigkeit, die er tut oder sagt, verlegen und belastet so die Beziehung. Er möchte, daß seine Tochter berechenbar ist, aber sie ist unberechenbarer als je zuvor. Er möchte sie festhalten, jedoch weiß er, daß er sie aus der Kindheit freigeben muß, damit sie unabhängiger wird – halberwachsen. Indem er sie jedoch unabhängiger werden läßt, braucht sie ihn nicht mehr so sehr – und das schafft in seinem Leben eine Leere.

Welch einen Unterschied würde es in einer Familie schaffen, wenn ein Vater während dieser Zeit mit Frau und Tochter über seine Gefühle des Unwohlseins und der Veränderung sprechen könnte. Das tun aber nur sehr wenige Väter. Würde eine Familie diese Veränderungen gemeinsam bewältigen, wäre das für jeden Beteiligten eine Erleichterung.

Ein anderer wichtiger Punkt, in dem sich ein Vater in den Pubertätsjahren seiner Tochter neu anpassen muß, ist, wenn plötzlich Jungen nach Hause kommen oder am Telefon krächzende Baßstimmen nach seiner Tochter verlangen. Väter fühlen sich durch die Invasion der Jungen zu Hause unwohl, weil es in ihren Augen zu früh geschieht, obwohl sie wissen, daß es unvermeidbar ist. Dies sind Anzeichen dafür, daß er sein kleines Mädchen verliert. Er fühlt sich dann vielleicht hilflos, eifersüchtig, beschützerisch oder einsam – oder alles zusammen!

Ein autoritärer Vater kann versuchen, dies zu verhindern, und seine Tochter während ihrer Teenagerzeit kontrollieren, um ihre Entwicklung zur Unabhängigkeit zu blockieren, die sie doch zum Erwachsenwerden braucht. Viele Väter möchten unabhängige Töchter haben – aber nach ihren eigenen Regeln. Ihre Entschuldigung lautet: „Aber es ist doch nur in ihrem Interesse. Ich bin älter, erfahrener und weiß, was für sie das Beste ist."

Ein passiver Vater zieht sich zu dieser Zeit noch mehr zurück. Seine Verletzungen – einschließlich das Gefühl, von seiner Tochter verraten worden zu sein – drückt er nicht mit Worten, sondern in seinem Verhalten aus. Zieht er sich gefühlsmäßig zurück, so fühlt sie sich verlassen und sogar schuldig, daß sie das verursacht hat. So wie es ein Schriftsteller so schön beschreibt, „damit aus einem jungen Mädchen eine Frau werden kann, muß ein Vater sich selbst die Trauer über den Verlust seines kleinen Mädchens eingestehen, damit er die Ankunft einer jungen Frau feiern kann."[5]

In der Zeit des Heranwachsens seiner Tochter, fühlt sich ein Vater fehl am Platze. Bisher fragte sie ihren Vater, wie ihm ihr Haar am besten gefiele, nun fragt sie ihren Freund. Durch solche und andere Verhaltensweisen fühlt sich ein Vater aus dem Leben seiner Tochter ausgeschlossen. Oft ist er dann erstaunt über ihr neues Verhalten. Ihre Gefühle schwanken hoch und nieder, sie ist nicht mehr so berechenbar, wie sie es als kleines Mädchen war. Während dieser Umstellungsphase müssen Väter verständnisvoll und geduldig sein. Papa muß die Tatsache akzeptieren, daß er nicht mehr der wichtigste Mann im Leben seiner Tochter ist. Seine Liebe und Bestätigung jedoch sind für sie noch immer wichtig. Ein anderer Weg, wie ein Vater seine Tochter auf das Frausein und die Herausforderung der zwischengeschlechtlichen Beziehungen vorbereiten kann, besteht darin, daß er ihr manche seiner eigenen Ansichten und Erfahrungen über Männer und ihr Verhalten Frauen gegenüber mitteilt. Leider nehmen nur wenige Väter diese Gelegenheit wahr. Bezeichnenderweise geben sie nur zu häufig den Rat: „Sei vorsichtig und komme nicht in Schwierigkeiten mit Jungen!" Dies zeigt, daß eigentlich nur die sich entwickelnde Sexualität ihrer Tochter sie beschäftigte. Seine Sorge kann auch widerspiegeln, wie er sich in seiner Teenagerzeit verhalten hat. Der Vater jedoch, der seine Tochter darüber aufklärt, wie Jungen denken, wie sie manchmal unter dem Druck der Gruppe stehen, ihre Sexualität auszuüben, und der einige der auftretenden Situationen beschreibt, hilft seiner Tochter, mit der schweren Phase der Pubertät besser fertig zu werden. Er kann ihr schon im voraus versichern, und es dann bestätigen, wenn sie von Jungen enttäuscht wird, daß ihr Wert nicht von der Anerkennung anderer abhängt. Er muß ihr versichern, daß ihre Schmerzen und Verletzungen normal sind. Wenn ein Vater seiner Tochter im voraus hilft, sich auf die Herausforderungen der Teenagerjahre vorzubereiten, und ihr dann auch zuhört, wird sie in Zeiten der Verzweiflung sich an ihn wenden, in dem Wissen, daß er für sie da ist.

*Es ist für die Entwicklung
einer Tochter entscheidend wichtig,
daß der Vater sie in ihrem Übergang
in die Karrierewelt ermutigt und akzeptiert,
daß sie von zu Hause fortgeht.*

Ich erinnere mich an unzählige Male, als meine Tochter Sheryl in ihrer Highschoolzeit mit ihren Problemen zu mir kam. Da ich dazu neige, Ratschläge zu geben und Lösungen zu suchen (typische Eigenschaften eines Mannes und eines Lehrers), lernte ich, sie zuerst zu fragen: „Möchtest du, daß ich dir einfach nur zuhöre oder daß ich dir einen Rat gebe?" Häufig wollte sie von mir Ratschläge, aber es gab auch Zeiten, in denen sie nur jemand brauchte, der zuhörte. Ich muß zugeben, daß mir das Zuhören nicht gerade leicht fiel.

Können Sie sich daran erinnern, daß Ihr Vater in Ihrer Teenagerzeit sich mit Ihnen beschäftigte? War er autoritär oder eher passiv bezüglich Ihrer sexuellen Entwicklung und Ihrer ersten Jungenbekanntschaften? Konnten Sie ihm Ihre Pubertätsprobleme anvertrauen oder war er dafür unzugänglich?

# *Wenn eine Tochter das Nest verläßt*

Wenn Töchter erwachsen werden, können manche Väter sie loslassen, andere jedoch hängen weiterhin an ihnen. Es ist für die Entwicklung der Tochter lebenswichtig, daß ein Vater sie in ihrem Übergang in die Karrierewelt ermutigt und ihren Weggang von zu Hause akzeptiert. Dies bedeutet nicht, daß sie aus seinem Leben verschwindet. Es ist genauso wichtig, daß er weiterhin für sie da ist. Das ist das Stichwort: *für sie dasein.* Die erwachsene Tochter hat die Wahl, nicht mehr die Pflicht, sich ihrem Vater als Quelle zuzuwenden.

Der Übergang einer Tochter in die Erwachsenenwelt trägt für den Vater oft eine gewisse Traurigkeit in sich. Wenn er aber trauern, den Verlust annehmen und sich davon erholen kann, tritt er in eine neue, schöne Phase der Beziehung mit einer erwachsenen Tochter.

Die Art, wie eine Tochter sich von ihrem Vater trennt, wird sich darauf auswirken, wie sie mit anderen Männern in ihrem Leben umgehen wird. Die Tochter, die sich von ihrem Vater verworfen fühlt oder das Verschwinden ihres Vaters aus ihrem Leben als Ablehnung empfindet, wird Angst und Wut als Haltung gegenüber Männern im allgemeinen aufbauen. Die Angst vor künftiger Ablehnung von Männern wird in ihr Feindschaft aufbauen, was die Wahrscheinlichkeit verstärkt, daß Männer sie ablehnen werden. Die Tochter, die die Scheidung des Vaters von der Mutter als Ablehnung empfindet, wird in ständiger Angst leben, daß ihr zukünftiger Ehemann sie eines Tages verwerfen wird. Unglücklicherweise wird genau diese Angst dazu führen, daß sich die Tochter gegenüber ihrem Ehemann so verhält, daß es zu der Trennung kommt, die sie befürchtet hat. Verhält sich ihr Mann genauso wie ihr Vater, so erinnert sie das an die Enttäuschungen, die sie als Kind erlebt hat, und sie wird ihrem Mann gegenüber überreagieren.

Väter überhäufen ihre Töchter oft mit Geschenken. Viele davon sind teuer und mit Sorgfalt ausgewählt. Doch oft sind die materiellen Geschenke nur Ersatz für fehlende Liebe und Zeit, die eine Tochter von ihrem Vater mehr benötigt als Schmuck, Parfüm, Kleider etc. Das beste Geschenk, das ein Vater seiner sich entfernenden Tochter geben kann, ist seine Unterstützung und sein Glaube an sie. Ein Glaube, der sie ermutigt, ihr volles Potential als Persönlichkeit und als Frau auszuschöpfen. Es ist zu hoffen, daß er sie auch mit der Liebe des himmlischen Vaters vertraut macht und sie lehrt, daß Gott sie als Persönlichkeit und als Frau annimmt.

Wie ging Ihr Vater mit Ihrem Übergang in die Berufswelt um? In welchem Maße hat er Ihnen seine Unterstützung und sein Vertrauen geschenkt? Hat er Ihnen diese Gaben entzogen? Wie hat sich die Trennung von Ihrem Vater auf Ihre Beziehungen zu anderen Männern, einschließlich Ihres Ehemannes, ausgewirkt?

Während ich dieses Kapitel schreibe, habe ich den Übergang meiner eigenen Tochter in die Erwachsenenwelt noch frisch im Gedächtnis. Vor einigen Monaten führte ich sie die Stufen hinauf, damit sie mit einem jungen Mann in der Ehe vereint werde. Ich habe mich ehrlich gefragt, wie ich an jenem Tag meine Gefühle beherrschen könnte. Ihre Mutter und ich erlebten so manchen Sturm, als Sheryl erwachsen wurde und sich für ihre Heirat mit 27 Jahren vorbereitete. Wir freuten uns viele Jahre lang auf ihren Hochzeitstag. Es war ein sehr aufregender Tag. Ich machte mir Sorgen, wie ich meinen Teil der Hochzeitszeremonie bewältigen würde. Doch meine Ängste waren unbegründet. Ich konnte mich beherrschen und wahrte meine Haltung (das ist für Männer sehr wichtig). Doch als ich zwei Tage später den Videofilm der Hochzeit ansah, geschah etwas. Als ich Sheryl sah, wie sie mit mir zum Altar schritt, vermischte sich mein Gefühl des Verlustes mit einer Freude, und Tränen schossen mir aus den Augen. Genau in diesem Moment klingelte das Telefon. „Hallo Papa", sagte eine vertraute Stimme. „Was machst du?" Als ich anfing, Sheryl zu erzählen, was ich momentan erlebte, verließ mich meine Stimme. Sheryl, die sehr sensibel ist, merkte das und sagte warmherzig: „Papa, ich bleibe doch immer deine kleine Tochter." Das half zwar meinen Gefühlen nicht. Jedoch hätte ich keine bessere Antwort erhalten können. Ja, sie war immer noch meine Tochter, wenn sie nun auch erwachsen war. Es ist einfach eine neue Beziehung für uns, ein Teil einer normalen Übergangsphase im Leben. Väter haben eine große Wirkung auf ihre Töchter. Wenn Sie nun weiterlesen, behalten Sie bitte die drei wichtigen Fragen im Hinterkopf.

1. In welcher Weise sind Sie das Produkt der Beziehung zu Ihrem Vater?

2. In welcher Weise würden Sie gerne einige der Folgen aus dieser Beziehung ändern?

3. Wenn Sie die Mutter einer Tochter sind, nach welchem Schema läuft die Beziehung zwischen Ihrem Mann und Ihrer Tochter ab? Haben Sie schon gemeinsam über diese Beziehung gesprochen? Reden Sie darüber. Benutzen Sie dieses Buch, um die Beziehung positiv zu lenken, anstatt sie einfach so laufen zu lassen. Zusammen mit Ihrem Mann können Sie als erwachsene Tochter die Gelegenheit wahrnehmen, Ihre eigene Tochter positiv zu beeinflussen.

# 3

# Warum hat mein Vater mich enttäuscht?

Im überfüllten Restaurant hörte man das laute Geschnatter beim Mittagessen. Zwei Frauen rückten an meinem Nebentisch zusammen und diskutierten über die Enttäuschungen, die sie in ihren Beziehungen zu Männern erlebt hatten. Sie stellten erstaunliche Ähnlichkeiten fest, in der Art, wie die Männer, mit denen sie befreundet waren, sie behandelt hatten. Nachdem ihr ihre Freundin ein Erlebnis von besonderer Grausamkeit berichtet hatte, rief Denise aus: „Was erwartest du denn! Er ist ja schließlich ein Mann!"

Nach diesem Ausruf hörten einige Menschen auf zu reden und starrten sie an. Ich freute mich über die unausgesprochenen Reaktionen, die sie erhielt. Die Männer waren erstaunt oder runzelten ihre Stirn. Die anderen Frauen lächelten oder nickten zustimmend mit dem Kopf.

Diese Frage aber ist eine gute Frage: Was erwarten Sie von einem Mann? Ich möchte gerne eine parallele Frage stellen: Was erwarteten Sie von Ihrem Vater? Sie hatten als Kind gewisse Erwartungen an Ihren Vater, und als erwachsene Tochter haben Sie diese auch. Viele unserer Erwartungen an andere spiegeln unsere Wünsche anstatt unsere Bedürfnisse wider. Waren die Erwartungen Ihrer Kindheit realistisch und erreichbar für Ihren Vater? Hat Ihr Vater sie erfüllt? Wie steht es mit den gegenwärtigen Erwartungen? Erfüllt er sie? Konflikte entstehen, wenn ein Vater die Erwartungen seiner Tochter nicht erfüllen will oder wenn sie zu Forderungen werden.

Zwischen Vätern und Töchtern kommt es oft zu Reibungen in ihren gegenseitigen Erwartungen, weil Männer und Frauen unterschiedlich sind. Männer sind sowohl äußerlich als auch innerlich anders geschaffen. Zum Beispiel bekommt die Haut von Männern später Falten als die von Frauen. Viele Frauen finden das unfair. Männer reden weniger über sich selbst, dennoch machen sie sich mehr Sorgen über sich als Frauen. Erstaunen Sie diese Unterschiede? Denken Sie darüber nach: wieviele Männer öffnen sich und erzählen, was ihnen Sorge bereitet?

Männer haben andere Eigenschaften als Frauen und damit auch Grenzen, die einen Vater oft davon abhalten, den Erwartungen seiner Tochter gerecht zu werden. Wenn Sie die Andersartigkeit der Männer und ihre Grenzen verstehen, hilft Ihnen dies zu sehen, weshalb Ihr Vater nicht Ihrem Ideal entsprechen konnte. Mit dieser Einsicht können Sie auch die Beziehung zu anderen Männern in Ihrem Leben besser verstehen lernen: Ehemann, enge Freunde, Kollegen und Söhne.

## *Die Schwäche der Stärke*

Männer mögen es, daß man sie für stark und stabil hält und meint, daß sie immer die Kontrolle behalten. Manche Männer erscheinen dazu programmiert, Aufgaben anzupacken, Probleme anzugehen, Schwierigkeiten und Herausforderungen mit Angriffslust und Wetteifer zu überwinden. Viele Männer streben danach, etwas zu erreichen und zu gewinnen, und manche versuchen das auch in ihre Tochter hineinzulegen. Hier ist eine Beschreibung, die auf viele Väter zutrifft:

„Die Rüstung, mit der er sich schützt, ist undurchdringlich. Er erscheint immer stark, stabil und nie von Gefühlen überwältigt. Er bemüht sich, andere zu dominieren und zu übertrumpfen, zeigt aber nicht, daß ihn das Anstrengungen kostet. Beziehungen zu anderen Männern sind keine engen, intimen Freundschaften, sondern sind eher auf Respekt aufgebaut. Intime Beziehungen sind ihm ein Rätsel."[6]

Die Tendenz, immer Stärke zu zeigen und die Kontrolle behalten zu wollen, kann man in der Beziehung von Männern zu ihren Haustieren sehen. Denken Sie über Ihren Vater nach!

Bevorzugte er Hunde oder Katzen? Wenn er wie die meisten Männer war, hat er Hunde bevorzugt. Warum? Männer finden Gefallen an der Treue und dem Gehorsam der Hunde. Diese ordnen sich unter und sind hingegeben. Wenn man einen Hund ruft, reagiert er. Katzen jedoch sind grundsätzlich unabhängig und zurückhaltend, es sei denn, sie möchten Nahrung. Ein Mann und eine Katze kommen oft deshalb nicht miteinander aus, weil der Mann kontrollieren und die Katze nicht beherrscht sein will.

War Ihr Vater von seiner Arbeit besessen? Viele Töchter haben sich nach der Zeit und Aufmerksamkeit gesehnt, welche ein Vater für seine Karriere aufgewendet hat. Da ein Mann hauptsächlich in seinem Beruf seine Stärke und seinen Wetteifer ausüben kann, tendiert er dazu, seine Aufmerksamkeit, Zeit und Energie dort zu investieren – anstatt in seine Familie. Der berufliche Erfolg trägt dazu bei, sich als Mann zu fühlen. Seine Arbeit bestätigt, wer er ist, und gibt ihm einen Kanal für seine kreative Seite. Unglücklicherweise erhalten Männer ihre Identität und ihr Selbstwertgefühl durch ihre Leistung bei der Arbeit. Dieser hohe körperliche und emotionale Einsatz saugt ihre ganze Energie und Aufmerksamkeit auf, die dann den Familien fehlt.

Dieser innere Drang des Mannes, erobern und gewinnen zu wollen, hat seine negative Seite. Niemand kann allezeit gewinnen, und Stärke wird nicht immer den Bedürfnissen der Frauen seines Lebens gerecht. Hier ist eine der besten Beschreibungen, die ich über den inneren Konflikt eines Mannes gelesen habe:

„Männer werden erzogen, um Verantwortung zu übernehmen und zu herrschen, aber sie können nicht alle ihre eigenen Chefs sein. Männer werden dazu erzogen, Versorger zu sein, aber sie stellen fest, daß sie in Zeiten der Inflation und Rezession leben. Männer werden erzogen, sich auf Leistung zu konzentrieren, aber Erfolg ist meist nur ein momentanes Erlebnis. Männer werden erzogen, um alleine zu stehen, aber sie brauchen Unterstützung. Männer werden erzogen, um starke Gefühle zu empfinden, aber sie empfinden oft „schwache" Gefühle wie Furcht und Traurigkeit. Männer werden erzogen, um in einem Team zu wirken, aber meistens lautet das Motto „jeder für sich". Männer werden erzogen, um Papas großer Boß zu sein, aber man erwartet von ihnen, daß sie Mamas kleiner Mann bleiben. Männer sollen unabhängig sein, aber werden gedrängt, sich zu binden und ein Nest zu bauen. Männern wird gesagt, sie sollten ihren Träumen folgen, aber man verlangt von ihnen, daß sie realistisch sind, was ihre Sicherheit anbelangt."[7]

Der Druck, den Männer gegenseitig auf sich ausüben – und den die Gesellschaft auf die Männer ausübt –, nämlich Leistung zu bringen, zu dominieren, zu kontrollieren und stark zu erscheinen, macht die Männer leicht hart und dennoch verwundbar. Es fehlt ihnen die Flexibilität der Frauen. Männer neigen dazu, über ihre Schwäche und ihren Schmerz hinwegzugehen, wodurch es ihnen dann anderen gegenüber an Sensibilität und Mitleid mangelt, wenn sie auf deren Schmerz und Schwäche reagieren sollten. Frauen haben größere Fähigkeiten, Schwäche oder Stärke, Abhängigkeit oder Unabhängigkeit, Passivität oder Dominanz, Emotionalität oder Rationalität, Mut oder Angst auszudrücken, ohne sich in ihrem Selbstwertgefühl bedroht zu fühlen. Für einen Mann ist es jedoch sehr schwer, von dem Bild des starken, alles kontrollierenden Mannes abzuweichen.

Passen diese Beschreibungen auf Ihren Vater? Wenn ja, haben diese Tendenzen Ihre Erwartungen an ihn beeinflußt? Haben Sie Wärme, Zärtlichkeit und Intimität von ihm erwartet, und wurden Sie durch sein Streben nach Erfolg und Kontrolle zurückgewiesen? Wie hat die Neigung Ihres Vaters zu Stärke Ihre Sicht der anderen Männer in Ihrem Leben beeinflußt?

*Heute noch kann Ihr Vater*
*Ihre Erwartungen durch sein manchmal*
*stures männliches Bedürfnis*
*nach Unabhängigkeit blockieren.*

# Die Einschränkungen der Unabhängigkeit

Männer wünschen sich, unabhängig zu sein, und mögen es eher, daß jemand sich auf sie stützt, als daß sie sich auf jemanden stützen müssen. Sätze wie „Ich kann es selbst tun", „Ich finde es selbst heraus" und „Ich kann es alleine lernen" spiegeln ihre Tendenz wider, nicht um Hilfe zu bitten.

Erinnern Sie sich an den Familienausflug, als Ihr Vater den Weg nicht wußte? Ihre Mutter sagte: „Dort ist eine Tankstelle. Laß uns anhalten und nach dem Weg fragen." Aber Ihr Vater sagte: „Ich habe mich nicht verirrt. Ich kann den Ort schon finden." Er fand ihn dann auch, aber es dauerte doppelt so lange, als wenn er jemand gefragt hätte. Oder Ihre Mutter machte dem Vater ein hilfreiches Angebot für ein Vorhaben im Haushalt. Getreu seiner männlichen Unabhängigkeit widersprach er, oder er ignorierte ihren Vorschlag. Am nächsten Tag kam er dann mit einer „tollen Idee", die sich als Mutters Vorschlag in versteckter Form erwies!

Haben Sie Narben dieser Unabhängigkeit Ihres Vaters? Als Sie älter waren, erwarteten Sie, daß er Ihre Ideen schätzte, Sie dort um Rat fragte, wo Sie sich besser auskannten, und Sie um Hilfe bat bei Dingen, die er nicht mehr tun konnte? Heute noch kann Ihr Vater Ihre Erwartungen durch sein oft stures männliches Bedürfnis nach Unabhängigkeit blockieren.

# Die Grenzen der emotionalen Beherrschung

Wie war Ihr Vater im emotionalen Bereich? War er eher gefühlsbetont oder hat er hauptsächlich mit Fakten geantwortet? Wie empfand er über sich selbst, Ihre Mutter, Sie, und wie ging er mit seinen Gefühlen um? Wenn er noch lebt, welche Gefühle drückt er in der Beziehung zu Ihnen aus?

Während der letzten Jahre habe ich Hunderten von Frauen die folgende Frage gestellt: „Welche Gefühle hat Ihr Vater gezeigt, und wie hat er sie gezeigt?" Dies ist eine der Fragen, die Sie in Kapitel 1 beantwortet haben. Die erste Antwort unten gibt das typische Bild von Vätern und ihren Gefühlen wieder. Vielleicht beschreibt dies Ihren Vater. Wenn nicht, finden Sie ihn wahrscheinlich in einem der anderen Antworten aus meiner Umfrage wieder:

- Er drückt nur seinen Ärger offen aus. Das tut er durch Schreien und Verurteilen.
- Ich kann mich nicht erinnern, daß er seine Gefühle ausgedrückt hat. Man weiß nie so recht, wenn ihn etwas aufregt oder frustriert. Er sagt einfach nichts mehr.
- Gefühle? Oh, er drückt sein Mißfallen sehr deutlich aus, indem er es entweder direkt oder implizit sagt. Er kann sehr ausgelassen werden, wenn er im Fernsehen eine Sportsendung schaut. Ich kann mich nicht erinnern, daß er positive Gefühle gezeigt hätte, außer wenn es sich um seine eigenen Hobbies handelte.

Papa drückt seinen Ärger aus, meistens durch Wutanfälle oder indem er anderen Schmerzen zufügt. Er hat immer Schmerzen und kontrolliert dadurch die anderen. Die anderen Gefühle, die er mitteilt, sind sein Unglücklichsein, seine Frustration und seine Traurigkeit. Er zeigt sie normalerweise durch sein ständiges Jammern. Manchmal führen seine Gefühle zu starken Ausbrüchen.

Andere Frauen waren in ihrer Beziehung zu ihren Vätern glücklicher, da sie eine breitere Gefühlspalette erlebten. Viele Frauen berichteten, daß ihr Vater Mitleid durch Weinen und Liebe, durch Umarmen und besondere Berührungen ausdrückte. Hier sind einige ihrer Antworten:

- Ich habe meinen Vater einige Male weinen sehen. Meist war es bei einer Diskussion über Familienprobleme. Wenn er sich verletzt fühlt, verinnerlicht er das und gibt sich selbst die Schuld.
- Papa zeigt alle Gefühle, von Traurigkeit und Weinen bis zu Glück und Begeisterung. Er ist selten wütend, aber er kann sehr angespannt sein.
- Mein Vater drückte seine Liebe verbal und durch seine Handlungen aus. War er wütend, so war er ehrlich, sein Gefühl auszudrücken. Ich habe ihn über den Tod eines Familienmitglieds weinen sehen. Und ich habe gesehen, wie er seine

Freude verbal ausdrückte. Er brauchte eine Weile, um das zu lernen, aber er lernte es von seinen Kindern und Enkeln.

– Papa zeigt seine Freude in seinem Gesichtsausdruck, seine Trauer durch seine Reserviertheit, Frustration durch brüskes, beschäftigtes Handeln und seine Liebe, indem er es mir sagt und zeigt.

Können Sie sich mit den oben aufgeführten Antworten identifizieren? Wie haben die Emotionen Ihres Vaters oder ihr Fehlen auf Sie eingewirkt?

Es ist nicht überraschend, daß Männer nur widerwillig ihre Gefühle ausdrücken, da sie ja auch nur zögernd Persönliches über sich selbst mitteilen. Viele Männer spüren nicht das Bedürfnis nach intimer Mitteilung und Nähe. Es ist schade, denn es isoliert sie von den Frauen in ihrem Leben. Wenn Ihr Vater ruhig und in sich gekehrt war, fühlte sich Ihre Mutter in ihrer Beziehung isoliert, was Sie vielleicht auch fühlten.

Männer sprechen aus verschiedenen Gründen generell emotional weniger an als Frauen. Zum Teil ist dieses Verhalten von der Kultur oder der Umgebung bedingt. Zum Beispiel wünschen Männer die Kontrolle, und Gefühle sind schwer zu kontrollieren. Deshalb unterdrücken sie die Gefühle. Männer haben ein emotionales Handikap, weil sie aufwuchsen, ohne bei ihren männlichen Vorbildern positiv ausgedrückte Gefühle zu sehen. Weiterhin wurden die meisten Jungen nicht dazu angeregt, ein emotionelles Vokabular zu erlernen. Viele Männer sehen Gefühle als einen typisch weiblichen Charakterzug an.

Männer unternehmen große Anstrengungen, um Mauern aufzubauen, die ihre Gefühle zurückhalten und verhindern, daß die Gefühle anderer in sie hineindringen können. Manche Männer werden so zu Eremiten. Ich mag Ken Drucks Beschreibung, wie Männer versuchen, emotional unberührbar und beherrscht zu sein. Treffen einige dieser Aussagen auf Ihren Vater oder die anderen Männer in Ihrem Leben zu?

„Männer rationalisieren ihre Passivität, indem sie sich sagen: ‚Was nutzt es, darüber zu reden? Es ändert ja doch nichts!' Männer sorgen sich innerlich, sehen aber ihren wahren Gefühlen nicht ins Auge! Männer fliehen in neue

Rollen oder verstecken sich hinter alten. Männer haben die Einstellung, daß Gefühle vorübergehen, und tun sie achselzuckend als unwichtig ab. Männer halten sich immer beschäftigt, besonders mit Arbeit. Männer tauschen ein Gefühl für das andere ein – sie werden wütend, anstatt daß sie ihre Furcht oder ihren Schmerz empfinden und zeigen. Männer verleugnen ihre Gefühle. Männer legen Gefühle auf Eis – sie legen sie in eine Schublade und vergessen, in welcher sie sie abgelegt haben. Den Gefühlen werden Alkohol oder Drogen gegenübergestellt. Männer sind ausgezeichnete Chirurgen. Sie erfinden einen „Bypass des Denkens" und ersetzen Gefühle durch Gedanken und Logik. Männer vermeiden manchmal Situationen und Menschen, die in ihnen gewisse Gefühle hervorrufen. Manche Männer werden krank oder verhalten sich unvorsichtig und verletzen sich, damit sie ihre Gefühle rechtfertigen können.[8]

## *Die Stille der oberflächlichen Unterhaltung*

Es gibt ein weiteres Gebiet, das man betrachten muß, wenn es darum geht, die Grenzen der Väter und ihren Einfluß auf ihre erwachsenen Töchter festzustellen: die Kommunikation. Denken Sie über Ihre Beziehung zu Ihrem Vater nach. Wie sah sein Kommunikationsstil aus? Waren Sie stets unerfüllt nach einem Gespräch mit ihm? Waren Sie mit ihm auf gleicher Wellenlänge? Oder hat einer von Ihnen Fakten mitgeteilt, während der andere Gefühle ausgedrückt hat? Hat Ihr Vater Unterhaltungen verstärkt, indem er genügend Details und beschreibende Adjektive verwendet hat? Oder war er eher einer, der Unterhaltungen zusammengeschrumpft hat, indem er so schnell wie möglich zum Wesentlichen kam? Hat er „um den heißen Brei herumgeredet", bis Sie verstanden, was er meinte? Gab er Persönliches preis oder war er stets auf der Hut? Hatten Sie das Gefühl, daß er Sie verstand? Fühlte er, daß Sie ihn verstanden? Konnten Sie Ihrer Meinung nach gut mit ihm reden?

Im allgemeinen sind Männer in der verbalen Kommunikation weniger geschickt als Frauen. Männer sprechen eher über Fakten als über Gefühle. Sie möchten objektive Daten austauschen und nicht subjektive Gefühle ausdrücken. Normalerweise fassen sie zusammen, anstatt auszuführen, und möchten schnell zum Wesentlichen kommen. Diese grundsätzlichen Unterschiede können Ihnen verstehen helfen, welche Schwierigkeiten Sie in der Beziehung zu Ihrem Vater hatten. Als Frau wollten Sie einen gefühlsmäßigen Austausch mit ihm, während er mehr an einem Austausch von Fakten interessiert war. Sie wollten eine Angelegenheit durchsprechen, während er sie zusammenfassen wollte. Er hat wahrscheinlich Ihre Erwartungen in der Kommunikation nicht erfüllt.

Hier sind nun die Antworten einiger Frauen zwischen 20 und 35 auf die im ersten Kapitel gestellte Frage: „Beschreiben Sie, wie Sie mit Ihrem Vater kommunizierten." Die Mehrzahl beschreibt die typische Zurückhaltung der Väter, sich ihren Töchtern zu öffnen. Spiegelt eine der folgenden Aussagen Ihre Beziehung zu Ihrem Vater wider?

- Er stand auf einer Ebene, und ich war unter ihm. Wir sprachen über Fakten, nicht über Gefühle.
- Wir kommunizierten kaum.
- Wenn ich versuchte, mit meinem Vater offen zu sprechen, hatte ich das Gefühl, daß er mir nicht immer zuhörte. Er schien Schwierigkeiten zu haben, meinen Argumenten zu folgen.
- Meistens höre ich die ganze Zeit über zu. Ich gebe mir die größte Mühe, von mir selbst zu erzählen, weil er normalerweise nie tiefergehende Fragen stellt. Aber wir sprechen gut zusammen. Er vertraut sich mir an.
- Ich wünschte, wir hätten eine bessere Kommunikation. Wir reden nicht viel über ganz Persönliches. Doch durch die Jahre hindurch wußte ich immer, daß ich jederzeit zu ihm kommen konnte.
- Die Kommunikation zwischen meinem Vater und mir war sehr gespannt. Wir blieben meist auf der unpersönlichen Ebene.

- Zur Zeit meide ich ihn. Wenn die Umstände uns zusammenbringen, so behandeln wie uns gegenseitig sehr vorsichtig. Wir versuchen, uns gefühlsmäßig nicht zu nahe zu kommen.
- Selbst in diesem Stadium unseres Lebens ist unsere Kommunikation erzwungen und oberflächlich. Als ich aufwuchs, habe ich niemals ausgedrückt, was ich wirklich fühlte. Ich habe stillschweigend seinen Geboten gehorcht, innerlich lief aber stets ein feindseliger Monolog ab. Es gab keinen körperlichen Kontakt, selbst Blickkontakt wurde vermieden. Unsere Kommunikation war nicht sehr schön.
- Wir sehen uns zweimal im Jahr, und die einzige Kommunikation behandelt oberflächliche Dinge – unseren Beruf usw. Ich fühle mich nicht wohl, um mit ihm über persönliche und wirklich wichtige Angelegenheiten zu reden, und er fragt mich auch nichts.

Andere Frauen, die die Kommunikation mit ihrem Vater genossen, hatten eine positive Antwort:

- Ich hatte das Gefühl, daß ich mit meinem Vater immer offen und ohne Furcht reden konnte.
- Mein Vater und ich kommunizierten, indem wir einfach miteinander redeten. Probleme lösten wir durch Kompromisse. Wenn ich beschloß, nicht zu reden, wartete er einfach, bis ich dazu bereit war, oder er ermutigte mich, ihm meine Gefühle mitzuteilen. Das war ein echtes Geschenk!
- Als ich jünger war, hatte er immer das letzte Wort. Vielleicht geschah das, weil ich immer zu frustriert war, um weiterzureden. Ich wurde nervös, wütend und gereizt und habe oft meine Beherrschung verloren. Wir sind beide reifer geworden, und heute kann ich ihm mitteilen, was ich denke und fühle, und er hört mir zu.
- Wir kommunizieren normalerweise friedlich und vernünftig. Mein Vater ist nicht zu beschäftigt, daß ich mich mit ihm verabreden muß. Er ist auch nicht unerreichbar. Ich kann ihm normalerweise mitteilen, was ich auf dem Herzen habe, obwohl meine Gespräche mit meiner Mutter tiefer gehen.

## *Was geht in meinem Vater vor?*

Wenn Sie die Eigenschaften und Begrenzungen Ihres Vaters verstehen wollen, müssen Sie einen anderen Faktor im Auge behalten. Es ist durchaus möglich, daß Ihnen einige Erlebnisse aus der Kindheit Ihres Vaters unbekannt sind, die seine Persönlichkeit und sein Verhalten geprägt haben. Jeder Mann ist anders. Die meisten von uns Vätern sind nicht so, wie wir sein könnten. Wir haben noch nicht alles erreicht, was wir sein können. Unsere Schwächen, Versagen und Grenzen schaffen Frustrationen und schlagen unseren Töchtern Wunden. Manche verwundeten Töchter lassen sich durch ihre armselige Beziehung zu ihrem Vater in ihren anderen Beziehungen hemmen. Andere wiederum gehen voran und lassen nicht zu, daß die unvollkommene Vater-Tochter-Beziehung ihre Perspektive der anderen Männer limitiert oder verzerrt. Jede Tochter muß eine Wahl treffen.

*Manche Töchter lassen ihre unzulängliche Beziehung zu ihrem Vater ihre anderen Beziehungen behindern.*

Wer war/ist Ihr Vater? Diese Frage klingt vielleicht seltsam, sie ist es jedoch nicht. Ich habe mit Männern und Frauen gesprochen, die ihren Vater gut kannten, die aber nie nach seiner Vergangenheit geforscht haben, um seine persönliche Geschichte zu ergründen. Vielleicht sind auch Sie wenig informiert über das Leben Ihres Vaters. Wenn Sie sich bemühen, etwas über seine Vergangenheit herauszufinden, so können Sie vielleicht besser verstehen, wie er ist, und weshalb Ihre Beziehung zu ihm so ist, wie sie ist. Der beste Weg, um Ihren Vater näher kennenzulernen, besteht darin, ihm Fragen zu stellen. Eine andere Methode ist es, im Familienalbum zu blättern und ihn über Begebenheiten und Personen zu befragen. Eine dritte Möglichkeit ist, eine Art Interview durchzuführen. Machen Sie mit Ihrem Vater einen Termin aus an einem Ort, an dem Sie ungestört sind. Nehmen Sie sich zumindest eine Stunde Zeit für dieses erste Gespräch. Seien Sie sich bewußt, daß es mehr als ein Gespräch in Anspruch nehmen wird, um alle Fragen zu klären. Beschränken Sie sich nicht auf die hier aufgeführten Fragen. Die Antworten Ihres Vaters mögen andere Fragen aufwerfen. Vielleicht nehmen Sie auch die Antworten auf Rekorder auf, um die Details nicht zu vergessen. Das Ziel eines solchen Treffens ist (Sie können dies auch einmal mit Ihrer Mutter tun), Ihren Vater als einzigartiges Individuum kennenzulernen.

Wenn Sie Ihren Vater nicht so ausfragen können oder wenn er schon verstorben ist, dann fragen Sie jemanden aus der Verwandtschaft, um Ihre Lücken in Ihrem Wissen über ihn zu schließen. Ich habe erst kürzlich mit einer Frau gesprochen, die viel über ihren verstorbenen Vater herausgefunden hat, indem sie an Familientreffen teilnahm und seine Geschwister und Jugendfreunde ausfragte. Es war für sie eine erfreuliche, informative Erfahrung.

Gehen Sie einem solchen Gespräch mit gemischten Gefühlen entgegen? Vielleicht müssen Sie noch immer von vergangenen Wunden genesen, die Ihnen Ihr Vater zugefügt hat. Oder Sie haben Angst vor den Gefühlen, die bei einem solchen Gespräch hochkommen könnten. Sie wissen nicht im voraus, was Ihr Vater sagen oder wie er reagieren wird. Sie können die Reaktionen Ihres Vaters nicht kontrollieren, aber sehr wohl Ihre eigenen. Vielleicht helfen Ihnen folgende Verse aus der Bibel, um alles in der richtigen Perspektive zu behalten: „Legt deshalb alle Lüge ab, und redet untereinander die Wahrheit; denn wir sind als Glieder an einem Leib verbunden. Laßt euch durch euren Zorn nicht zur Sünde hinreißen! Die Sonne soll über eurem Zorn nicht untergehen.Gebt dem Teufel keinen Raum! ... Über eure Lippen komme kein böses Wort, sondern nur ein gutes, das den, der es braucht, stärkt, und dem, der es hört, Nutzen bringt. Beleidigt nicht den heiligen Geist Gottes, dessen Siegel ihr tragt für den Tag der Erlösung. Jede Art von Bitterkeit, Wut, Zorn,

Geschrei, Lästerung und alles Böse verbannt aus eurer Mitte. Seid gütig zu einander, seid barmherzig, vergebt einander, weil auch Gott euch durch Christus vergeben hat" (Epheser 4, 25–27, 29–32).

## *Interview mit dem Vater*

- Welche besonderen Erinnerungen hast du an deine Kindheit? Wie bist du mit deinen Eltern ausgekommen? Wie waren sie? Was hast du an ihnen gemocht oder auch nicht?
- Wie bist du als Kind verletzt und enttäuscht worden?
- Was waren deine Hobbies und Lieblingsspiele?
- Wie bist du in Schwierigkeiten geraten? Wie kamst du wieder heraus?
- Was hat dir in der Schule am meisten gefallen?
- Welche Haustiere hattest du? Welche waren deine liebsten Tiere?
- Was wolltest du werden, als du älter warst?
- Mochtest du dich als Kind? Warum?
- Konntest du dich als Teenager leiden? Warum oder warum nicht?
- Was waren deine besonderen Gaben und Fähigkeiten?
- Welche Preise und Errungenschaften erhieltst du?
- Hattest du einen Spitznamen?
- Wer waren deine engsten Freunde? Wo sind sie heute?
- Was tatest du an einem heißen Sommernachmittag? Beschreibe die Gegend, in der du aufwuchst – Menschen, Nachbarschaft usw.
- Wovor hattest du Angst? Hast du heute noch einige dieser Ängste?
- Wie bist du mit deinen Geschwistern ausgekommen? Wenn du keine hattest – mit welchem Verwandten warst du am engsten befreundet?
- Mit wem bist du ausgegangen und wie lange? Wohin gingst du da?
- Was empfandst du, wenn du ein Mädchen mochtest und sie dich nicht?

- Wie sah dein geistliches Leben als Kind aus – als Teenager?
- Wie hat das Erwachsensein dein Leben verändert? Inwiefern bist du heute anders als vor 20 Jahren, vor 10 Jahren?
- Was waren deine größten Enttäuschungen? Wie gingst du mit ihnen um? Was hast du aus ihnen gelernt, was du auch mir beibringen willst?
- Wenn du dein Leben nochmal leben könntest, was würdest du anders machen?
- Für was möchtest du in Erinnerung bleiben?
- Wie hast du meine Mutter getroffen? Was war dein erster Eindruck von ihr? Was geschah in eurem Leben, als ihr euch traft?
- Wie reagierten eure Eltern auf eure Beziehung?
- Wer traf die Entscheidung zu heiraten? Wer schlug es vor und wie?
- Was waren/sind die Stärken und Schwächen deiner Ehe?
- Wie kamst du mit den Verwandten aus?
- Was empfandest du, als meine Mutter mich erwartete?
- Wie war es, Kinder zu haben? Wie hat es euer Leben verändert?
- Was gefällt/mißfällt dir am Elternsein?
- Wie hast du mich generell als Person empfunden?
- Welche Hoffnungen und Träume hast du für mich gehegt?
- Was hat dir die größte Befriedigung gebracht? Die größte Enttäuschung?
- Wie habe ich mich als Erwachsene verändert?
- Wie möchtest du, daß ich mich heute verändere und wachse?
- Worin bin ich dir am ähnlichsten? Worin am wenigsten?

# 4

# Warum hat mein Vater mich verlassen?

„Mein Vater war nicht im Telefonbuch meiner Stadt;
mein Vater schlief nicht mit meiner Mutter bei uns zu Hause;
meinem Vater war es gleichgültig, ob ich Klavier spielen lernte;
und ich dachte, mein Vater sei gutaussehend, und ich liebte ihn
so sehr
und fragte mich, weshalb er mich so oft alleine ließ, so viele Jahre
lang;
aber mein Vater machte mich zu dem, was ich bin
– eine einsame Frau ohne Ziel,
ein einsames Kind ohne einen Vater.
Ich lebte mit Worten,
Worten und Namen.
Vater war keines der Worte.
Vater war keiner der Namen."[9]

Ich verreiste oft zwei, drei Tage lang, als meine Tochter Sheryl noch klein war. Jeden Abend rief ich zu Hause an, um mit meiner Frau Joyce und meiner Tochter Sheryl zu reden. Ich wußte jedes Mal im voraus, was ich von meiner Tochter hören würde, wenn ich sie am Apparat hatte. „Papa, wann kommst du wieder heim?" Ich wußte auch, was geschehen würde, wenn ich nach Hause kam. Sie würde auf mich zugerannt kommen und voller Begeisterung rufen: „Papa ist wieder da!" Sie hat darauf gewartet, daß ich wieder nach Hause komme. Viele Töchter haben umsonst darauf gewartet, daß ihre Väter wieder nach Hause kommen, weil ihre Väter weggegangen waren, um nie wieder zu kommen. Väter verlassen ihre Familien aus verschiedenen Gründen. Manche lassen ganz einfach ihre Frauen und Kinder verantwortungslos im Stich und verschwinden. Andere lassen sich scheiden, besuchen aber ihre Kinder regelmäßig. Wieder andere werden ihren Familien durch einen frühen Tod entrissen. Und es gibt Väter, die zwar körperlich zu Hause sind, emotional aber abwesend sind.

In dem Stück von Tennessee Williams, „Die Glasmenagerie", ließ Lauras Vater die Familie einige Jahre zuvor im Stich, und man hörte nie wieder von ihm. Lauras Bruder, der Erzähler des Stücks, deutet auf das große, überdimensionale Porträt des galant lächelnden Vaters. Sein Kommentar dazu verdeutlicht den unbewußten Einfluß, den der abwesende Vater immer noch auf sein Kind hatte:

> „Dies ist unser Vater, der uns vor Jahren verließ. Er war ein Mann des Telefons, der sich in die weite Ferne verliebte. Er gab seinen Job bei der Telefongesellschaft auf und verschwand aus dem fantastischen Licht dieser Stadt. Das letzte, was wir von ihm hörten, war eine Postkarte aus Mazatlan, an der Pazifikküste Mexikos, die eine Botschaft mit drei Worten enthielt: „Hallo – auf Wiedersehen!" und keine Adresse."[10]

## Die zurückgelassene Tochter

Was geschieht mit einer Tochter, die ihren Vater durch Scheidung oder Tod verloren hat oder deren Vater sie gefühlsmäßig verlassen hat? Hat Ihr Vater Sie aus irgendeinem Grund in Ihrer Kindheit oder Jugend verlassen? Sie haben vielleicht Freundinnen, die von ihren Vätern verlassen wurden. Haben Sie Ihre Gefühle über diesen Verlust festgestellt? Haben Ihre Freundinnen Ihnen ihre Gefühle beschrieben? Folgende Aussage stammt von einer Frau, deren Vater starb, als sie drei Jahre alt war:

> „Die meisten Frauen haben einen Mann, der wegging, den sie geliebt und verloren haben. Für uns war dieser Mann der Vater, der erste Mann, den wir geliebt haben. Mit seiner Gegenwart hat er uns gezeigt, welche Freude es ist, eine Frau zu sein, die Liebe von einem Mann emp-

fängt. Seine Abwesenheit lehrte uns die Unsicherheit der Liebe. Ob er nun starb oder uns verließ, wir fühlten uns verstoßen."

Viele Frauen empfinden das Verlassen des Vaters als Verrat. In diesem Verrat ist der Samen des Gefühls des Verlassenseins enthalten. Da der Vater nicht anwesend war, hat die Tochter ihn oft zu sehr idealisiert, seine Stärken übertrieben und seine Schwächen vergessen. Ihr idealer Vater wurde die Norm, an der alle anderen Männer gemessen wurden. Der Vater war fort, seine „Gegenwart" beeinflußte aber immer noch ihr Leben.

*Wenn ein Vater aus dem Leben einer Tochter geht, läßt er eine der wichtigsten Rollen unbesetzt, die er in ihrem Leben spielen sollte: die der Entwicklung ihrer Autonomie und Unabhängigkeit.*

Eine junge Lehrerin beschreibt, was mit ihr geschah, als ihr Vater sie verließ, weil er sich scheiden ließ:

„Ich empfand es immer als sehr wichtig, meinem Vater nahe zu bleiben. Er war ein Mann, der aus sich herausging und stets froh war. Ich konnte niemals verstehen, was er in meiner Mutter sah. Ich war 9 Jahre alt, als sie sich trennten. Ich hatte keinen Zweifel darüber, daß es ihre Schuld war. Wenn ich hätte wählen können, hätte ich mich entschieden, bei meinem Vater zu leben. Aber er reiste zu oft – er war Vertreter –, so daß ich nicht bei ihm leben konnte, auch wenn Mutter dem zugestimmt hätte. Mutter versuchte, mich und meine kleinere Schwester gegen ihn aufzustacheln. Ich ließ das aber nie zu. Er schickte uns Geld zur Unterstützung, und das bedeutete, daß er uns liebte. Wenn Mutter gegen ihn sprach, hörte ich einfach nicht zu. Ich sagte dann meiner Schwester, daß Mutter log.

Als Vater zurückkam, um uns für ein Wochenende abzuholen, dachte ich, es sei Weihnachten. Ich träumte davon, älter zu sein und mich um ihn zu kümmern. Ich würde ihm den Haushalt führen, für ihn kochen und nie die Fehler meiner Mutter begehen, die ihn aus dem Haus trieben."

Wenn ein Vater aus dem Leben seiner Tochter geht, läßt er eine der wichtigsten Rollen unbesetzt, die er in ihrem Leben spielen sollte: die der Entwicklung ihrer Autonomie und Unabhängigkeit. Ein Vater hilft seiner Tochter auf seine Weise, ihre Abhängigkeit ihrer Mutter gegenüber zu verringern. Eine junge Frau möchte unabhängig sein, aber sie zögert darin und ist sich unsicher, ob sie Mamas Rockzipfel verlassen soll. Ihr Vater, der neben ihrer Mutter den stärksten Einfluß in ihrem Leben hat, ermutigt sie zur Unabhängigkeit, indem er ihre Wichtigkeit als Individuum bestärkt. Durch seine Aufmerksamkeit ihr gegenüber, sein Interesse an ihr und seine verbale Bestätigung ihrer Einzigartigkeit und ihrer Stärken „führt" er sie langsam zur Unabhängigkeit. Das ist der Idealfall, so wie es eigentlich sein sollte und für viele Töchter ist. Aber vielen anderen, deren Väter abwesend sind, fehlt diese entscheidende Rolle. Können Sie sich mit dem Ideal identifizieren – einem Vater, der sie liebevoll dazu ermutigt hat, ihren Platz in der Welt zu finden? Oder wurde die Entwicklung Ihrer Unabhängigkeit und Identität dadurch gehindert, daß Ihr Vater die Familie während Ihrer Kindheit oder Jugend verlassen hat?

## Wenn der Vater stirbt

Wie ist es für ein kleines Mädchen, das ihren Vater erst seit kurzer Zeit kennt, wenn er ihr durch den Tod entrissen wird? Wer kann den Einfluß des Todes eines Vaters auf das Leben eines Kindes richtig begreifen? Wenn der Tod auf tragische Weise oder völlig unerwartet eintraf, mag dieser Schmerz unüberwindbar erscheinen. Trauer, die geistige Not, die wir bei einem Verlust erleiden, ist das schlimmste, schmerzvollste und erschöpfendste Erlebnis, das einem Menschen widerfahren kann. Es ist schon bei Erwachsenen erschreckend intensiv. Wie traumatisch muß es für ein Kind sein, wenn es ein solches Erlebnis hat, das sein Verständnis und seine Kontrolle übersteigt? Ein Kind zwischen drei und sechs Jahren ist in dem „magischen" Alter. Wenn der Vater eines Mädchens in dieser Phase stirbt, wird sie Spiele spielen und Fragen stellen, die zeigen, daß sie diese Tatsache als aufhebbar ansieht. Sie wird dann Dinge sagen, wie „Wir bringen Papa ins Krankenhaus, damit sie ihn wieder lebendig machen" oder „Papa braucht etwas Erholung, dann wird er wieder aufwachen". Ein vierjähriges Mädchen, dessen Vater vor seinem Tod ein rotes Auto fuhr, rannte später jedem roten Auto nach und rief: „Papa, Papa!"

Eine Tochter in diesem Alter kann auch leicht glauben, daß ihr eigenes Fehlverhalten oder ihre negativen Gedanken über ihren Vater seinen Tod verursacht haben. Eine Frau erzählte mir einmal: „Über Jahre hinweg glaubte ich, daß ich den Tod meines Vaters verschuldet hätte, weil ich zu jenem Zeitpunkt auf ihn wütend gewesen war. Dieser Irrglaube bestimmte mein Leben über Jahre hindurch."

Wenn die Tochter älter ist – zwischen 6 und 11 – stellt sie vielleicht viele detaillierte Fragen über seinen Tod in ihrem Versuch, den Verlust zu überwinden. Ein Kind muß darin bestärkt werden, mit der emotionalen Wirkung, die der Tod des Vaters auf sie hat, umzugehen, sonst wird es verwirrt.

Pat, eine 30jährige Mutter, saß in meinem Büro und erzählte mir die Geschichte vom Tode ihres Vaters, als sie zweieinhalb Jahre alt war. Ich fragte sie, an was sie sich erinnern konnte. „Ich verstand nicht richtig, was der Tod bedeutete", sagte sie. „Aber ich reagierte auf die Tatsache, daß mein Vater mich verlassen hatte. Auf das, was meine Mutter sagte, reagierte ich wie eine freche Göre. Ich fragte dauernd, wo mein Vater sei, und meine Tante antwortete mir stets, er sei auf einer langen Reise. So dachte ich, er würde wieder nach Hause kommen. Glücklicherweise hörte meine Mutter eines Tages die Antwort meiner Tante und sagte: ‚Nein, das stimmt nicht. Papa ist gestorben.' Dann erzählte sie mir alles über seinen Tod. Sie half mir auch, in den nächsten Monaten bzw. Jahren meine Gefühle auszudrücken. Ich habe meine Gefühle nicht eingeschlossen. Ich schätzte die Hilfe meiner Mutter wirklich, die mich trauern ließ."

Pat hatte wirklich Glück. Sie konnte ihren Verlust verarbeiten. In ihrem Versuch, ihre trauernden Kinder zu schützen, verbergen manche Mütter nicht nur ihre eigenen Gefühle, sondern auch die ihrer Kinder, indem sie die Wahrheit über den Tod ihres Vaters im Dunkeln lassen. Ihr Versuch, die Kinder zu schützen, geht meistens schief. In ihrem Buch, *„A Child's Parent Dies"* (Ein Elternteil stirbt), schreibt Erna Fuhrmann: „Kinder sind so sensibel für die Launen der Eltern und ihre Verhaltensänderungen, daß es meiner Erfahrung nach unmöglich ist, ihnen die wahre Begebenheit vorzuenthalten oder zu verschleiern."[11]

Es kann einer Mutter das Herz brechen, wenn sie den Schmerz ihrer Tochter mit ansehen muß. Doch ihr den Tod nicht einzugestehen, kann für die Tochter noch viel verheerender sein. Kinder bekommen es sehr schnell mit, wenn ihnen die Eltern etwas verheimlichen. Der Versuch einer Mutter, die Wahrheit vorzuenthalten, kann in ihrer Tochter das Gefühl des Verstoßen- und Verlassenseins noch verstärken. Sie fühlt sich ja schon von ihrem Vater verlassen, nun auch noch von ihrer Mutter – also völlig allein gelassen!

Manchmal empfinden Kinder nichts, wenn ein Elternteil stirbt. Dies ist oft der Fall, wenn der Vater ein starker, stabiler Faktor in der Familie war, aber seiner Tochter nicht den körperlichen und emotionalen Kontakt vermittelt hat. Diese Tochter leidet schon vor dem Tod des Vaters unter emotionaler Entbehrung. Von früh an lernt sie, wie man die Furcht des Verlassenseins und der Isolation vermeidet, indem man Gefühle und Schmerzen verleugnet. Da sie sich so darin eingeübt hat, empfindet sie wenig oder nichts, wenn ihr Vater sie durch Tod verläßt. Der Tod eines Elternteils, besonders eines Vaters, ist traumatisch. Noch schlimmer wird es aber, wenn der noch lebende Elternteil den Kindern nicht mit dem nötigen Mitgefühl entgegenkommt und nicht offen mit ihnen über den gemeinsamen Verlust spricht. Unterdrückte Trauer ist ein negativer Faktor, der die Person noch weiterhin bis zum Erwachsensein beeinflußt.

Hegten Sie in Ihrer Kindheit oder Jugend unterdrückte Trauer oder Schmerz in Ihrem Herzen über den Tod Ihres Vaters (oder eines anderen engen Verwandten)? Kennen Sie jemanden, der auch mit seinen Gefühlen über einen Verlust nicht richtig umgegangen ist? Vielleicht leiden Sie an den Folgen einer solchen Unterdrückung; das ist nicht notwendig.

Was ist die Folge einer unterdrückten Trauer? Renees Erfahrung spiegelt wider, was viele Frauen erleiden, wenn sie zur Zeit des Todes ihres Vaters nicht richtig mit ihren Gefühlen umgehen. Renees Vater starb, als sie 7 Jahre alt war, und sie wurde in einem vaterlosen Haushalt erzogen. „Nun bin ich 47 Jahre alt", begann sie. „Ich habe das Gefühl, als wäre ich mein ganzes Leben lang traurig gewesen. Leiden, das war mein zweiter Name. Mutter sagte uns, wir sollten stark sein und vorangehen. Jedes Mal, wenn ich weinen wollte, versuchte ich, es zu unterdrücken. Doch ich hatte das Gefühl, daß ich etwas kurzschloß, was eigentlich herauskommen sollte." „Vielleicht wollten Sie die ganzen Jahre über um Ihren Vater weinen, und man hat es nicht zugelassen", antwortete ich. „Sie haben in sich Tränen und Traurigkeit getragen, und niemand hat Sie je aufgefordert, die Schleuse zu öffnen und alles herausfließen zu lassen." Renee schaute mich zuerst erstaunt an, nickte aber dann zustimmend. Ich sprach weiter: „Es ist in Ordnung, wenn Sie jetzt weinen. Es ist nicht zu spät dafür. Warum lassen Sie nicht einfach alle Traurigkeit und Tränen herausfließen?" Und sie tat es.

Wenn eine Frau unfähig ist, ihr Trauern und ihren Schmerz aus der Kindheit auszudrücken, kann sie dadurch über Jahre hinweg blockiert sein. Dies war der Fall bei Renee – sie hatte über Jahre hinweg eine unerklärliche Traurigkeit in ihrem Herzen. Es gibt extreme Fälle, in denen die unterdrückte Trauer einer Tochter dazu führt, daß sie unfähig wird, eine andere Person, wie z. B. ihren Ehemann, zu lieben. Da sie den unverarbeiteten Schmerz über ihren Verlust mit sich herumträgt, fürchtet sie sich davor, daß ein anderer, dem sie ihr Herz öffnet, ihr wieder entrissen werden könnte.

Unterdrückte Trauer über einen Verlust wird Ihr Leben beeinträchtigen. Daher ist es wichtig, daß Sie Ihre Vergangenheit verstehen und diese Erfahrung für die Zukunft für den eventuellen Verlust geliebter Personen behalten. Trauer ist normal. Es ist Gottes Weg, um uns zu helfen, im Leben voranzugehen. Die Schrift beschreibt uns viele Personen, die tragische Verluste erlebten und darüber trauerten.

Wenn diese Trauer jedoch unterdrückt wird, so haben Sie vielleicht eine unerklärliche Traurigkeit in Ihrem Herzen, eine Unfähigkeit, Liebe oder jegliches emotionales Engagement auszudrücken, oder Sie lehnen jegliche Gefühle ab. Eine frühe Annahme Ihres Verlustes wird Ihnen dagegen helfen, im Leben weiterzugehen. Robert Veninga sagt: „Wenn Sie die Ernsthaftigkeit Ihres Verlustes akzeptiert haben, können Sie das Wunder des Lebendigseins wieder erfahren."[12]

## Ich habe meinen Vater nie gekannt

Manche Frauen waren Säuglinge, als ihr Vater starb. Sie hatten niemals die Gelegenheit, ihren Vater kennenzulernen. Sie haben keine persönlichen Erinnerungen, an denen sie zehren können. Alles, was sie haben, sind Bilder, Erzählungen der Mutter und anderer Verwandten. Folglich blieb diese entscheidende Rolle des Vaters für die Entwicklung des physischen und sexuellen Selbstbildes der Tochter unerfüllt. Es fehlt auch die verbal und körperlich ausgedrückte Zuneigung des Vaters, die entweder zu einem tiefen Verlangen nach Intimität oder im Gegenteil zu einer Furcht vor Kontakt führt.

Nadine, deren Vater drei Monate vor ihrer Geburt im 2. Weltkrieg umkam, sprach darüber, daß sie ihren Vater nie gekannt hatte. „In meiner Erfahrung gab es keinen Vater. Die Wörter ‚Papa, Vater‘ waren für mich Fremdwörter. Ich habe nie jemanden so genannt. Ich kann von meinem Vater sprechen, doch diese Worte erscheinen mir steif und seltsam. Ich denke, ich habe eine zu romantische Sicht von einem Vater. Ich habe nie einen Vater erlebt, der mich enttäuschte, mich desillusionierte oder in der Midlife-Krise war. Ich habe ihn nie sauer auf seine Eltern oder im Streit mit meiner Mutter gesehen. So habe ich ein Idealbild von ihm geschaffen und gelernt, ohne ihn zu leben. Als ich jünger war, glaubte ich, daß es mir nichts ausmachte, ohne einen Vater zu leben. Aber ich täuschte mich. Später wurde mir dieses Vakuum in mir deutlich."

Nadine beschrieb dann, wie sie vaterlos aufwuchs: „Mama hat wieder geheiratet, als ich neun Jahre alt war. Doch ihr zweiter Mann und ich kamen nicht richtig miteinander aus. Es war so, als ob ich auf sehr destruktive Weise die Schule und das Gymnasium durchlebte. Ich wollte, daß Männer für mich sorgten. Ich konnte nie genügend Aufmerksamkeit erhalten. Ich war richtig gierig. Ich wollte alles für mich selbst. Oft war es mir gleichgültig, was mit anderen oder mir selbst geschah. Ich bin kein Psychologe, aber ich wollte anscheinend von allen anderen das erhalten, was ich von meinem Vater nie bekommen habe."

Nadine mag keine Psychologin sein, aber ihre Diagnose des Problems ist nicht so weither geholt. Viele Frauen, die ihre Väter nie gekannt haben, reagieren in einer gierigen, destruktiven und gewissenlosen Weise. Sie möchten, daß die Welt um sie herum das erfüllt, was ihnen gefehlt hat.

## *Die Auswirkungen der Vaterlosigkeit*

Weshalb hat die Abwesenheit eines Vaters solch einen großen Einfluß auf das Leben einer Tochter, selbst wenn die Mutter da ist? Wenn ein Vater stirbt, verliert die Tochter ironischerweise oft auch die Mutter. Sie verläßt sie körperlich, wenn sie wieder arbeiten gehen muß und viele Stunden außer Haus ist. Sie kann sie auch emotional verlassen. Eine alleinerziehende Mutter ist sehr gestreßt von ihrer Arbeit und Hausarbeit und verweigert deshalb ihrer Tochter oft ausreichenden emotionalen Kontakt.

Manchmal hat das Verlassen des Vaters gerade die gegenteilige Auswirkung auf die Beziehung Mutter-Tochter. Anstatt ihre Tochter zu vernachlässigen, kann eine verwitwete Mutter sich an ihre Tochter um Hilfe, Unterstützung und Nahrung wenden, was sie alles vorher von ihrem Mann erhalten hat. Manche Mütter mischen sich dann zu sehr ins Leben der Tochter ein. Weil der Vater nicht da ist, um seiner Tochter bei ihrem Unabhängigkeitsstreben zu helfen, werden manche Töchter zu stark von ihren Müttern abhängig.

Die Abwesenheit des Vaters verfolgt die Tochter auch in dem wichtigen Bereich ihrer Beziehungen zu Männern. Manche verwitwete Mütter werden übervorsichtig, wenn die Tochter eine Männerbeziehung aufnimmt. Andere reagieren gerade umgekehrt, indem sie die Tochter zu Beziehungen ermutigen. Sie denken, eine Tochter ohne Vater brauche einen für sie sorgenden Mann.

*Kein Mann kann mit dem idealisierten Bild*
*des verstorbenen Vaters konkurrieren.*
*Jeder Mann ist nur ein unvollkommener*
*Ersatz für das Phantasiebild.*

Wenn die vaterlose Frau sich nach einem Mann fürs Leben umsieht, trägt sie wahrscheinlich ein Idealbild des Vaters in sich. Sie mißt jeden in Frage kommenden Mann an diesem Bild des vollkommenen Vaters, immer auf der Suche nach dem perfekten Mann. Aber dieser Prozeß führt zu großen Enttäuschungen. Kein Mann kann mit diesem idealisierten Bild des verstorbenen Vaters konkurrieren. Jeder Mann ist nur ein unvollkommener Ersatz für das Phantasiebild. Folglich schrekken vaterlose Frauen oft vor Intimität zurück. Sie sind nicht bereit, viel von sich selbst an einen zweitklassigen Mann zu geben. Daher sind ihre Beziehungen zu Männern gewöhnlich nur sehr oberflächlich.

Viele vaterlose Frauen legen ihre ganze Energie in ihre Arbeit als Ersatz für die Vaterschaft, die sie nie hatten. Es stimmt, daß viele Frauen durch die Förderung ihres Vaters zu einer erfolgreichen Karriere kamen. Aber es gibt auch Frauen, die ohne die Ermutigung ihres Vaters erfolgreich werden. Ihre Arbeit kann eine Kompensation des Schmerzes aus ihrer Kindheit darstellen. Oder es ist eine Reaktion auf die Abhängigkeit, die sie in ihrer Mutter sahen und die sie zu vermeiden suchen. Leistung kann ein Ersatz für Verlust sein. Dabei vermeidet man das Risiko eines Engagements und der Intimität.

Denken Sie einmal nach, wieviele berühmte Frauen entweder ihren Vater in ihrer Kindheit verloren oder ihn überhaupt nie gekannt haben. Helen Gurley Brown, die Chefredakteurin des Cosmopolitan, verlor ihren Vater in ihrer Jugend. Vielleicht hat die fehlende Würdigung durch ihren Vater bei ihr dazu geführt, daß sie das Bedürfnis hatte zu lernen, wie Charme berechnet wird. Ihre Zeitschrift befaßt sich damit, Frauen zu helfen, Männer zu finden, sie einzuwickeln und zu behalten.

Isak Dinesen, eine dänische Schriftstellerin, die zweimal für den Nobelpreis nominiert wurde, verlor ihren Vater im Alter von 9 Jahren. Eleanor Roosevelt verlor ihren Vater vor ihrem 10. Geburtstag. Sie versprach ihrem Vater, daß sie zu einer Frau heranwachsen würde, auf die er stolz sein könnte. Nach dem Tod ihres Vaters widmete sich Eleanor ganz den Dingen, an die ihr Vater glaubte. Sie tat das, was viele vaterlose Frauen getan haben: sie würdigte und erweiterte die Existenz ihres Vaters durch ihre eigene. Dies war auch der Fall bei Bess Truman und Rosalyn Carter, die ihren Vater durch Tod verloren hatten, sowie bei Jacqueline Kennedy und Nancy Reagan, die ihren Vater durch eine Scheidung verloren.

Barbara Streisand ist ein interessantes Beispiel einer Frau, die in ihrer Arbeit versucht hat, das ersehnte Bild des Vaters wieder aufzubauen. Erinnern Sie sich an den Film „Yendl"? Streisand widmete Jahre ihres Lebens diesem Film und führte die Regie. Sie sagte, „Yendl" gab ihr die Möglichkeit, einen Vater zu schaffen. In dem Film schuf sie ihn als warmen, freundlichen, weisen und mitfühlenden Mann. Sie stellte ihn als den Vater dar, den sich jede Frau wünscht. Vielleicht wählte sie diese Geschichte, weil sie den Tod des Vaters der weiblichen Hauptfigur beinhaltet. Die Frau erhält ihn dann „am Leben", indem sie die Liebe und Ehrfurcht für Bücher und Lernen hegt, die er ihr vermittelt hatte. Viele haben Barbara Streisand für solche unnatürliche Bestrebungen und Ambitionen kritisiert. Doch wie für viele andere Frauen auch, ist dieses Streben ihre Art, die Leere zu füllen, die durch einen Vater entstand, der in ihrem Leben kein Bild hinterlassen hat.

Wir haben nun besprochen, welche Auswirkungen es auf das Leben einer Tochter hat, wenn sie den Vater durch Tod verliert. Im folgenden Kapitel werden wir uns mit dem Verlust des Vaters durch Scheidung und seinen weitreichenden Folgen für die zurückgelassene Tochter beschäftigen.

# 5

# Warum lebt mein Vater nicht mehr bei uns?

Vor einigen Monaten war ich bei einer Hochzeit und war sehr erstaunt über das, was ich dort sah. Ich bin sicher, daß es öfters geschieht, als mir bewußt ist, aber es überraschte mich trotzdem. Die Braut wurde von zwei Männern den Gang hinauf zu ihrem Bräutigam geführt! Ihr Stiefvater war auf der einen Seite und der richtige Vater auf der anderen. Beide Väter küßten die Braut und setzten sich dann je auf eine Seite der Mutter. Ich wunderte mich darüber, was wohl die Braut von dem ganzen hielte und fühlte, als sie die Arme beider Väter berührte. Ihr natürlicher Vater verließ ihre Mutter, als sie noch klein war. Sie hatte mit ihm zwar über die Jahre hinweg Kontakt, wurde aber von ihrem Stiefvater großgezogen. Ihre Geschichte ist die von Millionen von Kindern in diesem Land, deren natürliche Väter von zu Hause weggingen.

Hier ist eine andere Geschichte über eine Tochter, deren Vater sie aufgrund einer Scheidung alleine ließ:

„„Kommt ins Wohnzimmer, Kinder. Wir müssen euch etwas sagen', so teilten uns unsere Eltern mit, daß sie nicht mehr zusammenleben würden. Nachdem sie uns sagten, daß sie sich scheiden lassen wollten, setzte ich mich unter den Tisch und sagte mir immer wieder die Worte vor, die mein Vater gesprochen hatte. Ich wußte nicht genau, was sie bedeuteten, lernte es aber bald.

Nachdem Papa weg war, sah ich in den Schubladen nach, in denen er seine Kleider aufbewahrt hatte, und fand ein altes Sweatshirt, das er dort vergessen hatte. Das versteckte ich in meinem Zimmer und behielt es jahrelang dort. Jedes Mal, wenn ich Sehnsucht nach ihm hatte, drückte ich es an mich. Mein Vater kam einige Male zurück, um uns zu besuchen, aber seine Besuche wurden immer seltener. Schließlich kam er überhaupt nicht mehr. Ich fragte mich, wo er hingegangen war. Ich fragte mich auch, ob er viel an uns dachte. Doch das werde ich niemals erfahren."

Was geschieht, wenn ein Vater das Zuhause verläßt, und wie berührt das seine Tochter? Haben Sie sich von Ihrem Vater verlassen gefühlt, weil er aufgrund der Scheidung von zu Hause wegging? Wie hat es Ihr Leben beeinflußt? Ich bin sicher, daß einige Ihrer Bekannten Opfer von Scheidungen sind. Wie hat es sich bei ihnen ausgewirkt?

Wenn ein Vater stirbt, dann gibt es die Möglichkeit die Beziehung sozusagen abzuschließen und eine Gelegenheit, ihm ein letztes „Auf Wiedersehen" zu sagen. Eine Tochter geht durch eine Phase des Trauerns, die ziemlich voraussagbar ist. Aber wo bleibt die Trauerphase nach einer Scheidung? Ein Kind, das durch eine Scheidung von einem Vater zurückgelassen wird, fühlt sich unsicher. „Wird Papa zurückkommen?" Das Kind weiß nicht, ob der Verlust von Dauer oder nur vorübergehend ist. Die Geburtstagskarte, der wöchentliche Anruf, die Besuche an Wochenenden oder in den Ferien halten die Hoffnung aufrecht, daß der Vater eines Tages zurückkommen wird.

## *Der Bruch der Scheidung*

Ein Ehepaar mag vielleicht seine Probleme durch eine Scheidung lösen, aber für die Kinder fangen die Probleme da erst an. Ein Kind denkt oft, an der Scheidung mitschuldig zu sein, und entwickelt deshalb Schuldgefühle. Manche Tochter, der die Liebe und Bestätigung des Vaters fehlt, sucht bei ihrer Mutter ein besonderes Maß an Liebe und Aufmerksamkeit, welches eine im Streß stehende, kürzlich geschiedene Frau nicht geben kann. Eine Tochter braucht Führung durch Erwachsene, die den

Prozeß der Scheidung verstehen und die Anpassung durcharbeiten.

Judith Wallerstein, eine Psychologin, die viele Familien durch die verschiedenen Stadien der Trennung, Scheidung und Wiederverheiratung begleitet hat, führte in Kalifornien eine 10jährige Studie bei über 60 Familien durch. Diese Studie wird in dem Buch *Second Chances: Men, Women and Children a Decade after Divorces* (Die zweite Chance: Männer, Frauen und Kinder, ein Jahrzehnt nach der Scheidung) zusammengefaßt. Frau Wallerstein folgte diesen Familien in einem Intervall von 5 und 10 Jahren. Sie entdeckte, daß nur 10% der Paare nach der Scheidung ein glücklicheres Leben führten. Zwei Drittel der Kinder hatten eine schlechte Beziehung zu ihren Vätern. Dies betraf sowohl Kinder, deren Väter sie ganz verlassen hatten, als auch solche, die ihren Vater regelmäßig sahen. 75% der Kinder fühlten sich von ihren Vätern abgelehnt.

Viele Familienspezialisten haben den Eindruck, daß die Wirkung der Scheidung auf die Tochter erst in der Pubertät oder im frühen Erwachsenenalter ans Tageslicht kommt. Viele Töchter fühlen sich durch die Scheidung entwurzelt und haben Angst, in die Jugend und ins Erwachsenenalter hineinzugehen. Sie fürchten sich davor, von Männern verraten und verlassen zu werden – ein Gefühl, das sie der Scheidung ihrer Eltern zuweisen.[13]

Elke ist ein klassisches Beispiel für das, was geschehen kann, wenn Eltern sich scheiden lassen und der Vater von zu Hause weggeht. Im Alter von 14 Jahren, mehrere Jahre nach der Scheidung ihrer Eltern, fing Elke an, depressiv zu werden und bedeutend an Gewicht zu verlieren. Sie zeigte nicht den Wunsch, aus ihrer Depression herauszukommen.

Mit der Zeit kam heraus, daß sie „wütend war über das, was ihr Vater getan hatte". Aber – wie viele andere junge Mädchen auch – gab Elke ihre Wut nicht zu. Als ihre Mutter versuchte, mit ihr darüber zu diskutieren, war Elke auf der Seite ihres Vaters und ließ nicht zu, daß schlecht über ihn geredet wurde. Dies verstärkte jedoch Elkes inneren Konflikt, weil ihr deutlich war, wie sehr die Scheidung und ihre Depression ihre Mutter berührten. Ihre Mutter tat ihr leid.

Elke kämpfte auch mit Schuldgefühlen. Sie fühlte sich für die Scheidung verantwortlich. Zwei Jahre bevor ihr Vater wegging, wurde Elke – eine typische Teenagerin – zu Hause rebellisch und laut aufbrausend. Als ihr Vater dann ging, dachte sie, es sei ihr Verhalten, das ihn von zu Hause weggetrieben hatte. Elke liebte ihren Vater und ihre Mutter. Doch wenn sie einen von ihnen liebte, fühlte sie sich dem anderen gegenüber untreu. Ihr inneres Leben war eine Ansammlung von Konflikten. Wenn eine Familie auseinanderbricht, entwickelt die Tochter oft eine Reihe innerer Mythen. In Elkes Fall waren es folgende:

Meine Mutter war eine gute Person, und mein Vater behandelte sie unfair.

Mein Vater ging von zu Hause weg, weil er meine rebellische Haltung nicht mehr aushielt. Er hat wahrscheinlich auch Mama für mein Verhalten verantwortlich gemacht.

Mein Vater ging fort, weil er selbstsüchtig war, sich nur für seine Wünsche und Bedürfnisse interessierte.

Meine Mutter wurde so sehr verletzt, daß sie nicht ohne meine Fürsorge auskommt.

Wenn ich mich erhole und wieder glücklich bin, verletzt das meine Mutter. Sie wird damit nicht fertig werden.

Ich muß mich für ein Elternteil entscheiden. Ich kann nicht beide lieben und beiden gegenüber loyal sein. Wenn ich Papa zeige, daß ich ihn liebe und mit ihm Zeit verbringe, wird das Mama weh tun. Ich kann Papa nicht zeigen, wie wütend ich bin, weil er mich jetzt lieb behandelt. Ich möchte ihn nicht abstoßen, sonst könnte er vielleicht nie wieder kommen.

Die Freundin meines Vaters ist schuld daran, daß er wegging. Aber ich kann nicht auf sie böse sein.

Wenn eine Tochter das Verlassen ihres Vaters überleben will, müssen diese Mythen zerstört und durch die Wahrheit ersetzt werden. Leider sind die Erwachsenen im Leben einer Tochter – einschließlich der Mutter – oft unfähig, sie erfolgreich durch diesen Prozeß zu führen.

## Die Gefühle einer vaterlosen Tochter

Eine Tochter, die von ihrem Vater verlassen wurde, trägt eine Reihe von Gefühlen in ihr Erwachsensein hinein. Sie zweifelt vielleicht an ihrem Wert, denkt, sie hätte versagt in ihrer Rolle, die Familie zusammenzuhalten. Sie fragt sich, was sie tat oder unterließ und die Familie auseinandergerissen hat. Rita sagte mir eines Tages in einem Seelsorgegespräch: „Ich kenne eine Reihe von Familien, in denen die Eltern sich nicht mehr liebten. Aber sie blieben wegen der Kinder zusammen. Für diese Väter waren es die Kinder wert, zu Hause zu bleiben. Aber ich war es anscheinend nicht wert. Was denken Sie, welches Gefühl mir das über mich selbst gibt?"

Sie trägt vielleicht die unverarbeitete Wut darüber in sich, daß ihr Vater sie verlassen hat. Diese Wut färbt ihre Beziehungen zu anderen Männern. Sie möchte einen Mann in ihrem Leben, ist aber unsicher, ob sie ihm vertrauen kann. Jeder Vertrauensbruch durch einen Mann interpretiert sie als einen weiteren Beweis, daß man sich auf einen Mann nicht verlassen kann. Sie möchte geliebt werden und liebenswert sein. Aber Wut, Mißtrauen und Angst vor Intimität mit Männern halten sie davon ab, sich einem Mann hinzugeben.

Wenn bei der erwachsenen Tochter eines geschiedenen Vaters die Hochzeit näherrückt, hat sie vielleicht gemischte Gefühle über seinen Teil an der Zeremonie. Neulich wurde ich von einer jungen Frau in einem Beratungsgespräch vor der Heirat gefragt, wie sie ihren Vater einbeziehen sollte. Er hatte sie in jungen Jahren verlassen, will aber jetzt wieder in ihr Leben einbezogen werden. Er möchte sogar mit ihr zum Altar schreiten. „Mir wäre es viel lieber, wenn mich mein Stiefvater zum Altar führte", sagen mir die meisten Frauen. „Ich fühle mich ihm näher als meinem wirklichen Vater. Mir ist es sogar unangenehm, daß mein Vater wieder in mein Leben kommt. Ich habe ihn ja nicht verlassen, sondern er hat mich verlassen. Ich empfinde ihm gegenüber nicht wie einem Vater. Mein Stiefvater gab mir, was mein leiblicher Vater mir vorenthalten hat."

*Wenn ein Vater durch Scheidung
von zu Hause weggeht,
wird dadurch die Mutter-Tochter-Beziehung
sehr beeinträchtigt.*

Starke, negative Gefühle begleiten eine verlassene Tochter oft bis in die Ehe. Jutta ist ein gutes Beispiel dafür. Sie kam mit ihrem Mann Achim in die Eheberatung. Achim konnte nicht verstehen, weshalb sein Verhalten Jutta so sehr störte. Immer wenn sie ihm ihre Sorgen mitteilen wollte, machte er entweder den Fernseher an, vergrub sein Gesicht in der Zeitung oder verließ den Raum. Achim hatte das Gefühl, daß er gehört hatte, was sie wollte, weshalb also weiter reden? Aber für sie bedeutete sein Verhalten mehr. Sie fühlte sich von ihm verlassen. Achim konnte dies erst verstehen, als sie ihre Kindheitsbeziehung zu ihrem Vater erläuterte:

„Als ich vier Monate alt war, verließ uns mein Vater. Ich habe ihn nie gekannt. Meine Mutter heiratete drei Jahre später meinen Stiefvater. Dieser verließ uns, als ich 6 Jahre alt war. Drei Jahre später heiratete sie meinen zweiten Stiefvater, der drei Jahre lang blieb. Damals war ich 12 Jahre alt. Die drei wichtigsten Männer in meinem Leben hatten mich verlassen. Sogar meine Mutter verließ mich, indem sie mich aus ihrem Leben ausschloß. Ich heiratete dich, Achim, in der Hoffnung, daß mich nie wieder ein Mann verlassen würde. Wenn du den Raum verläßt, während ich versuche, mit dir zu reden, wenn du den Fernseher anmachst oder die Zeitung liest, dann kommt eine Flut von schrecklichen Gefühlen aus meiner Vergangenheit in meinem Innern hoch. Ich versuche, so zu reden, daß du da bleibst und mir zuhörst, aber es gelingt mir nicht immer. Ich denke, ich habe es satt, immer alles richtig machen zu wollen, wie ich es als Kind tat. Ich konnte als Kind die Männer nicht zum Bleiben bewegen, nun habe ich Angst, daß ich dich auch nicht halten kann."

Kommt Ihnen Juttas Situation bekannt vor? Sind Sie mit dem Gefühl aufgewachsen, daß sie alles „richtig" machen mußten, damit Sie Ihrem Vater gefielen?

## *Vaterlose Töchter und ihre Mütter*

Wenn ein Vater durch Scheidung die Familie verläßt, wird dadurch die Beziehung zwischen der Tochter und der Mutter sehr beeinträchtigt. Eine Studie zu diesem Thema brachte hervor, daß vaterlose Töchter weniger Zeit alleine mit ihrer Mutter verbrachten als andere Mädchen.[14]

Die Töchter hatten das Gefühl, daß sie von ihrer Mutter weniger Zuneigung erfuhren als vor der Trennung und daß von ihnen zuviel erwartet wurde. Sie verstanden, daß ihre Mütter aufgrund ihrer Arbeit nicht so viel Zeit hatten. Doch viele unter ihnen fühlten sich emotional in der Situation gefangen. Sie waren böse auf den Vater, der sie verlassen hatte, doch er war nicht da, um ihm ihren Ärger ausdrücken zu können. Daher hatten viele das Gefühl, ihren Ärger auf die Mutter abzuladen und sie für das Verlassen des Vaters verantwortlich zu machen. Gleichzeitig spürten sie aber, daß sie ihren Ärger zurückhalten mußten, weil Mama ja alles war, was ihnen noch blieb, und sie sie mehr denn je brauchten. Dieses Schema einer Tochter geschiedener Eltern, die ihre Gefühle unterdrückt, ist weit verbreitet.

Oft legt eine Mutter nach der Scheidung einer Tochter mehr Verantwortung auf. Manche Töchter übernehmen Verantwortungsbereiche der Erwachsenen, um ihren Verlust zu überleben. Wenn die Tochter das älteste oder einzige Kind ist, so zwingt sie sich oft selbst, mehr Verantwortung im Haushalt zu übernehmen. Sie hat das Gefühl, sie muß erwachsen werden, um die Leere zu füllen, die ihr Vater hinterlassen hat.

Ein Schriftsteller teilt eine interessante Perspektive zu dieser „Pseudo-Reife" mit: „Das frühe Annehmen des erwachsenen Verhaltens hat bei einer Tochter zwei Funktionen. Indem sie gut und hilfsbereit ist, sichert sie sich die Annahme durch die Mutter und deren Gegenwart. Indem sie stark ist, versucht sie, der Identifikation mit jemand zu widerstehen, dessen fallendes Selbstwertgefühl ihr eigenes bedroht."[15]

Eine geschiedene Frau erlebt oft, wie ihr Selbstwertgefühl sinkt, und sie erscheint schwach, wenn ihre Tochter ihre Stärke bräuchte. Die Tochter möchte nicht schwach erscheinen wie die Mutter. Deshalb lernt sie, wie wertvoll es ist, wenn man wie eine Erwachsene Gefühle beherrschen kann.

Wenn ihr Vater sie verläßt, kann eine junge Tochter sich auch gedrängt fühlen, sowohl die Rolle des erwachsenen Partners der Mutter als auch die der Tochter zu übernehmen. Das Mädchen ist dann Partner und Kind. Doch damit entwickelt sie eine Unabhängigkeit, die ihrem Alter voraus ist, und baut ein Verteidigungsmuster gegen jegliche kindliche Intimität auf. Diese künstliche Reife kommt viel zu früh. Das Mädchen muß lernen, eine andere Beziehung zu ihrer Mutter zu unterhalten.

Während eines Seelsorgegesprächs faßte eine meiner Patientinnen die Erfahrung zusammen, die viele Frauen in der Beziehung zu ihrer Mutter in einem vaterlosen Haushalt machen:

„Der Grund, weshalb ich hier bin, ist, daß ich ein Kämpfer bin. Ich mußte es sein. Ich weiß, daß ich emotional unsicher bin, aber ich überlebe. Seit meinem 6. Lebensjahr ohne Vater, lernte ich, schnell erwachsen zu werden. Mama arbeitete, um uns am Leben zu erhalten. Sie war abends so müde und konnte sich nicht alle meine Sorgen anhören. So lernte ich, meine Probleme alleine zu regeln. Ich verrichtete alle möglichen unangenehmen Arbeiten, als ich 12 Jahre alt war, und entdeckte, daß ich etwas anzubieten hatte. Mit 17 hatte ich genügend gespart, um ein Auto zu kaufen, sogar bevor ich aus der Schule kam. Ich habe heute eine gute Stellung und weiß, daß ich finanziell keine Sorgen haben werde. Doch was die Männer anbelangt, da bin ich sehr unsicher. Und wissen Sie was? Ich hätte lieber einen Mann in meinem Leben als eine große Karriere. Meine Arbeit war eine Lebensnotwendigkeit, es war nicht meine erste Wahl."

## Das verlassene Mädchen
## im Teenageralter

Was geschieht, wenn eine vaterlose Tochter sich den Teenager-
jahren nähert? Gibt es einen Unterschied zwischen diesen Mädchen und solchen aus einem normalen Zuhause? Obwohl sicherlich Ausnahmen und Variationen auftreten, scheinen doch
einige bedeutende Anzeichen dafür zu sprechen, daß es Unterschiede gibt. Der Forscher Dr. Pollard sagt:

„Teenagertöchter von geschiedenen Ehen fühlen sich
traurig und verwirrt. Sie geben sich selbst die Schuld,
zumindest teilweise, für das, was geschehen ist. Anfangs
werden die Väter romantischerweise idealisiert, so wie sie
sich an sie erinnern wollen. Wenn die Tochter älter wird,
verändert sich auch die gegenwärtige Mutter. Sie wächst
nicht an Autorität oder Intelligenz – nicht in der Meinung
ihrer Tochter. Sie wird älter, nervöser, greift mehr ein und
wird nervend. Nur der Vater verändert sich nicht. Er bleibt
der Papa der Erinnerung."

Vaterlose Töchter sind in ihren Pubertätsjahren oft unbehol-
fener und befangener als andere Töchter. Es fehlt ihnen nicht
nur der Kontakt mit ihrem Vater, sondern auch das Modell der
Vater-Mutter-Beziehung, das für sie eine notwendige Widerspie-
gelung der Mann-Frau-Beziehung darstellt.

E. Mavis Hetherington stellte fest, daß vaterlose Mädchen mit
Männern anders umgingen als solche aus einem Elternhaus mit
beiden Eltern:

„Mädchen im Teenageralter, die ohne Vater aufgewachsen waren, wiederholten falsche Verhaltensmodelle in
ihrem Umgang mit Männern. Mädchen, deren Väter
gestorben waren, zeigten extreme sexuelle Furcht und
Schüchternheit, ja sogar Unwohlsein in der Gegenwart
von Männern. Mädchen, deren Väter durch Scheidung
abwesend waren, zeigten starke Spannung, übertriebene
Selbstsicherheit, Verführungskunst und manchmal ein an
Promiskuität grenzendes Verhalten gegenüber Männern... Die Mädchen, deren Väter gestorben waren, sprachen weniger mit dem männlichen Interviewpartner und

waren stiller als die der anderen Gruppe. Mädchen, deren Eltern geschieden waren, sprachen mehr mit dem männlichen Interviewpartner als mit dem weiblichen."[16]

Die Tochter, die aus einer geschiedenen Ehe stammt, benutzt die Scheidung oft, um ihr Mißtrauen Männern gegenüber zu rechtfertigen. Deshalb sind die Männer, die mit ihr ausgehen, grundsätzlich im Nachteil. Sie argumentiert so: wenn ihr Vater viele Fehler hatte und an ihr versagte, werden alle anderen Männer genauso sein. Töchter, deren Väter gestorben sind, haben die Tendenz, Ehemänner und Väter nur mit ausgesprochen positiven Eigenschaften zu sehen. Solche, die aus geschiedenen Ehen stammen, sehen jedoch die meisten Männer nur mit negativen Eigenschaften.[17]

———◆———

*Viele vaterlose Töchter*
*stürzen sich in die Ehe ...*
*in der Hoffnung, ihr Mann rette sie*
*von den vergangenen Enttäuschungen*
*und den Schmerzen, die sie*
*durch ihren Vater erlebten.*

———◆———

Wenn eine Tochter sich dem heiratsfähigen Alter nähert, dann kann sie auf zwei gegensätzliche Weisen auf ein Heiratsangebot reagieren. Viele vaterlose Töchter stürzen sich in die Ehe mit unrealistischen Erwartungen und Optimismus. Sie hoffen, ihr Mann rette sie von den vergangenen Enttäuschungen und dem Schmerz von seiten ihres Vaters. Solche illusorische Hoffnungen werden nur selten erfüllt.

Andere Töchter wehren sich gegen die Ehe, aus Furcht vor der Intimität. Sie wehren sich dagegen, sich zu öffnen, weil sie befürchten, daß sie früher oder später den Mann vertreiben werden, so wie sie ihren Vater – ihrer Meinung nach – vertrieben haben. Andere wiederum befürchten, daß ihre utopischen Vorstellungen über die Ehe sich in Luft auflösen, aufgrund dessen, was sie in der Ehe ihrer Eltern gesehen haben.

Ja, es gibt negative Folgen und Langzeitwirkungen für eine Tochter, die durch Scheidung oder andere Ereignisse von ihrem Vater verlassen wurde. Viele Frauen fühlen sich von ihrem Vater verworfen, und viele wurden auch abgelehnt. Sie haben oft das Gefühl, daß sie ihrem emotionalen Ausdruck nicht trauen können. Sie haben gelernt, Emotionen zu unterdrücken, und sind zu früh gereift. Die am meisten betroffenen Töchter sind diejenigen, die ihren Vater nie gekannt haben und deren Vater eine sehr gleichgültige Haltung einnahm, bevor er die Familie verließ.

Doch was vielen Frauen hilft, ist, eine sensible Mutter, die hart daran arbeitet, die negativen Folgen eines vaterlosen Zuhauses zu überwinden. Wenn die Mutter positiv ist und versucht, auszugleichen, kann die Tochter daraus lernen. Solche positiven Fähigkeiten gehen gegen die Unterdrückung, Ablehnung und vorzeitige Reife an. Die verschiedenen Unterstützungssysteme machen auch einen großen Unterschied im Leben einer Tochter. Viele Mütter, die nicht sofort oder gar nicht wieder heiraten, finden reife Männer, die ihren Töchtern einen Teil des maskulinen Vorbildes liefern können, das diesen verloren gegangen ist. Doch nicht jede verlassene Tochter hat das Glück, solche positiven Reaktionen auf ihren Verlust zu haben. Wie steht es mit denen, die immer noch darunter leiden? Was ist mit Ihnen? Mit Ihren Freunden? Gibt es Hoffnung auf Heilung nach solch einem Verlust? Ja, es gibt Hoffnung!

# 6

# Wer war dieses Phantom?

„Mein Vater ist da, und doch ist er abwesend. Wissen Sie, was ich meine? Er ist im Haus, aber er ist nicht wirklich ein Teil von uns. Sein Körper nimmt Platz ein, aber er ist nicht richtig beteiligt. Wenn eine Person anwesend ist, erwartet man, daß sie irgendwie am Leben des anderen beteiligt ist. Mein Vater tut das nicht. Er ist auf Distanz. Manche meiner Freundinnen mit geschiedenen Eltern haben Väter, die sich mehr interessieren und mehr Anteilnahme an deren Leben zeigen als mein Vater an meinem. Ich fühle mich ausgelassen, betrogen. Das ist nicht fair."

Margarets Wut ihrem Vater gegenüber brodelte seit Jahren in ihr. Als sie mir ihre Geschichte erzählte, konnte sie schließlich ihre Gefühle ihm gegenüber ehrlich bekennen. Ihre Bemerkungen spiegeln die Frustration vieler Frauen wider, deren Vater weder durch Tod noch durch Scheidung von der Familie getrennt ist, der sich aber von der Familie gefühlsmäßig entfremdet hat. Wie es eine andere Frau in meiner Beratung so gut ausdrückte: „Manchmal frage ich mich, ,wer ist eigentlich dieser Fremde?'"

Ich nenne diese Männer Phantomväter. Manche Phantomväter verbringen genügend Zeit zu Hause, haben aber einen sehr oberflächlichen Kontakt zu ihren Töchtern. Dieser Mann spricht vielleicht mit seiner Tochter über die Nachrichten, die Arbeit, Sport, er zeigt jedoch nie etwas von sich selbst. Manche dieser Phantome sind für ihre Familien wie wandelnde Scheckbücher. Sie bezahlen alles, sind aber emotional von allem abgelöst.

Jeanine, eine andere Patientin von mir, beschrieb ihren Vater auf folgende Weise: „Mein Vater nahm sich Zeit, um mit mir auszugehen, aber wir waren immer mit seinem Freund und seiner Tochter zusammen. Ich mochte dieses andere Mädchen und wir amüsierten uns zusammen. Unsere Väter gaben uns Geld, damit wir uns beschäftigten, während sie sich unterhielten, aßen oder andere Dinge taten, die ihnen gefielen. Jeder sagte mir immer, was für einen tollen Vater ich hätte, weil er immer mit mir wegging. Aber Vater lernte mich nie richtig kennen. Ich bin traurig, weil ich ausgelassen wurde. Wenn die anderen nur wüßten, wie Papa eigentlich war!"

Manche Phantomväter, wie der von Jeanine, erscheinen als nette Typen. Sie sind angenehm, lustig, und jeder mag sie. Sie sind beständig, fest und passiv, aber sie drücken nie ihre Gefühle gegenüber der Familie aus. Solch ein Vater ist sehr vorsichtig, da er seinen eigenen Gefühlen und eventuellen Reaktionen darauf nicht traut. Durch seine Tendenz, seine Verletzungen und Beschwerden anzustauen, versagt er oft gegenüber seiner Familie. Seine Verletzungen drückt er in passiver Aggressivität sowie in Stille, Vergeßlichkeit oder Unpünktlichkeit aus. Eine Tochter wird Schwierigkeiten haben, zu einem solchen Vater eine enge oder emotional intime Beziehung aufzubauen.

## Wenn Vater als Zuschauer am Spielfeldrand steht

Der klassische Phantomvater ist selten zu sehen. Er ist seiner Arbeit hingegeben und glaubt, die beste Art, seiner Familie seine Liebe auszudrücken, bestünde darin, ihr ein gutes Leben zu bieten. Er arbeitet 10–15 Stunden am Tag, sechs Tage in der Woche, was ihm wenig Zeit läßt, seiner Familie emotional näherzukommen. Leistung bedeutet ihm alles. Seinem Kontakt mit der Familie fehlt es an Tiefe.

So ein Vater wird oft „Zuschauer" genannt. Er ist ein Vater in Worten, aber nicht oft in Taten. Er ist seiner Tochter vielleicht räumlich nahe, und doch ist er ihr fern. Es ist eine körperliche Anwesenheit, aber keine emotionale Nähe. Manche Töchter haben das Gefühl, für ihren Phantomvater unsichtbar zu sein. Da Papa nicht merkt, wie seine Tochter innerlich kämpft und sich nach Nähe sehnt, fühlt sie sich schließlich wie ein Schatten ignoriert.

Der zuschauende Vater erscheint seiner Tochter als Mann mit Geheimnissen. Sie verwendet dann enorme Energie darauf, diese herauszufinden: „Ist er von mir enttäuscht? Hat er Angst, fühlt er sich unfähig, der realen Welt ins Auge zu sehen? Ist er auf die Welt zornig, so daß sich dieser Zorn gegen mich wendet?" Solche Geheimnisse werden für eine Tochter zur unausgesprochenen Last.

Die Tochter, die sich vergebens bemüht, ihrem zuschauenden Vater näherzukommen, fühlt sich am Ende fehl am Platz. Manchmal fühlt sie sich sogar für seine Apathie verantwortlich. Donna drückte es während eines Seelsorgegesprächs so gut aus: „Was ist nur an mir verkehrt? Was habe ich Schlimmes getan, das meinen Vater so auf Distanz hält?" Glücklicherweise konnte sich Donna bewußt werden, daß der Fehler nicht an ihr lag und sie nicht für sein Verhalten verantwortlich war.

Der Phantomvater ist in vielen Bereichen eine Enttäuschung. Er ist ein schlechtes Vorbild für die Arbeit, denn er setzt seine Arbeit, Überstunden und Vorankommen über seine Familie. Er ist auch ein schlechtes Vorbild für Liebe, da er emotional verschlossen ist, sich denen gegenüber, die er zu lieben vorgibt, Distanz und viele Geheimnisse bewahrt. Da er für seine Tochter das erste Beispiel eines Mannes darstellt, verzerrt er das Bild, das sie über den Mann haben sollte. Sie denkt dann, daß alle Männer distanziert und gleichgültig sind. Leider führt eine frühe Enttäuschung mit einem zuschauenden, zurückgezogenen Vater bei einigen Frauen dazu, daß sie sich von Männern abwenden und bei Frauen Liebe und Gemeinschaft suchen. Manche Väter sind Zuschauer im Leben ihrer Tochter, weil sie wegen ihrer Arbeit abwesend sind. Susanne hatte solch einen Vater. Eines Tages teilte sie mir ihre Erlebnisse mit:

„Mein Vater reiste als Handelsvertreter. Jedes Mal, wenn er wegging, war ich enttäuscht. Ohne ihn war es sehr langweilig zu Hause, weil meine Mutter nicht sehr unterhaltsam war. Wenn ich wußte, daß er nach Hause kommen würde, war ich ganz begeistert, da er mir immer ein Geschenk mitbrachte. Ich konnte dann nicht einmal meine Hausaufgaben machen. Ich hielt mich in der Nähe des Fensters auf und lauschte auf das Geräusch seines Wagens. Als ich noch klein war, schlief ich beim Warten oft ein. Wenn er nach Hause kam, erzählte ich ihm alles, was ich in der Schule gelernt hatte, und berichtete ihm über alle Aktivitäten. Er redete mit mir, umarmte mich und spielte einige Tage lang mit mir. Dann fühlte ich mich wieder im Stich gelassen, weil er lange in seinem Büro arbeiten mußte. Er hatte keine Zeit für mich, so wie es die anderen Väter hatten. Er liebte mich, aber seine Liebe erschien mir nicht beständig. Jedes Mal, wenn er wegging, fühlte ich mich abgelehnt. Wenn er nach Hause kam, fühlte ich mich eine Zeitlang gut, doch dann war ich wieder wütend, weil er nicht zu Hause blieb. Vielleicht sind meine Beziehungen zu Männern deshalb erfolglos. Ich bin nie erfüllt mit den Männern in meinem Leben, weil keiner von ihnen bei mir bleibt. Sind alle Männer so wie mein Vater?"

Vielleicht erlebte Susanne bei jedem Mann, mit dem sie befreundet war, ihre Vaterbeziehung von neuem. Sie erwartete, daß jeder Mann sie allein ließe, so wie es ihr Vater getan hat. Dies erklärt, warum sie durch ihr Verhalten die Männer wegtrieb. Susannes Modell für den Umgang mit Männern war schmerzvoll, für sie aber voraussagbar, was ihr eine gewisse Sicherheit vermittelte.

Ein Vater hat viele Gelegenheiten, mit seiner Tochter eine emotionale Intimität und eine feste Beziehung aufzubauen. Aber viele Männer nehmen solche Gelegenheiten nicht wahr. Sie sind ihrer kleinen Tochter nicht sehr nahe und werden zu zuschauenden Phantomen. Leider behalten sie diese Distanz bei, wenn ihre Tochter erwachsen wird.

*Eine kürzlich durchgeführte Studie zeigte, daß 36 von 39 magersüchtigen Mädchen kurz vor ihrer Pubertät den Entzug der Zuneigung ihres Vaters erlebt haben.*

Dieses Problem liegt zum Teil an der Unfähigkeit vieler Männer, den emotionalen Teil ihres Lebens zu entwickeln. Männer lernen oft nicht, ihre Gefühle auszudrücken, was zu einem Vakuum im Bereich ihrer Beziehungen führt. Dies schafft eine Einsamkeit in der Beziehung zu seiner Frau und zu seiner Tochter. Ken Olson beschreibt dieses Dilemma der Einsamkeit, die ein Mann erlebt:

„Da ist es wieder! Ein stechender Schmerz? Vergessen wir es, es wird schon weggehen. In der Geschäftigkeit meines Tages. Ich muß an verschiedene Orte gehen, habe vieles zu erledigen... Treffen mit Unternehmern, Pläne erhalten, Taxis noch erwischen. Ich habe das Leben im Griff. Aber woher kommt dieses Klagen in mir? Tief in mir ist ein Schmerz. Er grüßt mich, wenn ich aufwache. Selbst in einem Raum voller Menschen höre ich den Laut einer Kirchenglocke. Mit mir ist alles in Ordnung. Ich bin ein Erfolg – wie jeder sehen kann. Es tut mir weh – ich fühle eine Leere. Dieses Gefühl, ist das Einsamkeit? Einsamkeit? Ich bin verheiratet, habe drei Kinder. Und doch fühle ich mich manchmal so alleine. Vielleicht ist es an der Zeit, von meinem Thron herabzusteigen. Es ist nicht gut für einen Mann, alleine zu sein.“[18]

Paßt Ihr Vater in diese Beschreibung eines Phantomvaters? War er zwar anwesend, aber nicht für Sie da? War er emotional gelöst, ein Zuschauer, wie Jeanines Vater? Sorgte er sich um Sie, aber in einer abwesenden Weise wie Susannes Vater? Spielte die Einsamkeit eine entscheidende Rolle bei Ihrem Vater, der an Ihrem Leben keinen Anteil nahm? Welche Auswirkung hat der Phantomvater auf Ihre Beziehungen zu Männern?

## *Der Umgang mit Phantomproblemen*

Ziehen wir einmal zwei hauptsächliche, eng miteinander verbundene Probleme in Betracht, die eine Tochter aufgrund eines Phantomvaters haben kann: Anorexie oder Bulimie. Die absolute Mehrheit der Betroffenen dieser Störungen des Eßverhaltens sind Frauen. Es wurde geschätzt, daß 90 bis 95% der magersüchtigen und 95 bis 99% der bulimischen Personen Frauen sind. Manche Frauen schwanken zwischen beiden hin und her. Die Auswirkungen dieser Eßprobleme sind ständige Unfähigkeit und sogar Tod.

Was hat der Phantomvater mit den Störungen des Eßverhaltens der Tochter zu tun? Bei diesen Störungen sind mehrere Faktoren beteiligt, doch die Beziehung zu ihrem Vater gehört meistens zum Problem dazu. Natürlich werden nicht alle Töchter von Phantomvätern solche Eßstörungen haben. Eine kürzlich durchgeführte Studie zeigte, daß 36 von 39 magersüchtigen Mädchen kurz vor ihrer Pubertät einen Entzug der Zuneigung (was sie als Liebesentzug interpretiert haben) ihres Vaters erlebt haben. Dr. Margo Maine, die diese Studie durchführte, hat den Eindruck, daß dieses anorexische Verhalten den Versuch des Mädchens darstellen könnte, ihr Wachstum hinauszuschieben, um „Papas kleines Mädchen" zu bleiben.

Forschungen haben ergeben, daß intelligente, hohe Leistungen erbringende Frauen aus der oberen bis mittleren Gesellschaftsschicht stärker zu Anorexie oder Bulimie neigen als andere Frauen.

Manche Väter sind sehr liebevoll und interessiert an ihren Töchtern, so lange diese kleine Mädchen sind. Wenn sie jedoch die Pubertät erreichen, fühlen sich die Väter diesen jungen Frauen gegenüber unsicher und entziehen ihnen deshalb oft ihre Zuneigung. Fügen Sie zu dieser plötzlichen Kälte des Vaters noch eine hohe Erwartung an die Leistungen des Mädchens hinzu, und Sie haben die richtige Zusammensetzung für die Entwicklung einer Störung des Eßverhaltens. Bei Anorexie oder Bulimie wird die Nahrung nicht länger als Quelle der Versorgung, sondern für emotionale Zwecke gebraucht. Für die Tochter, die sich ungeliebt fühlt, wird die Nahrung oder die Enthaltung von Nahrung zu einem Weg, mit Druck und Gefühlen der Unzulänglichkeit fertig zu werden.

Wenn Ihr Vater Ihnen Liebe und Annahme vermittelt hat, tat er das wahrscheinlich, indem er vier grundlegenden Richtlinien in der Beziehung zu Ihnen gefolgt ist. Teilen Sie diese Richtlinien Ihrem Mann mit. Sie werden ihm in der Beziehung zu Ihren eigenen Kindern helfen.

*1. Selbstwertgefühl entsteht durch Ermutigung und nicht durch Druck.* Druck baut kein Selbstvertrauen auf, sondern zerstört es nach und nach. Kolosser 3, 21 sagt: „Ihr Väter, reizt, irritiert, ärgert eure Kinder nicht – seid nicht hart zu ihnen und belästigt sie nicht. Sonst werden sie entmutigt, mürrisch und störrisch, fühlen sich minderwertig und frustriert; brecht nicht ihren Geist." (Übers. aus der Amplified Bibel).

Es ist nur allzu leicht für ein junges Mädchen, sich selbst zu verurteilen, weil sie zu dick, zu dünn, zu groß usw. ist. Aber wenn ihr Vater zu ihrem negativen Denken beiträgt, indem er entweder verbal seine Kritik ausdrückt oder sich von ihr zurückzieht, zerstört er damit ihr Selbstbewußtsein. Dr. Maine sagt: „Die Distanz eines Vaters trägt zu einem geringen Selbstwertgefühl bei. Wenn er dem Mädchen kein Feedback geben kann, was das Mädchen für ihr Selbstbewußtsein braucht, überläßt er sie dem negativen Einfluß der Kultur, wie z.B. dem Streben nach Schlankheit, Kontrolle des Appetits und der Ansicht, daß Magersein Schönheit bedeutet." Unter solch negativem Druck meinen manche Mädchen, daß sie nur dadurch die Aufmerksamkeit erregen können, daß sie etwas sehr Drastisches tun.

Eine Reihe von Frauen sagte mir, daß eines der Themen, das immer aufkommt, wenn sie mit ihrem Vater reden, das Gewicht ist. „Oh, hast du abgenommen?"; „Du siehst dünner aus, toll!"; „Nimmst du zu? Du siehst gut aus, ich war nur neugierig!" Ich frage mich, ob solche Kommentare wirklich notwendig sind.

Das Kompliment eines Vaters für das, was sie ist und was sie tut, und sein Ausdruck der Freude und Zufriedenheit an ihrer Gesellschaft werden viel zum Selbstbewußtsein der Tochter beitragen. Zu diesem Prozeß gehört auch, eine Tochter das ausführen zu lassen, was sie gerne möchte, und sie sich an dem Erreichten erfreuen zu lassen, ohne sie zu weiterem zu drängen.

Eine Tochter braucht die bedingungslose Zustimmung eines Mannes, insbesondere die ihres Vaters. Das bedeutet, daß man ihr hilft, sich selbst zu akzeptieren und an ihre Attraktivität zu glauben, ob sie nun *seinen* Erwartungen oder Normen gerecht wird oder nicht.

*2. Innere Werte sind wichtiger.* Was der Vater vom anderen Geschlecht denkt und empfindet, wird die Art beeinflussen, wie er auf seine Tochter reagiert. Viele Väter entfremden sich von ihren Töchtern, weil sie die äußere Erscheinung einer Frau über ihre innere Qualitäten stellen. Wenn ein Vater äußere Schönheit und gute Figur überbetont, so fühlt seine Tochter, die vielleicht nicht wie ein Star aussieht, daß sie ihm nicht gefallen kann. Ein Vater muß die äußere Erscheinung einer Tochter annehmen und seine Aufmerksamkeit darauf lenken, die Entwicklung innerer Qualitäten bei ihr zu fördern, vor allem solcher, die in der Bibel erwähnt werden.

3. *Witzeleien oder Druck bezüglich einer Diät können sehr gefährlich werden.* Wenn ein Vater sich zu sehr um die Eßgewohnheiten seiner Tochter kümmert, überbetont er die Wichtigkeit einer Diät. Nahrung ist ein grundlegender Bestandteil des Lebens. Wenn man jedoch die Diät überbewertet, wird sie zu einem emotionalen Machtmittel, das man zur Belohnung oder als Strafe einsetzt. Selbst wenn ein Vater über das Essen Witze macht, kann das von der Tochter ernst genommen werden. Solche Witzeleien können bei einer sensiblen Tochter Gedanken der Unzulänglichkeit festlegen. Ein Herunterspielen der Notwendigkeit der Nahrung dagegen verringert ihre Macht in der Vater-Tochter-Beziehung.

4. *Richtige Information vertreibt die Angst.* Ein Vater kann für seine Tochter die Quelle ausgewogener Information über das Leben, gesunde Ernährung und Selbstwertgefühl sein. Ein Vater kann seine Tochter darin unterstützen, der Überbetonung der Schönheit in unserer Gesellschaft zu entgegnen, ihr helfen, die Ansicht zu widerlegen, daß eine Frau immer anderen gefallen muß. Das heißt ganz konkret, daß der Vater nicht darauf bestehen soll, daß die Tochter ihm gefallen muß, und ihr zeigt, daß er sie auch liebt, wenn sie es nicht tut.

## *Aus den Augen, aus dem Sinn*

Ich erinnere mich an einen Comic strip, der ein kleines Mädchen zeigt, das von einem Elternteil zum anderen ging, und versuchte, ihre Aufmerksamkeit zu erlangen. Doch beide Elternteile waren mit anderen Dingen beschäftigt und sagten ihr, daß sie keine Zeit hätten, ihr zuzuhören. Am Ende sagt das Kind zum Leser: „Mein Leben ist nur ein einziges Besetztzeichen."

Vielleicht können Sie sich mit dieser Beschwerde identifizieren. War Ihr Vater nahbar oder war er immer beschäftigt? Wenn Sie zu ihm gingen, hat er Sie akzeptiert, Ihnen zugehört und Ihnen geantwortet? Leider schütteln viele Töchter bei den ersten beiden Fragen den Kopf. Phantomväter sind zu beschäftigt, zu müde, zu besorgt oder einfach nicht da.

Eines der größten Geschenke, das ein Vater seiner Tochter machen kann, ist, immer zugänglich zu sein. Dies beinhaltet, daß der Vater nicht in der Defensive ist, daß er sich offen und interessiert zeigt und antwortet. Zugänglichkeit verlangt Zartheit und Sensibilität für Gefühle der Unsicherheit oder Verletzungen. Es bedeutet, Begleiter zu sein. Ein zugänglicher Vater hört genau zu, wo seine Tochter vielleicht Probleme hat, Dinge auszudrükken. Er hört nicht nur mit seinen Ohren, sondern auch mit seinen Augen und seinem Herzen. Er praktiziert Sprüche 18, 13: „Wer antwortet, ehe er hört, dem ist's eine Torheit und Schande." Diese Art von Aufmerksamkeit bereitet ein junges Mädchen auf ihre Rolle als Frau vor und hilft ihr, die Fähigkeit zu entwickeln, auf die entscheidenden Männer in ihrem Leben einzugehen.

Gordon MacDonald teilt seine eigene Erfahrung in seinem Buch, *The Effective Father* (Der erfolgreiche Vater), mit:

„Der erfolgreiche Vater ist der, dessen Ohr offen ist und dessen Weisheit ihm hilft, seine Kinder so anzunehmen, wie sie sind. Dieser Vater fügt zu seiner Zugänglichkeit eine weitere Eigenschaft hinzu. Nennen wir es die flexible Antwort. Er legt sozusagen seine Kinder nicht auf die Wartelinie.

Es war mitten in der Nacht, als Kris meinen Namen rief. Ich hörte ihr erstes: „Papa!" sofort, sprang aus meinem Bett und lief in ihr Zimmer. Sie war ganz aufgewühlt. Sie hatte einen schlechten Traum gehabt und hatte Schwierigkeiten, herauszufinden, was Wirklichkeit war und was zum Traum gehörte. Warum hatte sie ihren Vater gerufen? Weil ihr Instinkt ihr irgendwie sagte, daß Väter ein bedrohtes Gleichgewicht wiederherstellen können. In ihrem jungen Verstand hatte sich das Schema festgesetzt, daß man bei schwierigen Situationen Papa rief: er wußte, wie man verdrehte Situationen wieder zurechtbog."

Wenn eine Tochter in ihren jungen Jahren einen zugänglichen Vater hat, wird sie in ihrem Leben weniger Verteidigungsmechanismen aufbauen müssen. Erhält sie jedoch eine brüske Antwort, wenn sie ihren Vater sucht – z.B. Kritik, Verweis oder Tadel –, so wird sie dazu tendieren, ihr Verhalten zu entschuldigen, die Verantwortung für ihre Handlungen auf andere zu schieben und sich davor fürchten, Risiken einzugehen.

Es ist interessant zu entdecken, daß Männer ihren Töchtern mehr Gefühle zeigen als ihren Frauen, obwohl diese Offenheit begrenzt ist. Michael McGill, in seinem Buch *The McGill Report on Male Intimacy* (Der McGill Bericht über die männliche Intimität), berichtet, daß Männer in jedem Bereich – öffentlich, privat und persönlich – ihren Töchtern mehr von sich selbst offenbaren als ihren Geschwistern, engsten Freunden, Söhnen oder Eltern. Aber Männer stellen sich in dem, was sie ihren Töchtern mitteilen, auch falsch dar, was in anderen Beziehungen nicht so der Fall ist. Was sie mitteilen, kann sowohl eine Tatsache als auch Phantasie sein. Das heißt, ihre offensichtliche Intimität ist eine liebevolle Lüge. Manche Väter sagen, daß sie ihre Töchter nicht anlügen, sondern sie lassen nur zu, daß sie Informationen über ihren Papa glauben, die nicht stimmen.

Einige Männer möchten z.B., daß ihre Töchter glauben, sie seien beruflich äußerst erfolgreich und könnten alles. Ein Vater hat unzählige Motive für diese große Täuschung. Er verdreht die Wahrheit zu „ihrem eigenen Besten", in der Hoffnung, in ihr das Bild des Ritters zu schaffen, der sie beschützt. Er möchte vielleicht, daß seine Tochter ihn als über dem Leben stehend ansieht, weil er sich so sieht. Aber mit der Zeit kommen diese Lügen heraus, und das falsche Bild wird zerschmettert. Im Laufe ihres Reifeprozesses stellt eine Tochter fest, daß ihr Vater weit davon entfernt ist, vollkommen zu sein. Manche Töchter machen bei der Täuschung des Vaters mit, und es stört sie nicht, dieses Bild fortbestehen zu lassen. Andere haben jedoch eine gegenteilige Reaktion. Hier sind die Kommentare dreier Töchter:

– Keine von uns weiß, wie Papa wirklich ist, aber wir haben alle so lange mitgespielt, daß es selbst Mama gleichgültig wurde, ob wir ihn wirklich kennen oder nicht. Ich denke nicht, daß es heute noch wichtig ist. Es wäre vielleicht wichtig gewesen, wenn wir es früh erfahren hätten. Doch jetzt kennen wir unsere Rollen zu gut, um versuchen, sie zu ändern.

– Papa kann man so leicht täuschen. Man muß ihn nur glauben lassen, daß man ihn so sieht, wie er es will. Meine Schwestern und ich können auf diese Weise alles von ihm bekommen. Das Lustige dabei ist, daß er denkt, wir haben eine aufrichtige Beziehung. Das ist wirklich ein Witz!

– Mein Vater und ich würden gut miteinander auskommen, wenn er mit mir ehrlich wäre, anstatt den großen Papa zu spielen, von dem ich weiß, daß er nicht so ist. Er ist nur einer der kleinen Geschäftsmänner in der Stadt. Ich weigere mich, bei dem Spiel mitzumachen, so wie es Mama und Annie tun – weshalb sollte ich? Wie kann ich zu jemandem eine enge Beziehung haben, der nicht einmal ehrlich zu mir ist? Ich möchte hier nicht in Details gehen, aber es gibt einige Dinge, von denen ich weiß, daß mein Vater da vollkommen anders ist, als er es zu sein vorgibt. Es ist, als ob man zwei verschiedene Menschen vor sich hätte. Da er mit mir nicht ehrlich darüber ist, wer er wirklich ist, kann ich ihm nicht vertrauen. Ich bin nicht sicher, ob ich je einem Mann vertrauen kann, und diese Aussicht habe ich meinem Vater zu verdanken.[19]

Haben Sie über Ihren Vater Ähnliches herausgefunden? Die Entdeckung, daß Papa nicht so ist, wie er sich darstellt, kann für Töchter ein großer Schock sein. Wenn die Tochter ihn dann mit dem konfrontiert, wie er wirklich ist, wird er defensiv und zieht sich zurück. Aber das braucht er nicht. Solch eine Konfrontation kann zu einer offeneren, aufrichtigen und engen Beziehung führen.

## Modelle der Schwachheit

Manche Männer sind Phantomväter, weil sie ein schwaches Modell für die Rolle des Mannes darstellen. Sie sind in vielen Situationen außerhalb des Hauses schwach. Ein Vater ist z. B. aus irgendeinem Grund kein guter Versorger. Wenn eine Tochter herausfindet, daß der Grund dafür in seiner Verantwortungslosigkeit, seinem schlechten Urteilsvermögen, seiner Impulsivität, seiner Faulheit, Passivität oder mangelnden Risikobereitschaft liegt, hat sie das Gefühl, daß er ihr wenig Kraft anbieten kann. Diese Schwäche an sich könnte die Wahrnehmung der Tochter von Männern in Zukunft färben.

Wenn ein Vater „wischi-waschi", nicht effektiv oder unsicher im Umgang mit anderen Menschen ist, kommt seine Tochter zu dem Schluß, daß sie nicht von ihm abhängig sein möchte und sie sich nicht auf ihn stützen kann. Wenn er moralisch schwach ist, lernt eine Tochter, daß sie für die Entwicklung ihrer moralischen Richtlinen nicht auf ihn zählen kann.

Oft findet eine Tochter heraus, daß ihr Vater im Umgang mit ihrer Mutter schwach ist oder sich ihr unterordnet. Vielleicht gibt der Vater bei vielen Entscheidungen nach, was den Wohnort, die Freunde anbelangt, wie sie die Freizeit verbringen, wohin sie gehen usw. Die Tochter sieht ihn dann, wie er eine Diskussion nach der anderen mit der Mutter verliert. Sie bemerkt, daß alles, was die Mutter sagt, gutgeheißen wird. Er zeigt keine Vorlieben oder Wünsche. Solche Schwachheit schafft in der Tochter ein fehlendes Vertrauen in ihren Vater und vermittelt ihr das Bild, daß alle Männer ohne Rückgrat sind.

Es gibt noch andere Möglichkeiten, wie die Schwäche eines Vaters gegenüber seiner Frau die Tochter direkt betreffen kann. Ihr Vater hat Sie vielleicht bestraft, nicht weil er auf Sie böse war, sondern weil Ihre Mutter ihn dazu gedrängt hat. Oder ein schwacher Vater straft seine Tochter, weil er auf seine Frau wütend ist, sich aber fürchtet, seinen Ärger an ihr auszulassen. Die Tochter wird zum Sündenbock. Wenn Ihr Vater in der Beziehung zu Ihrer Mutter schwach war, haben Sie es aufgegeben, an ihn zu appellieren, wenn Sie Schwierigkeiten mit Ihrer Mutter hatten. Er griff einfach nicht ein, deshalb haben Sie es aufgegeben.

Eine Tochter sucht normalerweise nicht den Rat eines schwachen Vaters, weil er schon mit seinem eigenen Leben nicht zurechtkommt. Andere Töchter versuchen, Gespräche über bestimmte Bereiche mit ihren Vätern zu vermeiden, weil sie wissen, daß sie von ihnen nie eine definitive, sondern nur eine oberflächliche Antwort bekommen. Ein schwacher Vater flößt seiner Tochter Angst ein, sie könnte ihn mit ihren emotionalen oder intellektuellen Bedürfnissen überfordern. Sie hat schließlich das Gefühl, daß sie für ihren Vater zuviel ist. Sie wird desillusioniert und ihr Respekt für ihn schwindet.

## Die Auswirkungen eines schwachen Vaters

Welches sind die Folgen der Beziehung zwischen einem schwachen Vater und seiner Tochter? Wenn eine Tochter mit einem schwachen Vater aufwuchs, fühlt sie sich in ihrem Leben mit einem schwachen Mann ganz wohl. Als Kind und Jugendliche war sie die Retterin ihres Vaters. Wenn sie dann als Erwachsene den Vater verläßt, sieht sie ihre Mission als unvollkommen an. Sie wird dann von Männern angezogen, die sie brauchen. Ich finde es gut, wie Howard Halpern das beschreibt:

> „Die turbulenten Interaktionen in der Beziehung eines schwachen Vaters mit seinem Nachwuchs schlägt viele Wellen. Vielleicht sind Sie in ein Schema einer ‚schwachen Vaterfigur' eingeschlossen und geben sich ganz hin, um diese Schwachheit zu übersehen oder ihn immer so aufzuputschen, daß er stark erscheint... Ich habe Frauen mit schwachen Vätern gesehen, wie sie in ihrem Leben ständig und ohne sich zu täuschen, aus einer großen Anzahl von Männern, die in ihr Leben treten, die aussuchen, die noch kleine Jungen sind: Alkoholiker, Drogenabhängige, sexuell Gestörte, Versager im Beruf – Männer, die unfähig sind, ihren Lebensunterhalt zu verdienen, die sich vielleicht wie kleine Jungen durch Forderungen, Wutanfälle oder Schmollen bestätigen müssen."[20]

Leider hat die Tochter eines schwachen Vaters das Gefühl, es sei ihre Pflicht, diesen schwachen Mann in ihrem Leben zu „heilen", so wie sie es mit ihrem Vater versucht hat. Sie möchte einen starken Mann aufbauen, an den sie sich anlehnen kann, einen, der die Rolle erfüllt, die ihr schwacher Vater nie erfüllen konnte. Aber sie findet immer neue Dinge, die bei dem Mann zu verbessern sind. Denn hätte sie ihre Aufgabe vollendet, wüßte sie nicht, wie sie mit einem starken Mann umgehen sollte. Wenn sie keine Makel mehr zum Korrigieren findet, fühlt sie sich verlassen, enttäuscht und sogar als Opfer. Und ihre Suche nach einem Mann, den man korrigieren muß, geht weiter. Die Tochter muß ihre Aufgabe erfüllen und ihren eigenen Vater – oder einen Mann ihrer Umgebung – zum „Mannsein" erziehen. Viele Frauen verrennen sich Jahre lang in diese fruchtlose Jagd. Die Männer, die sie auswählen, sind kindisch, was Dr. Dan Kiley in seinem Buch als den „Peter Pan-Syndrom" beschreibt.

*Wenn Sie das Opfer*
*eines schwachen Vaters sind,*
*müssen Sie die idealistische*
*Hoffnung aufgeben, ihn je stark*
*machen zu können.*

Manche Töchter von schwachen Vätern haben das Glück, einen starken Mann zu finden, mit dem sie sich identifizieren können. Ein starker Mann kann für eine Frau, deren erstes männliches Modell – ihr Vater – schwach war, die Wende bedeuten. Ihr neues Modell der Stärke kann für sie eine Quelle der Führung sein, was die Leere ausfüllt, die ihr Vater hinterlassen hat.

## Bruch des Rettungsschemas

Falls Sie sich selbst in der Position des Ritters wiederfinden, können Sie aus diesem Schema ausbrechen, vorausgesetzt, Sie erkennen, welche Auswirkung Ihr schwacher Vater auf Ihr Leben gehabt hat. Sie müssen sich selbst eingestehen, daß er in manchem an Ihnen versagt hat, Dinge, die er nicht mehr wieder gut machen kann. Das Schema zu zerbrechen bedeutet also, Ihren Vater aus einer weiteren Perspektive zu sehen. Sie müssen versuchen, so viel wie möglich über sein Leben, seine Entwicklung und seine Kindheitserfahrungen herauszufinden, damit Sie besser verstehen können, weshalb er so ist, wie er ist. In diesem Prozeß entdecken Sie vielleicht einige seiner Stärken, die Sie bisher übersehen haben, weil Sie so enttäuscht und verletzt waren.

Wenn Sie das Opfer eines schwachen Vaters sind, gibt es zwei Reaktionen, die Sie aufgeben müssen. Zuerst müssen Sie die idealistische Hoffnung aufgeben, Sie könnten ihn je stark machen. Zweitens müssen Sie ihm gegenüber Ihre Haltung der Rachsucht für seine Fehler und Schwächen aufgeben. Wenn Sie Ihre falschen Hoffnungen und Rachsucht ihm gegenüber nicht aufgeben, werden Sie weiterhin von seiner Schwäche beherrscht werden. So geht es vielen Frauen. Es ist ihnen nicht klar, daß sie all die Jahre hindurch Opfer ihres Vaters waren.

Wenn Ihr Vater noch lebt, so fangen Sie an, ihm auf der Grundlage seiner Stärken zu begegnen. Weigern Sie sich, auf Dinge zu antworten oder zu reagieren, die seine Schwäche betonen. Das bedeutet, daß Sie manche seiner Verhaltensweisen ignorieren müssen, auf andere in neuer Form antworten, indem Sie Ihre Reaktion auf seine positive Verhaltensweisen verstärken. Sie werden nicht über Nacht verändert werden, doch zumindest wird die Veränderung möglich.

Die Auswirkungen Ihrer Beziehung zu einem schwachen Vater müssen sehr sorgfältig mit ihrer Wirkung auf Ihre Beziehungen zu anderen Männern betrachtet werden. Ich habe mit vielen Frauen geredet, die in dem ständigen Kreislauf gefangen waren, schwache Männer retten zu wollen, so wie sie es mit ihrem schwachen Vater versucht hatten. Manche kamen zu mir mit der Frage, ob es im Leben nicht mehr gäbe als diese Rettungsaktionen, die einem keine freie Zeit ließen. Wenn Sie ständig versuchen, schwache Männer zu retten, ist es an der Zeit, die Anziehungskraft einer solchen Person auf Sie zu brechen. Das Muster wird nicht dadurch geändert, daß Sie einfach die Männer in Ihrem Leben ändern. Sie müssen Ihre Einstellung, Ihre Haltung und Reaktion auf solche Männer ändern. Es ist wichtig, sich klarzumachen, daß diese Veränderung durch das Blut und die Gegenwart Jesu Christi möglich ist. Wilma war eine 37jährige

Frau, die 20 Jahre lang versucht hatte, schwache Männer zu retten. Was sie mir mitteilte, war sehr aufschlußreich:

„Ich habe die ganze Zeit damit verbracht, solche Männer auszuwählen, die schwach wie mein Vater waren. Vor 2 Jahren beschloß ich, mich nicht mehr von einem Mann abschrecken zu lassen, der Ideale und Stärken hatte. Ich wußte, wie schwache Männer waren, und beschloß, daß ich ja nichts zu verlieren hatte, wenn ich einmal einen ganz anderen Mann aussuchen würde. Ich traf George in der Ledigengruppe meiner Gemeinde. Zuerst hatte ich Angst, weil er emotional normal erschien. Im Laufe unserer Beziehung konnte ich bei ihm nicht viele Schwächen finden. Ich entdeckte, daß er die Art Mann war, auf die man sich verlassen konnte und daß ich ihn nicht zu retten brauchte. Er behandelt mich als Gleichgestellte, und wir helfen uns gegenseitig, wenn es sein muß. Welch eine Erleichterung! Ich fühle mich zum ersten Mal in meinem Leben frei!"

# 7

# Warum bestimmt mein Vater immer noch mein Leben?

„Ich kann meinen Vater nicht mit diesen Vätern identifizieren, die im Leben ihrer Tochter entweder abwesend waren oder keinen Anteil nahmen", gab Claire mir gegenüber zu. „Mein Vater war zu sehr an meinem Leben beteiligt. Ich hätte alles gegeben, um von meinem Vater etwas Freiheit zu bekommen, als ich aufwuchs. Er bestimmt immer noch mein Leben: er diktiert, kontrolliert und unterdrückt. Meine Schwestern und ich nennen ihn hinter seinem Rücken ‚Klein-Hitler'. Ich brauche eine Pause von diesem Mann."

Wir hören heute viel über den unbeteiligten Vater, so daß man die erstickende Wirkung eines zu sehr beteiligten Vaters nicht ausreichend beachtet. Man lobt Väter für ihre tiefe Betroffenheit und ihr opferbereites Engagement im Leben ihrer Kinder. Doch ich habe mit vielen gläubigen Frauen wie z.B. Claire gesprochen, die sich beschweren. „Papa hat mich nie erwachsen werden lassen; er traf immer die Entscheidungen für mich" oder „Papa hat immer für mich gesorgt und – es fällt mir schwer, dies zuzugeben – er sorgt noch heute für mich. Er kommt hier und da hereingeplatzt, ohne daß ich um seine Hilfe gebeten hätte." Normalerweise ist es die Mutter, die sich zu sehr in das Leben ihres Kindes einmischt. Manche Töchter kommen gar aus Familien, in denen beide Elternteile stark kontrollierten. In anderen wiederum ist die Mutter so distanziert, daß es der Vater gutmachen will, indem er sich zu sehr beteiligt.

# Väter und ihre Kinder

Kinder möchten Aufmerksamkeit und Engagement von ihren Vätern. Untersuchungen haben ergeben, daß Kinder im Alter von 20 Monaten genauso an ihren Vätern hängen wie an ihren Müttern, doch wesentlich stärker auf Spiele reagieren, die der Vater eingeführt hat. In einem Bericht der Gesellschaft für Forschung in der Kindesentwicklung stellt Alison Clarke-Stewart fest, daß in einem Spiel von Kind mit Mutter und Vater, die Kinder beiden Geschlechts mehr beteiligt, engagiert und begeistert sind, wenn ihr Vater mit ihnen spielt. Über 70% der Kinder, die an dieser Untersuchung teilnahmen, bevorzugten ihren Vater als Spielkameraden.

Andere Forschungen zeigen, daß Väter, die 60% der Zeit zu Hause sind und sich um die Töchter kümmern – im Gegensatz zu durchschnittlichen Vätern, die 20% der Zeit zu Hause sind –, das Leben ihrer Töchter positiv beeinflussen. Der Hauptvorteil, den eine Tochter aus solcher Betreuung zieht, ist ein größerer Glaube an ihre Fähigkeit, ihr eigenes Schicksal und die äußeren Lebensumstände beeinflussen zu können.

Aber es gibt eine negative Seite dieser Beziehung eines Vaters mit seiner Tochter. Untersuchungen ergaben, daß Väter mehr Zeit und Aufmerksamkeit ihren Söhnen widmen als ihren Töchtern. Eine Studie stellte fest, daß Männer ihre Söhne den Töchtern im Verhältnis von fast 4:1 bevorzugen. In einer anderen Studie beobachteten zwei Forscher, wie Väter zu Hause mit ihren Babies im Alter von drei Wochen und dann drei Monaten umgingen. Sie stellten fest, daß Väter von Söhnen sich stärker beteiligten als die Väter von Töchtern. Die Väter von Söhnen berührten ihre Babies mehr, zeigten ihnen mehr Spielsachen und schauten sie öfters an als die Väter von Töchtern. Die Väter von Söhnen beteiligten sich auch mehr an ihrer Versorgung. Andere Studien in den U.S.A. und in Schweden zeigen, daß sich Väter lieber mit „schwierigen" Söhnen als mit „schwierigen" Töchtern beschäftigen.

Ein Mädchen kann verletzt, wütend oder gekränkt reagieren, wenn ihr Bruder von ihrem Vater mehr Aufmerksamkeit erhält. Sie würde sich wünschen, daß ihr Vater sich mehr für ihr Leben interessierte. Sie fragt sich dann, ob sie für ihren Vater genauso wichtig ist wie ihr Bruder. Sie fühlt sich gefühlsmäßig von ihrem Vater verlassen, der offensichtlich den Bruder lieber hat.

Ein anderes Gebiet, auf dem ein Vater Söhne und Töchter unterschiedlich behandelt, ist das der Hoffnungen, Träume und Erwartungen, die er für seine Kinder hat. Zwei tausend Mütter und Väter wurden gefragt: „Was für eine Persönlichkeit soll ihr Sohn/ihre Tochter haben?" Die Väter antworteten mit viel höheren Erwartungen für ihre Söhne als für die Töchter. Väter wünschten z. B., daß ihre Söhne ehrgeizig, harte Arbeiter, verantwortungsbewußt, intelligent werden und einen starken Willen haben. Alles, was sie für ihre Tochter wollten, war, daß sie attraktiv, freundlich, liebevoll und selbstlos sei.

Väter gaben nicht an, daß die Söhne gute Ehen führen und gute Väter werden sollten, doch für die Töchter gaben sie diese Qualitäten an. Auf ihrer Liste für die Söhne hatten die Väter nur eine Eigenschaft für die Beziehungen aufgelistet: beschützend. Doch für ihre Töchter listeten sie 9 Eigenschaften auf: fürsorglich, sensibel, süß (was immer das bedeutet!), verständnisvoll, flexibel, mitfühlend, selbstaufopfernd, sanft und warmherzig. Viele Väter sind sich nicht klar darüber, daß diese Eigenschaften für Beziehungen bei Männern genauso wichtig sind wie bei Frauen. 1. Petrus 3, 7 sagt: „Ihr Männer, wohnt vernünftig mit ihnen zusammen." Dies heißt, daß man viele der Eigenschaften haben muß, welche die Väter nur für Töchter erwünschten. Die Schrift fordert die Männer auf, Eigenschaften zu entwickeln, die manche Väter als weiblich ansehen.

In einer Untersuchung, welche ich mit Frauen in vorehelicher Beratung die letzten 10 Jahre hindurch leitete, war eine der Fragen, die ich stellte, folgende: „Was war/ist das Ziel Ihres Vaters für Ihr Leben?" Von den 100 Frauen, die ich interviewte, sagten 80 %, ihr Vater wollte nur, daß sie glücklich seien. Sehr wenige Töchter konnten sagen, daß ihre Väter eine Karriere oder Leistung als Ziel für sie hatten. Eine der Antworten scheint mir eine ausgewogene Bestrebung anzugeben: „Mein Vater wollte, daß ich als Schulpsychologin arbeitete. Ich denke, er möchte das immer noch, aber am meisten wünscht er sich, daß ich etwas tue, was mich glücklich und erfüllt sein läßt. Er wollte immer, daß ich in allen Bereichen meines Lebens attraktiv sei, um einen wunderbaren Mann mit positiven Eigenschaften anzuziehen und eine gute Ehe zu führen und gute Kinder heranzuziehen."

Manche Väter stammen aus einem Zuhause, in dem sie viele Entbehrungen hinnehmen mußten. Sie reagieren auf ihre Erziehung, indem sie ihren Töchtern gegenüber sehr beschützend sind. Sie möchten nicht, daß ihre kleinen Mädchen so leiden müssen, wie sie es taten. So hegen und pflegen und überbeschützen sie ihr Kind, zeigen ihm wenig Vertrauen in seine Fähigkeiten. Solch ein beschützender Vater verbirgt diese Haltung oft hinter der Maske des „liebenden Vaters". Manchmal wird er dabei so abhängig von seiner Tochter, daß er Schwierigkeiten hat, sie freizugeben, wenn sie heiratet oder auszieht.

## *Das Vermitteln der Hilflosigkeit*

Die meisten Väter haben keine Ahnung, welche Auswirkung die Bevorzugung ihrer Söhne auf die Töchter hat. In einer interessanten Studie von Jean Block wird diese Auswirkung deutlich dargestellt. Eltern wurden auf Video aufgenommen, als sie ihren Kindern bei einem Puzzle halfen. Als die Väter ihren Söhnen halfen, förderten sie deren Fähigkeiten zur Problemlösung, konzentrierten sich auf den Erfolg und die Leistung der Jungen. Mit ihren Töchtern waren sie nicht auf die Aufgabe konzentriert, sondern auf die Beziehung. Sie machten Witze, ermutigten ihre Töchter und halfen ihnen. Sie setzten die Puzzleteile zusammen, ohne daß die Tochter sie um Hilfe gebeten hatte. Für Väter und Söhne war das Puzzle ein zu lösendes Problem. Für Väter und Töchter war es ein amüsantes Spiel.

Positiv betrachtet zeigt das Verhalten dieser Väter die Bereitschaft, ihre kleine Tochter zu beschützen. Aber negativ gesehen, zeigt ihre Reaktion die Denkweise, die viele Väter ihren Töchtern vermitteln: „Du brauchst Papa, weil du nicht fähig bist, es selbst zu tun." Durch dieses Verhalten injizieren die Väter ihren Töchtern ein Verhalten, das man heute „gelernte Hilflosigkeit" nennt. Diese Mädchen fühlen sich hilflos und minderwertig, weil sie ihren Vater zu allem brauchen. Solche Mädchen werden oft von ihren Vätern – und als Erwachsene von anderen „Vaterfiguren" – dominiert.

Glücklicherweise werden viele Mädchen unabhängiger und selbstbewußter, indem sie dieser gelernten Hilflosigkeit, die ihre Väter ihnen einflößen wollen, widerstehen. Ich habe solch eine Tochter. Von Kind auf wollte Sheryl alles selbst tun und war nicht froh darüber, wenn man ihr half. Sie wurde schon früh Spezialistin fürs Angeln und andere Sportarten. Als sie fünf Jahre alt war, begleitete sie mich bei Angeltrips im Meer und hatte ihre eigene Angelausrüstung dabei. Auf ihrem zweiten Ausflug beschloß sie, die Sardellen aus dem Wasserbecken mit den Ködern zu fangen, sie an der Angel zu befestigen und die Angel selbst auszuwerfen. Zu meiner großen Überraschung fing sie an jenem Tag drei große Pfeilhechte und kämpfte mit einem sechs Fuß langen Hai, bis ihr die Schnur riß. (Bis zum heutigen Tag beschuldigt sie mich, ihre Schnur durchgeschnitten zu haben). Sheryl machte weiterhin Fortschritte in ihren Angelkünsten. Mit 8 Jahren reinigte sie die Fische selbst, als wir im Grand Teton Nationalpark in Urlaub waren. Sehr zum Leidwesen der Jungen, die sie kannten, wußte sie nicht nur mehr über das Angeln als sie, sondern angelte auch mehr!

———◆———

*Gelernte Hilflosigkeit ...*
*ist eine Eigenschaft, die manche Väter*
*ihren Töchtern beibringen*
*und verstärken, indem sie ihnen*
*in problematischen Situationen*
*sofort zu Hilfe eilen.*

———◆———

Es gab jedoch einen Angelausflug, bei dem Sheryl hilflos war – oder es zumindest zu sein schien. Als sie 15 Jahre alt war, gingen wir mit einer Gruppe einen halben Tag lang zum Tiefseefischen. Sobald das Boot anhielt, war sie die erste, die die Angel auswarf. Sie hatte einen großen bunten Fisch an der Leine, zog ihn an die Seite des Bootes, und es sah so aus, als wüßte sie nicht, was sie als nächstes tun sollte. Ich wollte ihr gerade sagen, daß sie ihn über die Seite hochziehen sollte, als sie mir einen warnenden Blick zuwarf, der mir sagte: „Sprich jetzt kein Wort, Papa." Einige Sekunden später verstand ich. Ein gutaussehender 17jähriger Junge näherte sich ihr, der nur allzu gerne bereit war, einem attraktiven Mädchen mit ihrem Fisch zu helfen. Wir haben noch oft über diese momentane „Hilflosigkeit" Sheryls gelacht. Sie fischt noch bis zum heutigen Tage, und sie ist gut darin.

Sheryls Hilflosigkeit an jenem Tag hatte aber nichts mit jener gelernten Hilflosigkeit zu tun, die viele Mädchen von ihren Vätern erben. Sie war sehr selbstsicher und immer bereit, Neues auszuprobieren. Ihr abenteuerlustiger Geist brachte sie dazu, ein Geschäft zu eröffnen, in dem sie selbstgestaltete und bemalte Ohrringe verkauft.

Gelernte Hilflosigkeit ist keine weibliche Eigenschaft. Es ist eine Eigenschaft, die manche Väter ihren Töchtern beibringen und verstärken, indem sie ihnen bei Problemen und Situationen sofort zu Hilfe eilen. Jungen lernen zu experimentieren, bis sie die Lösung finden. Viele Mädchen lernen, die Lösung bei Papa zu suchen. Väter meinen, ihre Töchter seien schwieriger, komplizierter, schwächer und nicht so aufmerksam wie ihre Söhne. Wenn ein Vater einer Tochter immer hilft, fängt sie selbst auch an zu glauben, daß sie ohne seinen Eingriff erfolgsunfähig ist. Im großen und ganzen hat unsere Gesellschaft diese gelernte Hilflosigkeit, die Väter oft vermitteln, festgelegt. Zum Glück gibt es Veränderungen, die den Mädchen und Frauen erlauben, ihre Fähigkeiten zu entwickeln und auszudrücken. Ich war sehr beeindruckt von einem Vorschlag für Väter, den eine Lehrerin machte. Sie drängte Väter, durch ihr Verhalten, ihren Töchtern folgendes mitzuteilen:

„Ich glaube, daß du absolut fähig bist, jede Situation zu bewältigen. Ich bin hier, wenn du mich brauchst, aber du bestimmst – und nicht ich –, wann meine Hilfe gebraucht wird. Ich werde nicht immer gleich anfangs eingreifen und deine Leistung verringern. Weißt du, es wird Zeiten geben, in denen du frustriert, besorgt, einsam und ängstlich sein wirst, während du durch Schwierigkeiten gehst, die einzigartig sind, auf welchem Weg du auch gehen wirst. Ich liebe dich und unterstütze dich, wenn du deinen Weg gehst, aber ich werde dir deine Lektionen nicht ersparen. Ich werde dir dein Recht zu wachsen, und die damit verbundenen Lektionen, nicht einschränken. Ich werde dein Recht auf Autonomie nicht verletzen."

Hat Ihr Vater Sie als Kind immer gerettet? Welche Art solcher Verhaltensweisen gebrauchte er? Hat Ihr Mann Ihren Töchtern gegenüber die gleiche Haltung? Wenn ja, inwiefern? Sprechen Sie mit ihm darüber, damit Sie sichergehen, Ihren Töchtern nicht die gelernte Hilflosigkeit zu vermitteln.

## Die beherrschte erwachsene Tochter

Als Sie ein Kind waren, war Ihr Vater wesentlich klüger und fähiger als Sie. Es war für ihn natürlich, daß er seine Weisheit und Stärke als Erwachsener einsetzte, um Ihr Leben zu führen und Ihre Probleme lösen zu helfen. Nun, da Sie erwachsen sind, erwarten Sie, daß er Sie nicht länger als Kind behandelt, aber er tut es. Wenn Sie ihn fragen, weshalb er Ihnen sagt, was Sie zu tun haben, antwortet er: „Weil ich dich liebe und dein Bestes will." In Wirklichkeit meint er immer noch, die elterliche Macht zu haben, die er über Sie hatte, als Sie klein waren. Er kann sich einfach nicht eingestehen, daß Sie nun eine fähige Erwachsene sind. Er versucht Sie mit seinem Rat, den Sie weder erbeten haben noch benötigen, zu beherrschen. Seine Botschaften fangen immer an mit „Du solltest..." oder „Warum machst du nicht...". Selbst seine Fragen sind keine eigentlichen Fragen, sondern versteckte Anweisungen. Sie haben das Gefühl, keine Freiheit für eigene Antworten zu haben. Er möchte immer noch, daß Sie das tun, was Papa sagt, und nicht, was Sie wünschen.

Eine 27jährige verheiratete Frau erzählte mir niedergeschlagen: „Papa kam zu Besuch, und schon während der ersten Stunde kritisierte er meine Art, den Haushalt zu führen. Er brachte sogar Veränderungen in der Dekoration an, ohne meine Erlaubnis zu erfragen!" Es ist hart, mit einem solchen Vater umzugehen, da er die Furcht seiner Tochter und ihre Besorgnis dazu benutzt, sie zu kontrollieren. Oberflächlich betrachtet, erscheinen manche seiner Forderungen legitim. Aber sie maskieren oft seinen eigentlichen Beweggrund: Kontrolle. Wenn die Tochter auf seine Vorschläge nicht eingeht, lädt er ihr noch mehr Schuldgefühle auf, indem er Besorgnis, Enttäuschung oder Verletzung zeigt. Es gibt verschiedene Arten, wie erwachsene Töchter von ihren Vätern dominiert werden. Betrachten wir einige davon.

*Beherrscht durch Gewohnheit.* Ist es nicht seltsam, daß wenn Ihr Vater Ihnen als erwachsene Tochter einen Auftrag gibt, Sie immer noch das Gefühl haben, er wird Sie auf Ihr Zimmer schicken oder sonst etwas verweigern, wenn Sie nicht folgen? Ich habe mit Frauen geredet, die in den Fünzigern sind und immer noch fragen „wie hoch?", wenn ihr Vater sagt: „Spring!". Solche Frauen werden dominiert, weil sie immer noch ihren Vätern die Kontrolle überlassen, obwohl sie es nicht bräuchten.

Brenda, eine Frau in den Vierzigern, überraschte mich eines Tages, als sie sagte: „Norm, mein Vater weiß immer noch, was für mich das Beste ist. Es hört sich an, als ob ich das ewige Kind sei, aber ich gehorche immer noch dem, was Papa sagt. Ich denke, der alte Spruch ‚Papa weiß es besser' bringt mir irgendwie Befriedigung."

Ich hatte mit Brenda schon eine Weile in der Seelsorge gearbeitet, deshalb konnte ich ihr einige direkte Fragen stellen. „Brenda, kann es sein, daß ein ‚nein' gegenüber Ihrem Vater bedeutete, daß Sie sagen, Sie wüßten, was für Ihr Leben das Beste ist, und daß Ihnen damit die Sicherheit und Bequemlichkeit, auf Ihren Vater zu vertrauen, weggenommen wird? Kann es sein, daß wenn Sie alleine Entscheidungen treffen müssen, dies Gefühle der Unsicherheit in Ihnen zu Tage bringt? Vielleicht fühlen Sie sich in einigen Bereichen Ihres Lebens unzulänglich und – so gerne Sie auch selbst bestimmen würden – es erscheint Ihnen zu riskant, Entscheidungen zu treffen. Ihr dominierender Vater ist eine praktische Verdeckung ihrer Schwäche."

Der Gesichtsausdruck Brendas – ein erstaunter Blick, der nur durch das Bewußtwerden einer Wahrheit entsteht – bestätigte mir, daß ich den wunden Punkt getroffen hatte. Nun da ihr Geheimnis gelüftet war, mußte Brenda ihm ins Auge sehen – und sie tat es. Über die nächsten paar Wochen hinweg begann sich, ein neues Verhaltensmuster in ihr zu bilden. Erinnert Sie Brendas Geschichte an Sie selbst? Haben Sie die Dominanz Ihres Vaters als Tarnung für Ihre Schwäche benutzt? Wie Brenda können Sie Ihrer Schwäche ins Auge sehen und sie überwinden.

*Dominiert durch eine negative Reaktion.* Kerstin, eine 40jährige Hausfrau, teilte mir ihre Kämpfe mit, die sie hatte, weil sie zuviel tat, um es allen recht zu machen und sich jedem unterzuordnen. Ich schlug ihr vor, daß sie einige Aktivitäten zurückschraubte oder aufgab. Doch sie antwortete: „Sie meinen, ich soll ‚nein' sagen zu jemandem, dem ich schon zugesagt habe? Das bedeutete ja, daß ich meine Meinung geändert hätte. Das kann ich nicht tun." „Was ist denn dabei so schlimm?" fragte ich. „Was befürchten Sie, daß die Leute damit verstehen?" „Wenn man seine Meinung ändert, heißt das, daß man etwas nicht durchziehen konnte und daß man nicht vertrauenswürdig und verantwortungsbewußt ist", sagte Kerstin. „Wer hat Sie auf diese Idee gebracht?" machte ich weiter. „Wer hat sie das gelehrt?" „Mein Vater hat immer seine Meinung geändert und sich vor der Verantwortung gescheut", sagte sie. „Ich habe mir geschworen, daß ich nie wie mein Vater sein würde." „So kontrolliert also Ihr Vater immer noch Ihr Leben?" stellte ich fest. Kerstin war einige Sekunden lang still, überrascht über meinen Kommentar. „Ich glaube, mir war nie bewußt, daß er mich auf diese Weise beeinflußte", gab sie zu. Wie Kerstin gibt es viele Töchter, die von ihren Vätern dominiert werden, selbst wenn sie dem entschieden entgegen gehen, was ihr Vater gelehrt, verkörpert oder ausgedrückt hat. Ihre negative Reaktion auf ihre Väter zeigt, daß sie immer noch von ihm bestimmt werden. Haben Sie dieselbe Erfahrung gemacht?

*Beherrscht durch Schwäche.* Manche Eltern haben gelernt, daß sie ihre erwachsenen Kinder durch ihre persönlichen Probleme oder körperliche Schwächen kontrollieren können. Dianas Vater, der nicht so arm und krank war, wie er vorgab, rief sie jeden Freitag an, um sie zu bitten, für das Wochenende bei ihm zu bleiben. Wenn sie ‚nein' sagte, antwortete er in verletztem

Ton: „Dann muß das Putzen halt noch eine Woche warten. Aber das ist schon o. k., ich komme schon zurecht."

Manchmal sind die Beschwerden oder Unfähigkeit des Vaters echt, aber seine Forderungen sind unrealistisch. Er gebraucht seine Schwächen als Mittel, um seine Tochter durch Mitgefühl zu kontrollieren. Hat Ihr Vater diese Mittel Ihnen gegenüber verwendet? Sind Sie fähig, die Grundbedürfnisse Ihres Vaters zu stillen, ohne sich von ihm beherrschen zu lassen?

*Beherrscht durch Geld.* Manche Väter beherrschen ihre Töchter mit ihrem Geldbeutel. Ein Mann kann z. B. darauf bestehen, daß seine Tochter das Familiengeschäft weiterführt, und dafür bezahlt er ihr die nötige Ausbildung. Indem er überall prahlt, wie wunderbar es ist, daß seine Tochter in seine Fußstapfen tritt, übt er zusätzlichen Druck auf sie aus.

Doch die Tochter fühlt sich in eine Falle gelockt. Sie möchte nicht unbedingt das Geschäft weiterführen. Sie wünscht sich, frei vom Einfluß ihres Vaters zu sein, braucht aber eine Ausbildung und die finanzielle Unterstützung des Vaters, um ihre eigenen Träume zu verwirklichen. Wenn sie von sich aus etwas tun würde, würde ihr Vater ihr sicher diese Unterstützung entziehen. Sie ist in einer echten Bindung. Hat Ihr Vater Geld dazu benutzt, um Ihr Leben zu beherrschen? Tut er es immer noch?

*Beherrscht durch Angst.* Manche Männer sind abhängig von Macht und Kontrolle. Wie Despoten beherrschen sie alle in ihrer Umgebung, einschließlich ihrer Familien. Ein tyrannischer Vater glaubt, daß er Sie besitze. Sie sind sein Besitz. Er ist der Typ von Mann, der – wie es Howard Halpern beschreibt – Ihnen eine Liste von Geboten einprägt: „Ich bin dein Vater und bin wichtiger als jeder andere" oder „Meine Bedürfnisse und Wünsche kommen zuerst", „Ich verdiene Dankbarkeit und Respekt von dir"; „Du verhältst dich nach meinen Regeln, sonst..."[21] Das „sonst" verschwindet nicht, wenn die Tochter erwachsen ist. Er verändert es nur leicht, um noch mehr Angst einzuflößen.

Manche Töchter lehnen sich gegen diesen tyrannischen Vater auf, besonders während der Pubertät. Die Wut und der Haß dieser Frauen verhärten sich oft in einer kalten Reserviertheit oder entzünden sich zu starkem Widerstand gegenüber dem Vater und allen Männern: Ehemänner, Chefs, Angestellte, Freunde und

Lehrer. Die beherrschte Tochter sehnt sich nach einem warmen, liebenden Mann in ihrem Leben, der sie akzeptiert. Doch jeder Mann, dem sie begegnet, ist entweder dominierend wie ihr Vater oder im Vergleich zu ihm schwach. Dies ruft immer die gleiche Reaktion hervor: Zorn und Rebellion. Sie kämpft mit all diesen Männern denselben Kampf, den sie mit ihrem Vater gekämpft hat: den Kampf ums Überleben. Hat Ihr Vater Sie durch Angst beherrscht? Wenn ja, welche Drohungen benutzte er, um Sie zu kontrollieren? Fürchten Sie ihn noch immer? Warum ja/oder nein?

## Die Familie, die vom Vater beherrscht wird

Wenn Ihre Familie von Ihrem Vater beherrscht wurde, wie reagierten die anderen Familienmitglieder darauf? Haben sie diese Dominanz akzeptiert oder gab es eine offene oder verdeckte Rebellion gegen Ihren Vater? Der durch den Vater dominierten Familie fehlt es an Nähe und Intimität. Die Familienmitglieder haben Angst vor Durchsichtigkeit und Verletzlichkeit, weil ihr Vater diese Offenheit ausnutzen könnte, um sie noch mehr zu kontrollieren. Der dominierende Vater wiederum kann die Verletzlichkeit nicht tolerieren, die eine Offenheit erfordert. Außerdem, wenn seine Dominanz ausreicht, damit alles in der Familie in Ordnung ist, weshalb braucht man dann Nähe? Macht ist das Wichtigste für den dominierenden Vater.

Ein dominierender Vater beeinflußt auch den Kommunikationsstil und die Art, wie man in der Familie Probleme löst. Es gibt wenig oder keine Diskussionen in der Familie. So sind Sie vielleicht aufgewachsen, ohne gelernt zu haben, wie man Kompromisse schließt oder sich auf gesunde Weise auseinandersetzt.

Der kontrollierende Mann ist geschickt im Ausnutzen der Wut, um seine Umgebung dadurch zu beherrschen. Er stellt an jeden viel zu hohe, unrealistische Anforderungen und ist als kleinlicher Mensch bekannt. Er macht auf Kosten anderer Witze, demütigt sie und ist sarkastisch. Er entschuldigt sich selten und ist geschickt darin, für seine Fehler Ausreden zu finden.

Er schiebt die Schuld immer auf die anderen, und wenige wagen es, ihm zu widersprechen. Gleichgültig, was er tut, er muß immer oben herauskommen, er muß gewinnen. Alles in der Familie muß sich um ihn drehen. Er macht alle unsicher.

In einer vom Vater beherrschten Familie, Gefühle auszudrücken, ist sehr riskant. Er mißbilligt den Ausdruck von Wut, Verletzung, Depression, Freude oder Glück. Der Groll einer Tochter gegen solch einen Vater muß verborgen bleiben. Gleichzeitig kann ein dominierender Vater bei den Familienmitgliedern Schuldgefühle hervorrufen. Er sagt vielleicht: „Jemand muß sich hier um alles kümmern. Wenn ich es nicht tue, geschieht hier nichts. Ich muß hier die Verantwortung übernehmen, da ihr alle verantwortungslos seid."

Connies Geschichte illustriert das typische Ergebnis einer vom Vater dominierten Familie. Mit 15 Jahren wurde Connie zu einem Psychiater überwiesen, weil sie extreme Ängste hatte, die sie seit ihrem 13. Lebensjahr plagten. Zuerst hatte sie nur Angst vor der Höhe, dann fürchtete sie sich in jedem Raum, in dem mehr als ein paar Leute waren. Einige Monate bevor sie zum Psychiater kam, weigerte sich Connie, ihr Zimmer zu verlassen, und nahm alle Mahlzeiten dort ein. Connies ganze Familie wurde bei ihrer Untersuchung zur Einschätzung der Situation gerufen.

Das Gespräch mit der Familie wurde völlig vom Vater beherrscht. Er stellte alle Fragen und befahl den Familienmitgliedern zu antworten, schnitt ihre Antworten ab und wechselte oft einfach das Thema. Er war ganz offensichtlich sarkastisch und herabsetzend seiner Frau gegenüber. Der Führungsstil des Vaters war offene und überwältigende Dominanz.

Connies Mutter war passiv und unterworfen. Sie saß neben Connie und hielt deren Hand. Während dieser Zeit von Connies Zurückgezogenheit verbündete sich die Mutter mit ihr, verbrachte viel Zeit in Connies Zimmer. Jeff, der 19jährige Bruder war auch am Familienproblem beteiligt. Er war trotzig und offensichtlich wütend. Er hatte seinen Abschluß im College nicht geschafft und hatte seit 6 Monaten keine Arbeit. Jeffs Vater war sehr unzufrieden über dessen mangelnde Leistung und hatte ihm gedroht, ihn aus dem Haus zu werfen. Jeff schien seinem Vater dadurch zu trotzen, daß er genau das tat, was diesem mißfiel.

Während der Gespräche mit den einzelnen Familienmitgliedern wurde deutlich, daß jeder in großer Not war. Connie war offensichtlich furchtsam und depressiv und weinte während des gesamten Gesprächs. Sie schien in unnatürlicher Weise von ihrer Mutter abhängig zu sein. Jeff war auf seinen Vater wütend und sehr kritisch. Er schien sich nicht bewußt zu sein, daß sein Versagen mit seinem Zorn auf seinen Vater zusammenhing. Connies Mutter war ruhig, deprimiert und sprach über tiefe Gefühle der Einsamkeit. Connies Vater war wütend und bitter darüber, wie seine Familie geworden war. Er fühlte sich verantwortlich, sie zu tragen, und seine Unfähigkeit dazu belastete ihn. Er sah sein dominierendes, kontrollierendes Verhalten als Reaktion auf die Unfähigkeit der anderen Familienmitglieder.

Für eine dominierte Familie enthält das Leben mehr Schmerz und Elend als Freude und Zufriedenheit. Aber selbst einer Familie wie der von Connie kann geholfen werden. Mit Zeit und ausführlicher Seelsorge können die Familienmitglieder ihre destruktiven Systeme aufgeben und neue Modelle entdecken, wie sie miteinander und mit dem Leben umgehen. Eine interessante und berühmte Geschichte eines dominierenden Vaters ist die von Edward Barrett, dem Vater der Dichterin Elizabeth Barrett Browning. Nach viktorianischen Maßstäben wurde Edward Barrett als liebevoller und gütiger Vater angesehen. Doch war er sehr machthungrig, dominierend, und dachte, er hätte das ihm von Gott gegebene Recht, so zu sein. Als Kind ermutigte er Elizabeth zu schreiben, machte sie aber gleichzeitig zur Invaliden, so daß sie immer von ihm abhängig wäre. Elizabeth fühlte von ihrem Vater sowohl Liebe als auch Einschränkung.

Mr. Barrett verbot seinen Kindern zu heiraten. Doch trotz Drohungen und Protest ihres Vaters wurde Elizabeth die erste seiner Kinder, die sein Joch abschüttelte, heiratete und das Haus verließ. Sie schrieb ihrem Vater weiterhin, aber er lehnte sie ab und verleugnete ihre Existenz. Kurz vor seinem Tod sandte Mr. Barrett Elizabeths Mann ein Paket mit ihren ungeöffneten Briefen. Als ihr Vater starb, brach Elizabeth unter dem Schmerz seiner letzten und endgültigen Ablehnung zusammen.

Dies mag ein Extremfall sein, doch unzählige Töchter haben ähnliche Geschichten von Dominanz und Ablehnung erzählt. Viele Töchter geben ihren dominierenden Vätern gegenüber auf, anstatt gegen sie anzukämpfen. Sie lernen, ihnen zu gefallen, und fühlen sich letztlich als Opfer. „Ich habe mich meinem Vater gegenüber emotional ausverkauft", sagte mir Helen. „Ich habe einige Male versucht, gegen ihn anzukämpfen, aber seine harten verbalen Angriffe waren zu stark. Rechtzeitig lernte ich, daß ich auf ihn zählen konnte, wenn ich ihn brauchte – so lange ich ihn mein Leben beherrschen ließ. Deshalb habe ich das Gefühl, mich ihm übergeben zu haben. Ich fühlte mich emotional benutzt und mißbraucht. Ich frage mich, was ich tun kann, um dieses Schema zu brechen, das ich ihm gegenüber und allen anderen Männern habe. Gibt es Hoffnung?"

---

*Ihre Erinnerungen
an Ihren Vater und Ihr Leben mit ihm
können entweder eine Erfahrung sein,
von der Sie lernen und profitieren,
oder eine, die Ihr Leben
kontrollierend beeinflußt.*

---

Helen hat eine gute Frage gestellt: Gibt es Hoffnung? Können die Wirkungen der Vergangenheit aufgehoben werden? Die Antwort ist eine gute Nachricht: Ja, ja, ja!

## Was empfinden Sie Ihrem Vater gegenüber?

In den letzten Kapiteln haben wir über Väter gesprochen, die ihre Rollen nicht erfüllt haben, weil sie entweder unbeteiligt oder zu sehr am Leben ihrer Tochter beteiligt waren. Ob Ihr

Vater seine Rolle nun erfüllt hat oder nicht: Sie hegen ihm gegenüber starke Gefühle. Ich habe Frauen zwischen 20 und 30 gebeten, ihre Gefühle gegenüber ihrem Vater zu beschreiben, und habe zwei Arten von Antworten aufgelistet. Während Sie sie durchlesen, denken Sie an folgende Fragen: Mit welcher Gruppe können Sie sich am besten identifizieren? Wie könnte Ihre Zukunft von den Gefühlen Ihrem Vater gegenüber beeinflußt werden? Wenn Sie Mutter einer Tochter sind, wie möchten Sie, daß sie ihrem Vater gegenüber empfindet?

Ihre Erinnerungen an Ihren Vater und Ihr Leben mit Ihm können entweder eine Erfahrung sein, aus der Sie lernen und profitieren oder die einen kontrollierenden Einfluß auf Ihr Leben hat. Wie denken Sie, beschreiben die Frauen der ersten Gruppe ihre Erfahrungen mit ihrem Vater?

– Ich empfinde negative Gefühle gegenüber meinem Vater, weil er enttäuscht und wütend ist über meine Entscheidung bezüglich meines Lebensstils. Ich hege Groll gegen ihn, weil er meine Lebensziele ablehnt und verwirft.

– Ich liebe meinen Vater, doch sorge ich mich um sein physisches, psychisches und geistiges Wohlbefinden. Ich fühle mich schuldig, weil ich mit ihm nicht mehr Zeit verbringe, aber es ist schwierig, mit ihm zusammenzusein, wenn er betrunken ist.

– Ich liebe meinen Vater und schätze all das, was er für mich getan hat. Doch ich bin auch zornig über die Art, wie er Mama behandelt und wie er mit seinem eigenen Leben umgeht. Ich empfinde ihm gegenüber Mitleid, weil er sein Leben nicht in die Hand nimmt.

– Ich habe gemischte Gefühle. Meine Beziehung zu ihm war nicht einfach, seit ich 8 Jahre alt war. Ich habe ihn als Teenager abgelehnt, und es hat lange gedauert, bis wir wieder zu einer Art von Beziehung wiedergefunden haben. Es ist schwer, sich über eine Beziehung zu freuen, die so viel Anstrengung bedarf, doch ich lerne, daß sie es wert ist.

– Ich bin nicht sicher, was ich ihm gegenüber empfinde. Unsere Beziehung bis zum heutigen Tage war eher auf Distanz. Er scheint mir eher ein Bekannter als ein Vater zu sein.

– Meine Gefühle sind sehr gemischt. Einerseits empfinde ich großen Respekt und Bewunderung für ihn. Andererseits war ich nie fähig, meine Angst ihm gegenüber völlig zu überwinden. Mir tut es weh, wenn ich sehe, wie weit wir auseinander sind.

- Ich liebe ihn, aber wir haben keine Vater-Tochter-Beziehung. Ich bin traurig, daß er nicht liebend, vergebend oder mir emotional nahe ist.
- Ich bedauere es, daß ich in meiner Kindheit solche Angst vor meinem Vater hatte.

Durch die letzten 25 Jahre hindurch habe ich viele Frauen in der Seelsorge ähnliche Antworten geben hören. Oft ist die Beziehung einer Frau zu ihrem Vater einer der Gründe, weshalb sie Seelsorge sucht. Doch andere Frauen hatten bessere Erfahrungen. Vielleicht können Sie sich mit ihren Gefühlen identifizieren:

- Ich liebe und respektiere ihn. Ich bin so dankbar, daß er versucht hat, der bestmögliche Vater zu sein. Es war für ihn schwierig, weil er aus einem anderen Land kam und in seiner Kindheit von seinen Eltern mißhandelt wurde. Er war streng, aber wir wußten immer, daß er uns liebte. In den nächsten Jahren wird sich unsere Beziehung bestimmt verändern, da wir älter werden. Ich bete, daß wir beide dankbar die Veränderung annehmen können.
- Ich liebte meinen Vater sehr. Er hatte die spezielle Gabe, jedem seiner Kinder klarzumachen, daß es jemand Besonderes ist.
- Ich liebe ihn sehr, obwohl ich ihn nicht immer verstehe.
- Ich kann mich auf ihn verlassen. Ich weiß, daß er mich liebt. Ich wünschte, er würde besser auf sich aufpassen. Ich liebe und respektiere ihn.
- Ich sorge mich um meinen Vater. Er hat immer in jeder Hinsicht für mich gesorgt. Die letzten Jahre hindurch wurde er mit seinen Gefühlen offener, und wir konnten einander umarmen und sagen, daß wir uns sorgen. Wir spielen jede Woche zusammen Tennis, was geholfen hat, unsere Liebe aufrechtzuerhalten.
- Papa ist eines der besten Dinge meines Lebens. Ich kann mich immer an ihn wenden und weiß, daß er zuhört. Ich bin für unsere Beziehung dankbar. Ich schätze mich glücklich, seit ich

mit Frauen geredet habe, deren Vaterbeziehung in so vielen Dingen fehlerhaft war.

– Ich liebe ihn sehr. Ich höre auf seine Meinung und schätze sie wegen der Art, wie er sie mitteilt, und weil mir seine Gedanken helfen, Möglichkeiten zu erwägen, die ich übersehen habe.

In der Vergangenheit war es modern, den Eltern die Schuld für einige unserer Probleme zuzuschieben. Wenn Sie den Erfolg Ihrer Eltern einschätzen, bedenken Sie die folgenden Faktoren. Erstens beginnt jedes Elternteil seine Rolle als Amateur. Zweitens ist jedes Elternteil in seiner Rolle unvollkommen. Drittens bringt jedes Elternteil alle Unzulänglichkeiten seiner eigenen Erziehung mit. Sie haben die Wahl, an die Unvollkommenheiten und Fehler Ihrer Eltern gebunden zu bleiben oder mit Ihrem Leben weiterzugehen. Sie können sich entscheiden, für Ihre Gefühle verantwortlich zu sein, und dem Leben positiv entgegengehen, oder Sie können immer die Probleme auf Ihre Eltern schieben und so deren Einfluß auf Ihr Leben verewigen. Entscheiden Sie heute, ob Sie in der Vergangenheit leben wollen und diese bestimmen lassen, wer Sie heute sind, oder aus der Vergangenheit lernen und in der Gegenwart leben wollen. Denken Sie darüber nach, was Lloyd Ogilvie sagt:

„Das christliche Leben fängt an, wenn wir aus dem Gefängnis unseres eigenen Schaffens herauskommen. Die Liebe am Kreuz schließt Gefängnistüren der Erinnerung auf. Die Vergangenheit ist vergeben und die Zukunft ist offen für neuen Möglichkeiten... Die Vergangenheit kann weder eine Quelle der Hoffnung noch der Verdammnis sein. Gott hat unser Leben in seiner Gnade in Tage eingeteilt, daß wir gestern loslassen können und uns auf morgen freuen... Wir sind befreit, daß wir uns selbst als liebenswert und von dem Herrn geliebt annehmen können. Dies befreit unsere Beziehungen.[22]

# 8

## Bin ich in gesunden Familienverhältnissen aufgewachsen?

Inge, 19 Jahre alt, kam zu mir, weil es sie störte, daß sie so oft von ihrem Vater angerufen wurde, obwohl er über 1000 km von ihr entfernt lebte. Sie sagte: „Papa ruft jeden zweiten Tag an, um einen Rat zu haben oder sich über Mutter zu beschweren. Er erzählt mir Dinge, die er schon seit Jahren Mutter hätte mitteilen sollen. Ich habe von ihm mehr Aufmerksamkeit erhalten als von Mutter – und mehr als die anderen Kinder. Ich dachte, wenn ich in eine weitentfernte Schule ginge, müßte ich nicht mehr in dieser Familie mitmischen. Doch es hat sich nichts verändert. Warum ist das geschehen? Und wie wird es mich später beeinflussen?"

Maria war eine Perfektionistin. Ihr Kleid war makellos, und alles an ihr präzise. Es war für sie schwierig, sich zu entspannen, weil sie das Gefühl hatte, immer zur Schau gestellt zu sein. Sie erzählte mir, daß ihre Eltern sich scheiden ließen, als sie vier war. Als ihre Mutter einige Jahre später wieder heiratete, fand Maria heraus, daß ihr Stiefvater sie als „notwendiges Übel" ansah – so nannte er sie. Er war ein kalter, strenger, arbeitssüchtiger Mann. Maria fragte mich: „Wissen sie, weshalb ich so perfektionistisch bin? Es hat zwar einige Vorteile, aber manchmal wollte ich gerne besser leben. Warum bin ich so?"

Ich höre fast jeden Tag solche Geschichten von Frauen. Sie kommen zu mir in Seelsorge, schreiben mir Briefe, rufen mich an oder sprechen mich auf Seminaren an. Diese Frauen fragen sich, weshalb sie so auf das Leben reagieren. Sie fragen sich, ob ihr heutiges Verhalten mit der Weise zusammenhängt, in der sie erzogen wurden. Und sie möchten wissen, ob sie ihr Verhalten ändern können.

*In den meisten Fällen
ist eine gestörte Familie
das Produkt eines gestörten
Ehemannes/Vaters.*

## Das Zuhause, das sie geformt hat

Es gibt viele Faktoren, die dazu beitragen, uns so zu gestalten, wie wir sind. Wir sind das Ergebnis der Geburtsordnung der Familie, unserer neurologischen Struktur, unserer Kontakte mit Vater, Mutter, Geschwister usw. Doch die Atmosphäre Ihres Zuhauses, insbesondere die Beziehung zu Ihrem Vater, hat einen entscheidenden Einfluß auf die Gestaltung Ihrer Identität und Ihres Verhaltens. Wenn Sie in einem gesunden Zuhause aufwuchsen, können Sie sich glücklich schätzen. Diese Familien können folgende positive Eigenschaften aufweisen:

- Das Klima zu Hause ist positiv. Es besteht keine Atmosphäre des Richtens.
- Jedes Familienmitglied wird wertgeschätzt und so akzeptiert, wie es ist. Man achtet auf individuelle Charaktereigenschaften.
- Jede Person darf in ihrer eigenen Rolle handeln. Ein Kind darf ein Kind sein, ein Erwachsener ein Erwachsener.
- Die Mitglieder sind sich nicht gleichgültig und drücken dieses Sich-um-den-anderen-Sorgen und diese Bestätigung verbal aus.
- Der Kommunikationsprozeß ist gesund, offen und direkt. Es gibt keine zweideutigen Botschaften.

- Kinder werden so erzogen, daß sie reifen können und zu Individuen mit eigenen Rechten werden. Sie trennen sich auf gesunde Weise von Vater und Mutter.
- Die Familie ist gerne zusammen. Sie versammelt sich nicht aus Pflichtgefühl.
- Die Familienmitglieder können zusammen lachen und gemeinsam das Leben genießen.
- Die Mitglieder können ihre Hoffnungen, Träume, Ängste und Sorgen einander mitteilen und sind angenommen. Es existiert zwischen ihnen ein gesundes Maß an Intimität.

Treffen diese Merkmale auf das Zuhause zu, in dem Sie aufgewachsen sind? Schätzen Sie den Zustand Ihrer Familie ein, indem Sie jedem Merkmal der Skala eine Wertung von 1 (nie so ganz klar) bis 10 (immer eindeutig) erteilen. Wenn Ihre Wertung im Durchschnitt 7 oder mehr ergibt, hatten Sie das Glück, eine gesunde Familie zu haben.

Fühlen Sie sich aber nicht schlecht, wenn sich bei Ihnen eine niedrige Wertung ergibt. Der allgemeine „gesunde" Zustand der Familie, aus der Sie stammen, ist etwas, über das Sie wenig oder gar keine Kontrolle haben. Außerdem sind Sie nicht die Gefangene Ihrer Erziehung. Das Ziel dieses Kapitels ist, Ihnen zu helfen, den negativen Einfluß Ihrer alles anderen als gesunden Familie – und insbesondere des nicht vollkommenen Vaters – auf Ihr heutiges Leben zu verstehen. Wenn Sie verstehen, wer Sie sind, ist der erste Schritt zu einer positiven Veränderung getan.

Der Kontrast zwischen einer gesunden und ungesunden Familie wird in den folgenden Antworten deutlich, die mir 6 Frauen im Alter von 20 bis 30 Jahren auf die Frage  gegeben haben: „Was empfinden Sie Ihrem Vater gegenüber?" Was sagen Ihnen diese Antworten über ihre jeweilige Familien? Wie würden Sie die Beziehung der einzelnen Frauen zu ihren Vätern charakterisieren?

- Ich bereue es, daß ich als kleines Kind meinen Vater so gefürchtet habe. Selbst heute stelle ich fest, daß meine Gefühle ihm gegenüber so sind, daß ich seine Zustimmung erhalten oder von ihm angenommen werden will. Ich habe den Eindruck, daß ich viel mehr gelernt hätte, wenn er offener gewesen wäre für das, was ich als Kind erlebt habe. Ich liebe ihn sehr und bin froh darüber, daß ich ihn jetzt wachsen sehe.

– Meine Gefühle sind gemischt. Einerseits respektiere und bewundere ich ihn. Aber andererseits konnte ich nie mit meiner Furcht vor ihm fertig werden. Es tut mir weh, wenn ich daran denke, wie weit auseinander wir sind. Ich habe den Eindruck, daß er mich nicht wirklich kennt, nicht mein wirkliches ‚Ich'. Ich fühle mich inkompetent, unwissend und entscheidungsunfähig, wenn ich mit ihm zusammen bin. Ich wünschte, es wäre nicht so.

– Ich fühle mich abgestumpft. Unsere Beziehung war die einer Haß-Liebe, doch das hat mich innerlich zerrissen.

– In den letzten beiden Jahren wurde ich meinem Vater gegenüber immer freier zu einer offenen Kommunikation. Ich sehe ihn als einen Freund an. Unsere Beziehung ist und war immer auf einer gleichgestellten Ebene, nicht auf der der Vater-Tochter-Beziehung.

– Mein Vater war, so lange ich mich an ihn erinnern kann, immer mein bester Freund. Ich konnte immer mit ihm reden, und ich liebe ihn sehr.

– Ich liebe ihn bis zum Tod, und ich schätze sehr, was er alles für uns zu Hause getan hat und wie gut er in seinem Beruf vorankam. Ich bin sehr stolz auf ihn und wollte keinen anderen Vater haben.

## Eine vom Kurs abgeratene Familie

Wenn die Merkmale einer gesunden Familie das Gegenteil dessen ausdrücken, was Sie als Kind erlebt haben, kommen Sie wahrscheinlich aus einer gestörten Familie (mit gestörten Funktionen). Solchen Familien fehlt es an Annahme, Offenheit, Bestätigung, Kommunikation, Liebe, Sorge und Zusammensein einer gesunden Familie. In den meisten Fällen ist eine gestörte Familie das Produkt eines gestörten Vaters und Ehemannes, einer der durch Desinteresse, Dominanz, Krankheit/Tod, Scheidung usw. darin versagte, seine positive Rolle einzunehmen.

Wenn Sie aus solch einer Familie kommen, wird Ihnen dieses Buch dabei helfen, sich selbst und Ihre Beziehung zu Ihrem Vater besser zu verstehen. Es wird Ihnen auch dabei helfen, die Eigenschaften zu bestimmen, die Sie in Ihrem Heim entwickeln wollen.

Mehrere Male im Jahr bin ich mit dem Flugzeug unterwegs. Bisher kam ich immer an meinem Bestimmungsort an, weil mein Flugzeug auf dem Kurs geblieben ist. Wenn ein Flugzeug jedoch nur um einige Grade abweichen würde, könnte ich in Kuba anstatt in Washington landen. Je länger ein Flugzeug vom Kurs abweicht, desto weiter kommt es von seiner Bestimmung ab.

Eine gestörte Familie ist eine Familie, die vom Kurs abgewichen ist. Obwohl sie wahrscheinlich nicht in dieser Weise darüber nachgedacht haben, will jedes verheiratete Paar eine funktionale Familie bilden. Ihre „Bestimmung" ist eine liebende, sorgende, glückliche Beziehung zwischen Mann und Frau, Eltern und Kindern. Aber viele kleine Dinge können in Familien schieflaufen: Gefühle können verletzt werden, Bedürfnisse und Erwartungen nicht erfüllt. Wenn solche geringe Kursveränderungen nicht korrigiert werden, entstehen größere Probleme: Liebe und Annahme werden zurückgehalten, „ich" und „mein" wird über „uns" und „unser" gestellt. Bald ist die zukünftige glückliche Familie vom Kurs ab und hat all die Merkmale, die auf den vorhergehenden Seiten beschrieben wurden.

Wenn eine Familie vom Kurs abkommt, bleibt das Bedürfnis eines Kindes nach Wärme, Sicherheit, Führung und Ermutigung ungestillt. Wie steht es mit Ihnen? Wie hat Ihr Vater Ihr Bedürfnis nach Sicherheit gestillt? Wie hat er Sie geführt? Wie stand es um Ihr Bedürfnis nach Wärme? Wie hat er Sie ermutigt? Oder blieben Ihre Bedürfnisse in Ihrer Familie ungestillt? Viele Kinder aus gestörten Familien werden ins Erwachsensein geworfen und fühlen sich leer und unvollkommen, sind voller Angst und unfähig zu vertrauen, weil ihre Bedürfnisse nie gestillt wurden. Wenn man sich nicht in sich selbst sicher fühlt, sucht man nach einer Art Sicherheit außerhalb von sich selbst. Man versucht immer, den leeren Platz auszufüllen. Es ist diese ständige Suche nach der Stillung ihrer Bedürfnisse, die Menschen dazu bringt, Zwangs- oder Suchtverhaltensmuster zu entwickeln.

Stellen Sie sich vor, Ihr Leben sei eine Tasse. Bei Ihrer Geburt war sie leer. Sie hatten viele Bedürfnisse, die gestillt werden mußten. Wenn Ihre Familie gesund war, wurden die meisten der Bedürfnisse gestillt, so daß bis zum Erwachsensein die Tasse fast voll war.

Wenn die Familie jedoch nicht gesund war, ist Ihre Tasse nur zu einem Achtel oder einem Zehntel gefüllt. Sie traten in das Leben ein mit Bedürfnissen, die Ihr Vater oder Ihre Familie stillen sollten, es aber nicht taten. Je geringer der Inhalt der Tasse ist, desto stärker versuchen Sie, diese von außen zu füllen – oft durch Zwangs- oder Suchtverhalten. Viele emotionale Probleme der Erwachsenen sind ganz einfach darauf zurückzuführen, daß diese Tasse nie gefüllt wurde. Jeder von uns hat zu bestimmten Zeiten seines Lebens Probleme. Manche gehen damit auf gesunde Weise um, andere nicht. Das hängt ganz von der Füllung unserer Tasse ab.

Jede Familie kann durch eine Krise eine Zeitlang zu einer gestörten Familie werden: in einer Krise, wenn die Mitglieder nicht auf normaler Ebene handeln. Oft muß ein Außenstehender – ein Pastor oder Seelsorger – eintreten und helfen, bis die einzelnen wieder normal funktionieren. Aber in einer wirklich gestörten Familie ist die Krise von Dauer und die Rollen der Familienmitglieder sind konstant. Eine der besten Beschreibungen einer gestörten Familie kommt von Sara Hines Martin:

„Es kann ein Zuhause sein, in dem ein Elternteil oder ein Teil der Großeltern chronisch oder geistig oder emotional erkrankt ist, einschließlich eines chronisch Depressiven. Es könnte auch ein Zuhause sein, in dem ein Elternteil stirbt und das andere so vom Schmerz überwältigt ist, daß es unfähig ist, mit den Aufgaben des Elternteils fertig zu werden; ein Zuhause, in dem körperliche oder sexuelle Mißhandlung stattfindet; ein Zuhause, in dem ein Kind adoptiert wurde; ein Zuhause, in dem ein Selbstmord stattfand; ein streng religiöses Zuhause. (Diese letzte Kategorie überrascht viele Menschen vielleicht, weil hier anders als bei den anderen nichts Besonderes getan wird. Diese Art von Zuhause ruft die gleichen Reaktionen hervor, weil die Kinder nicht wegen ihrer selbst wertgeschätzt sind, sondern nach sehr strengen Regeln erzogen werden. Der Vater, wenn er Pfarrer oder ähnliches ist, vernachlässigt vielleicht durch seinen Dienst seine Familie. Die Kinder können das Gefühl haben, sie müßten in den Augen der Umgebung immer gut aussehen und die Eltern nicht blamieren.) Zusammengefaßt konzentrieren sich diese Familien auf ein Problem, eine Sucht, ein Trauma oder ein ‚Geheimnis‘ anstatt auf das Kind. Solche Familien sind auf ‚Scham und Schuld‘ basiert."[23]

Der Ausdruck „auf Scham und Schuld basiert" ist eine der besten Beschreibungen für gestörte Familien. Es geht gänzlich gegen das Schema der Liebe und Annahme, das in der Schrift gelegt wird.

## *Merkmale einer gestörten Familie*

Es gibt verschiedene Merkmale solcher vom Kurs abgekommenen Familien. Ich möchte zehn davon aufzählen. Ihre Anzahl in einer Familie und die Häufigkeit ihres Auftretens bestimmen, wieweit die Familie von der Norm der gesunden Familie abgewichen ist. Während wir diese Merkmale betrachten und Sie Ihre frühere und gegenwärtige Familie bewerten, konzentrieren Sie sich auf Ihren Vater. Welche Rolle spielte er in dem Drama? Vielleicht antworten Sie auf jede Eigenschaft mit folgenden Bemerkungen: „Dieses Merkmal beschreibt meine Familie gut"; „Ich bin verwirrt, wie diese Eigenschaft auf meine Familie zutrifft"; „Diese Eigenschaft trifft überhaupt nicht zu"; „Ich bin wütend auf ..."; „Ich bin verletzt, weil ..."; „Ich bin traurig, weil ..."; „Ich habe Fragen und Zweifel über dieses. Ich muß mit jemandem über meine Vergangenheit sprechen."

*1. Mißhandlung.* Die Mißhandlung, die die gestörte Familie kennzeichnet, ist entweder eine körperliche, eine sexuelle oder eine emotionale Verletzung oder Vernachlässigung. Die Mißhandlung kann offensichtlich sein, wenn ein Mitglied ein anderes schlägt oder anschreit; manchmal ist sie weniger offensichtlich, wenn z. B. ein Familienmitglied ein anderes ignoriert. Mißhandlung wird auch empfunden, wenn jemand Zeuge der Mißhandlung der Mutter, Schwester oder des Bruders ist. Eine Form der Mißhandlung, die oft übersehen wird, weil sie keine sichtbaren Narben hinterläßt, ist die emotionale Mißhandlung. Hier sind einige Beispiele dafür:

- Man gibt dem Kind die Wahl zwischen zwei negativen Dingen: „Entweder du ißt deinen Teller leer oder du bekommst eine Ohrfeige".
- Man gibt immer dem Kind die Schuld.
- Man verdreht den Realitätssinn eines Kindes, indem man sagt: „Dein Vater hat kein Problem mit dem Trinken, er arbeitet nur zuviel und ist müde".
- Man beschützt ein Kind zu sehr.
- Man vermittelt dem Kind zweideutige Botschaften, indem man z. B. mit haßerfülltem Blick sagt: „Ich liebe dich". Das Kind glaubt die nonverbale Botschaft und wird durch die Worte verwirrt.

Waren Sie das Opfer emotionaler Mißhandlung durch Ihren Vater? Denken Sie daran: selbst solch eine schmerzvolle Erinnerung kann ausgewischt werden. Es liegt an Ihnen, sich für die Heilung zu entscheiden.

*2. Perfektionismus.* Sind Sie nun überrascht, daß Perfektionismus ein Merkmal der gestörten Familie ist? Es wird selten als ungesundes Symptom angesehen, ist aber eine häufige Problemquelle, besonders in christlichen Familien. Denn schließlich ist es nicht eine Herausforderung für jeden Gläubigen, vollkommen zu sein, so wie Gott vollkommen ist? Das stimmt nicht ganz! Wir sind berufen, ein untadeliges Leben zu führen, was erreichbar ist, nicht ein perfektes Leben, das wir nie führen können. Wer von einem Ehepartner oder den Kindern vollkommenes Verhalten erwartet, lebt nicht in der Realität.

Ein perfektionistischer Vater überträgt seine Normen und Erwartungen durch verbale Zurechtweisungen und Korrekturen, Stirnrunzeln, strenge Blicke, Lächeln usw., die alle implizieren: „Es ist nicht gut genug." Er lebt und führt die Familie durch die Begriffe „sollte, müßte, muß". Dies sind „Folterwörter", die Schuld aufbauen und das Selbstwertgefühl mindern. Ein Vater, der immer in kritischer Weise die Fehler überbetont, zerbröckelt die Selbstachtung eines Kindes. Das Kind glaubt, daß es hoffnungslos unter der Norm liegt, und wird mit einem negativen Selbstbild in die Welt der Erwachsenen gehen. Hatte Ihr Vater perfektionistische Tendenzen? Wenn ja, welche Folgen daraus können Sie in Ihrem gegenwärtigen Leben erkennen?

*3. Härte/Strenge.* Gestörte Familien sind durch unbeugsame Regeln, strengen Lebensstil und Glaubenssysteme gekennzeichnet. Das Leben ist voller Zwänge, Routine, beherrschter Situationen und Beziehungen, unrealistischer und nicht hinterfragter Glaubenseinstellungen. Freude? Die gibt es nicht! Überraschungen? Gibt es auch keine. Spontaneität? Nur wenn sie geplant ist. Wenn Ihr Vater ein strenges Familienoberhaupt war, haben Sie ihn wahrscheinlich so etwas Ähnliches sagen hören: „Es gibt zwei Arten, die Dinge zu tun: die falsche Art und meine Art. Hier wird es nach meiner Art getan." In welchem Maße war Ihr Vater solch ein strenges Familienoberhaupt? Wie hat er es gezeigt? Wie haben seine Strenge und Härte Ihr Leben als Erwachsene beeinflußt?

*4. Schweigen.* In gestörten Familien herrscht meistens Schweigepflicht: kein Reden außerhalb der vier Wände. Teile niemandem die Familiengeheimnisse mit. Bitte niemanden um Hilfe, wenn du ein Problem hast. Behalte es in der Familie. Was würden die anderen denken, wenn sie wüßten, daß du nicht alles unter Kontrolle hast? Wenn Ihr Vater zu Hause die Schweigepflicht auferlegt hat, sind Sie in dem Glauben aufgewachsen, daß Sie Ihre Probleme alleine bewältigen müssen. Sie haben Schwierigkeiten, um Hilfe oder Rat zu bitten. Sie zögern sehr, bevor Sie andere um Gebet oder Seelsorge bitten.

*5. Unterdrückung.* Sind Sie in einer Familie aufgewachsen, in der die Gefühle kontrolliert und unterdrückt wurden, anstatt sie zu identifizieren und auszudrücken? Emotionale Unterdrückung bezeichnet man als das Todesurteil einer Ehe. Wut, Traurigkeit, Freude und Schmerz, die man vor den Familienmitgliedern ausdrücken sollte, werden begraben. Das Spiel lautet dann: drücken Sie die Gefühle aus, die angebracht sind, anstatt derer, die Sie wirklich empfinden. Verleugnen Sie Ihre wahre Identität und verbergen Sie sich hinter einer Maske. Doch wenn Sie Ihre

Gefühle in sich vergraben, werden sie Ihnen eines Tages ins Gesicht explodieren. Gefühle sind ein sehr wichtiger Teil des Lebens. Wie ein Druckventil helfen sie uns, die Freuden und Leiden des Lebens zu interpretieren und darauf zu reagieren. Wenn man das Ventil verstopft, indem man die Gefühle unterdrückt oder verleugnet, kann es zu körperlichen Problemen, so wie Magengeschwüren, Depressionen, Bluthochdruck, Kopfschmerzen und Anfälligkeit für viele andere körperliche Leiden kommen. Unterdrückte Gefühle können extremes Essen, Anorexie, Bulimie, verschiedene Arten des Mißbrauchs und eines Zwangsverhaltens hervorrufen.

Menschen unterdrücken ihre Gefühle, in dem Glauben, daß sie dadurch verschwinden. Natürlich geht das nicht. Statt dessen festigen sie sich, wachsen und suchen nach einer Ausdrucksmöglichkeit. Manche Menschen werden extrem beschäftigt, damit sie nicht das Drängen ihrer Gefühle vernehmen, die kurz davor sind, auszubrechen. Unterdrückte Gefühle bringen Menschen dazu, Dinge zu tun, die sie nicht tun wollten, so wie z. B. Kinder anzuschreien, Tiere zu mißhandeln oder auf einer Party plötzlich in Tränen auszubrechen.

Die Gefühle zu unterdrücken ist so, als ob man einen Papierkorb in den Wandschrank legt, ihn anzündet, die Tür schließt und das Haus verläßt. Man weiß nicht, wann das Feuer ausbrechen wird. Es kann von selbst ausgehen oder sich ausbreiten und das ganze Haus niederbrennen. Doch indem man die Gefühle unterdrückt, verliert man die Kontrolle über sie. Man weiß nicht, wann sie hervorbrechen. Funktionale Familien identifizieren die Gefühle, drücken sie aus und gehen richtig damit um, wenn sie auftauchen. Gestörte Familien vergraben Gefühle und werden dann Opfer des Drucks und der Probleme, die daraus resultieren.

Wie ist Ihre Familie – und insbesondere Ihr Vater – mit Gefühlen umgegangen? Nehmen Sie die untenstehende Liste, um zu verdeutlichen, wie gut Ihre Familie Gefühle ausdrückte. Setzen Sie die Initialen Ihres Vaters neben die Gefühle, die er in der Familie ausdrückte, und die ihrigen neben die Gefühle, die Sie ausdrückten. Tun Sie dasselbe für die restliche Familie:

| | | | |
|---|---|---|---|
| verlegen | liebend | sorgend | eifersüchtig |
| angenommen | enttäuscht | schuldig | voller Zuneigung |
| ängstlich | empfindsam | traurig | mürrisch |
| verletzt | minderwertig | unzulänglich | abgelehnt |
| mißtrauisch | deprimiert | furchtsam | frustriert |
| freudig | einsam | defensiv | glücklich |
| begeistert | schüchtern | wütend | angewidert |
| mißmutig | fröhlich | lustig | froh |
| erstaunt | gesellig | gereizt | |

Was konnten Sie über Ihren Vater, sich selbst und die anderen Familienmitglieder herausfinden? War der Ausruck einer dieser Gefühle zu Hause verboten? Wenn ja, wer sagte das und warum? Gibt es Gefühle, die Sie heute in Ihrem Leben nur schwerlich ausdrücken können?

*6. Dreiecks-Kommunikation.* In dieser Art der Kommunikation benutzt ein Familienmitglied ein anderes als Vermittler. Der Vater sagt zu seiner Tochter Sally: „Geh' und frage deine Mutter, ob sie noch immer auf mich böse ist. Sage ihr, daß ich sie liebe." Sally tut, was ihr aufgetragen wurde. Doch die Mutter erwidert: „Sage deinem Vater, er kann abhauen." Wie fühlt sich Sally, die zwischen den beiden steht? Vielleicht fühlt sie sich als Versager. Sie läßt ihren Vater fallen. Oder sie hat Angst, daß ihre Mutter auf sie böse ist.

Wenn in einer Familie solch eine Kommunikation stattfindet, so fühlt sich das Kind benutzt und an Problemen beteiligt, die es nichts angehen. Es wird zum Sündenbock und empfindet Gefühle, die es nicht brauchen und mit denen es nicht umgehen kann. Haben Sie so etwas in Ihrer Familie erlebt? Haben Ihre Eltern oder Ihre Geschwister Sie als Vermittler gebraucht?

*7. Zweideutige Botschaften.* Eine Frau fragt ihren Mann, ob er sie liebe. „Natürlich", antwortet er und schlingt sein Essen zeitungslesend in sich hinein. Dann verbringt er einige Stunden vor dem Fernseher und geht ins Bett, ohne auch nur ein Wort an sie zu richten. Er sagte zwar: „Ich liebe dich", aber seine Taten drücken aus „du bist mir gleichgültig". Das ist eine zweideutige Botschaft.

Ein junges Mädchen legt ihren Arm um ihren Vater und fühlt, wie sein Arm steif wird und wie er versucht, ihn wegzuziehen. Er sagt: „Ich liebe dich", aber sie hört seine Körpersprache sagen, daß er ihr nicht gerne nahe ist. Es gibt viele solcher Botschaften. „Ich liebe dich/ Störe mich jetzt nicht"; „Ich liebe dich/ Laß' mich in Ruhe"; „Ich brauche dich/ Du bist mir jetzt im Weg"; „Ich akzeptiere dich/ Warum kannst du nicht so wie Susanne sein". Solche zweideutige Botschaften sind verwirrend, besonders für ein Kind. Haben Sie in Ihrer Familie solche Botschaften gehört?

*8. Fehlender Spaß/Freude.* Gestörte Familien sind typischerweise unfähig, sich zu entspannen, loszulassen, zu spielen und sich zu amüsieren. Sie sind zu sehr auf die ernsten Seite des Lebens konzentriert. Ihr Motto lautet: „Sei ernst; arbeite hart; du bist, was du tust; Spielen ist Zeitverschwendung." Wenn Mitglieder einer gestörten Familie spielen, endet es meist damit, daß einer verletzt wird. Sie wissen nicht, wann man aufhören muß. Humor wird sowohl dazu benutzt, andere zu verletzen, als auch, um Spaß zu haben. Hatten Sie in Ihrer Familie zusammen Spaß? Hat Ihr Vater Spaß gemacht oder hat er ihn verdorben? Wie hat Ihr Vater Humor ausgedrückt?

*9. Märtyrer-Dasein.* Gestörte Familien zeigen eine hohe Toleranzquote für persönliche Mißhandlung und Schmerz. Kinder hören ihre Eltern predigen, daß die anderen immer zuerst kommen, koste es, was es wolle. Kinder sehen, wie sich ihre Eltern selbst strafen, durch exzessive Verhaltensweisen wie z.B. extremes Trinken, extremes Essen, Überarbeiten oder starke körperliche Anstrengung. Kinder werden herausgefordert: „Bleibe hart, mein Sohn! Jungen weinen nicht!"; „Du bist nicht verletzt, Christa, höre also auf zu weinen, sonst...". Sie sehen sich als Opfer, als solche, die immer gefallen wollen – Märtyrer.

Als Erwachsene lernen solche Menschen, sich gegen Schwächen zu wehren, indem sie sich keine Vergnügen oder Vorteile gönnen. Manche Märtyrer rühmen sich, wieviel sie ertragen können, bevor die Schmerzen unerträglich werden. Einige Christen, in christlicher Demut, ertragen destruktive Reaktionen anderer, die ihren Wert als Kinder Gottes herabsetzen. Gott hat nie von uns verlangt, daß wir so leben sollen.

*10. Verstrickung.* Die Mitglieder einer gestörten Familie sind emotional und beziehungsmäßig miteinander verstrickt. Die individuelle Identität eines jeden ist verstrickt. Es gibt keine klar gezogenen Grenzen zwischen den einzelnen. Jeder mischt seine Nase in die Angelegenheiten des anderen. Mutter macht Vaters Probleme zu den ihren, Vater macht die Probleme der Kinder zu den seinen usw. Wenn ein Familienmitglied unglücklich ist, so sind auch alle anderen „down", und jeder gibt dem anderen die Schuld an seinem Zustand. Es ist, als ob die gesamte Familie auf einer großen Schaukel säße. Geht einer hoch, so gehen die anderen auch hoch – und umgekehrt. Keiner denkt oder fühlt für sich selbst. Erinnert Sie diese Beschreibung an Ihre Familie? Hatten Sie Schwierigkeiten damit, eine eigene Identität aufzubauen, weil Ihre Familie so sehr in Ihr Leben verwickelt war? Wie haben diese Merkmale Ihr Leben als Erwachsene beeinflußt?

Es stimmt, daß Ihre Vergangenheit, insbesondere die Familie, in der Sie aufwuchsen, Ihr Leben als Erwachsene geformt hat und Ihr Verhalten zum großen Teil steuert. Aber der negative Einfluß einer gestörten Familie ist nicht irreversibel. Die Form Ihrer Vergangenheit kann aufgebrochen und auseinander genommen werden. In den nächsten Kapiteln werden wir sehen wie.

## Die Eltern
## in einer gestörten Familie

Der Vater spielt eine entscheidende Rolle darin, die Familie auf dem Kurs zu halten. Wenn also eine Familie vom Kurs abgekommen ist, geschah es hauptsächlich deshalb, weil der Vater von seiner Rolle abirrte, ein positives, gesundes Modell und ein Führer für seine Kinder zu sein. Ein Vater kann in seiner Vaterrolle auf verschiedene Weisen versagen. Wir möchten uns hier die drei häufigsten Fehler ansehen.

*Familienregeln.* Erinnern Sie sich an einige der Regeln, die Ihr Vater für Sie als Kind oder Jugendliche aufgestellt hat? Was war seine Absicht, als er „das Gesetz" festlegte, und was hat es in Ihrem Leben bewirkt? Im Idealfall sind Regeln dazu da, das Kind zu beschützen und zu führen, ihm zu helfen, Verantwortung zu entwickeln und seine Identität zu entdecken. Die Familienregeln, die Ihre Eltern festgelegt haben, gründen auf gewissen Regeln Ihrer Großeltern, die Ihre Eltern in ihre Rolle hineingebracht haben. Wenn deren Einstellung, Regeln und Konzepte vom Elternsein gesund waren, waren die von ihnen für Sie gesetzten Regeln wahrscheinlich gesund und halfen Ihnen, sich auf positive Weise zu entwickeln. Wenn sie jedoch in ihrer Elternrolle vom Kurs abgekommen waren, waren auch ihre Richtlinien daneben. Anstatt Ihnen zu helfen, sich auf positive Weise zu entwickeln, haben sie Ihnen Einstellungen, Haltungen und Verhaltensweisen angewöhnt, die Sie als Erwachsener eher aufgeben als erhalten möchten.

Manche Väter sind mehr an einem stillen, ständigen Gehorsam ihres Kindes interessiert als an seiner Entwicklung als Person. In ihrer Sicht ist ein gutes Kind eines, das man sieht, aber nicht hört, und das nur spricht, wenn es gefragt wird. Solche Väter haben ein Konzept der Elternschaft, das ich über Jahre hinweg schon oft zu Ohren bekommen habe. Sie gehen nicht nach den Richtlinien für Eltern aus dem Wort Gottes. Erinnern Sie sich daran, solche Regeln in Ihrem Elternhaus gehört oder angewandt gesehen zu haben?

1. Eltern haben das Privileg, ein abhängiges Kind zu beherrschen und zu kontrollieren.
2. Nur Eltern haben das Recht zu bestimmen, was richtig und was falsch ist. Sie sind die einzige Quelle der Weisheit.
3. Wenn eine Mutter oder ein Vater auf das Kind wütend wird, ist das Kind dafür verantwortlich.
4. Ein Kind muß seine Eltern immer vor anderen beschützen. Es ist nicht erlaubt zu erzählen, was zu Hause passiert.
5. Die Gefühle des Kindes haben zu Hause keinen Platz.
6. Es ist wichtig, so schnell wie möglich den Willen eines Kindes zu brechen.

Die folgenden gestörten Einstellungen werden oft von Generation zu Generation weitergegeben, ohne je das ungesunde Schema zu durchbrechen:

1. Eliminiere den Haß, indem du ihn verbietest.
2. Ein Kind sollte die Eltern respektieren, weil sie Eltern sind.
3. Liebe kann dadurch „beigebracht" werden, daß man dem Kind Pflichtgefühle lehrt.
4. Kinder verdienen keinen Respekt, weil sie Kinder sind. Sie müssen warten, bis sie älter sind.
5. Wenn man einem Kind Gehorsam beibringt, wird das Kind dadurch stark.
6. Zu viel Selbstbewußtsein schadet einem Kind; es führt zu Stolz.
7. Der beste Weg, Selbstlosigkeit zu lernen, besteht darin, ein niedriges Selbstbewußtsein zu entwickeln.
8. Es ist falsch, die Bedürfnisse des Kindes zu stillen.
9. Zärtlichkeit gegenüber dem Kind schadet seiner Entwicklung.
10. Der beste Weg, um ein Kind auf die Realität des Lebens vorzubereiten, besteht darin, kalt, hart und streng zu ihm zu sein.
11. Die Art und Weise, wie sich ein Kind benimmt, ist besser und wichtiger als die Art, wie es wirklich ist.
12. Dankbarkeit vorzugeben ist besser, als seine wahre Reaktion zu zeigen.
13. Dein Körper ist „dreckig".
14. Starke Gefühle sind ungesund.
15. Wenn du deine Eltern oder Gott beleidigst, wird keiner von ihnen das je vergessen.
16. Eltern haben immer recht.

Eltern, die an diese Aussagen glauben, werden sie ihren Kindern weitergeben, und Kinder schenken ihren Eltern großen Glauben. Das ist ihre Sicherheit. Deshalb hat ein Kind die Tendenz, die Schuld für körperliche, sexuelle oder emotionale Mißhandlung durch seine Eltern bei sich selbst zu suchen. Wenn ein junges Kind die Unzulänglichkeiten seiner Eltern angenommen und verstanden hätte, könnte es diese starke Angst nicht aushalten. Aus diesem Grunde geht es davon aus, die Schuld läge bei ihm, wenn die Eltern ihm etwas Böses antun, denn es wäre für das Kind unerträglich zu denken, daß die Eltern schlecht seien.

Haben Sie Ihren Vater zu sehr idealisiert, obwohl seine Familienregeln gestört waren? Haben Sie einige seiner Regeln in Ihrer Familie verewigt, ohne sich dessen bewußt zu sein?

*Verlassen.* Eine andere Weise, wie ein Vater oder eine Mutter zu einer gestörten Familie beitragen können, besteht darin, daß sie ihr Kind verlassen. Eltern verlassen ein Kind auf vielzählige Weise. Ist Ihnen oder jemandem, den Sie kennen, so etwas geschehen? Verlassen werden ist, wenn beide Eltern:

- das Kind physisch verlassen.
- ihre Gefühle dem Kind gegenüber nicht zeigen.
- das Kind seine Gefühle nicht ausdrücken lassen.
- nicht für die Bedürfnisse der Abhängigkeit eines Kindes in seiner Entwicklung sorgen.
- das Kind körperlich, sexuell, emotional oder geistlich mißhandeln.
- das Kind benutzen, um ihre eigenen Abhängigkeitsbedürfnisse zu stillen.
- das Kind benutzen, um die Bedürfnisse ihrer Ehe zu erfüllen.
- schamlos handeln.
- ihre schamlosen Handlungen verleugnen und verbergen, so daß das Kind sie decken muß, damit die Harmonie in der Familie erhalten bleibt.
- ihrem Kind keine Zeit, Aufmerksamkeit und Richtungsweisung geben.

Wenn Eltern ein Kind auf die eine oder andere Art verlassen, so werden die natürlichen Rollen von Eltern und Kind verdreht. Die Eltern werden durch Unreife und Verantwortungslosigkeit wie Kinder. Da das Kind niemanden hat, der sich um es kümmert, wird das Kind zu einem Elternteil. Es muß sich um sich selbst kümmern und um seine Eltern. Dieser unglückliche Rollentausch läßt viele Kinder allein und befremdet.

*Scham.* Einige der Regeln, die Ihr Vater Ihnen aufzwang, und einige der Weisen, in denen er Sie verließ, hinterließen bei Ihnen ein Gefühl der Scham. Scham ist die deprimierendste, zerstörerischste Reaktion auf das Leben. Sie hält einen davon ab, sich selbst anzunehmen. Wenn Sie ein Produkt einer gestörten Familie sind, ist die Wahrscheinlichkeit sehr groß, daß Sie Scham empfinden.

*Einige der Regeln
Ihres Vaters und einige der Weisen,
in denen er Sie verließ, lassen
bei Ihnen ein Gefühl der Scham
über sich selbst zurück.*

Scham entstellt das wahre Ich, so daß es schmerzhaft ist, sich selbst zu sein. Um zu überleben, entwickelt man ein falsches Ich, eine Maske zur Verteidigung, die man benutzt, um vor sich selbst – und den anderen –, die Einsamkeit und den Schmerz zu verbergen. Wenn man die Maske lange genug trägt, vergißt man, welches das wahre Ich ist: die Maske oder was darunter ist. Ich habe so oft Patienten weinen sehen und sagen hören: „Ich weiß nicht einmal, wer ich bin. Ich habe keine Identität." Die meisten davon sind Frauen.

John Bradshaw erklärt bildhaft die Wirkung der Scham:

„Scham ist wie ein Loch in der Tasse unserer Seele. Da das Kind im Erwachsenen unstillbare Bedürfnisse hat, kann die Tasse nicht gefüllt werden. Als Erwachsene können wir nicht zurück auf Mamas Schoß oder mit Papa fischen gehen. So sehr wir uns auch bemühen, unsere Kinder, unsere Ehepartner zu Mama und Papa zu machen, es klappt nie. Wir können nie wieder wie Kinder sein. Gleichgültig, wie oft wir die Tasse füllen, das Loch bleibt. Scham nährt Zwänge, und Zwänge sind die Pest unserer Zeit. Wir werden getrieben. Wir möchten mehr Geld, mehr Sex, mehr Nahrung, mehr Spaß, mehr Drogen, mehr Adrenalin, mehr Unterhaltung, mehr Besitz und mehr Extase. Wie eine unendliche Schwangerschaft erreichen wir nie die Geburt. Unsere Krankheiten drehen sich um die Dinge des täglichen Lebens. Unsere Schwierigkeiten konzentrieren sich auf Essen, Trinken, Arbeit, Kleidung, wie wir schlafen, wie wir intim sind, wie wir einen Orgasmus haben, wie wir spielen, wie wir anbeten. Wir bleiben beschäftigt und zerstreut, damit wir nie fühlen, wie einsam, verletzt, wütend und traurig wir eigentlich sind.

Scham wird oft mit Schuld verwechselt. John Bradshaw sagt, daß es einen bezeichnenden und tiefen Unterschied zwischen Scham und Schuld gibt. Schuld sagt: „Ich habe etwas falsch gemacht"; Scham sagt: „Es ist etwas an mir falsch". Schuld sagt: „Ich habe einen Fehler gemacht"; Scham sagt: „Ich bin ein Fehler". Schuld sagt: „Was ich getan habe, ist nicht gut"; Scham sagt: „Ich bin nicht gut".

Haben Sie diese Gefühle der Scham genährt? War die Scham ein vorherrschendes Gefühl in Ihrer Beziehung zu Ihrem Vater? Vielleicht ist Ihnen nach diesem Kapitel zum ersten Mal bewußt geworden, daß Sie aus einer gestörten Familie stammen und Sie durch Regeln, Verlassensein und Scham verletzt wurden. Sie sind wütend, traurig oder sogar erbittert darüber, daß Ihre Familie so sehr zu Ihren Problemen und Kämpfen als Erwachsene beigetragen hat. Ich bitte Sie, nicht in Wut zurückzusehen, sondern hoffnungsvoll vorwärtszuschauen. Sie können die Auswirkungen Ihrer Vergangenheit oder Ihr Verhalten ändern. Konzentrieren Sie Ihre Energie auf die Vergebung von Vergangenem, das Familienmitglieder Ihnen getan haben, und darauf, eine gesunde, positive Beziehung für die Zukunft aufzubauen.

# 9

# Gestörte Rollen:
# Habe ich eine übernommen?

„Welche Rolle spielten Sie in Ihrem Familienstück?" fragte ich. „Wie bitte?" entgegnete Eva mit erstauntem Blick. „Welche Rolle hatten Sie in Ihrem Familienstück?" wiederholte ich. „Als Sie aufwuchsen, hatten Sie bestimmt eine oder mehrere Rollen innerhalb und in Beziehung zu Ihrer Familie. Ihre Rolle war nicht Ihr wahres Ich, aber eine Identität, die Sie annahmen, die Sie gezwungenermaßen spielten, um in Ihrer gestörten Familie zurechtzukommen. Die Menschen spielen diese Rolle meistens weiter, wenn sie erwachsen sind. So frage ich mich, welche Rolle Sie spielten."

Eva war immer noch etwas erstaunt. „Meine Rolle? Ich bin nicht sicher. Vielleicht erklären Sie nochmals diese Ausdrücke, daß ich mich entscheiden kann."

## *Ihre Rolle spielen*

Wie Eva sind Sie wahrscheinlich aufgewachsen, indem Sie zu Ihrem Vater, Ihrer Mutter und Ihren Geschwistern eine Beziehung durch eine Rolle hatten, die Sie spielten. Dies trifft besonders zu, wenn Sie in einer gestörten Familie aufwuchsen. Ihre Rolle war Ihre Maske, Ihre Art, mit dem Schmerz und der fehlenden Erfüllung Ihrer Bedürfnisse durch Ihren Vater und die anderen Familienmitglieder umzugehen. Wenn Sie keine Anerkennung oder Bestätigung erfahren haben, für das, was Sie sind, haben Sie eine Rolle angenommen, die Ihnen die benötigte Aufmerksamkeit gewährleistete.

Wenn Sie die Liste der Rollen durchlesen, die ich Eva mitgeteilt habe, denken Sie immer daran, daß jedes Familienmitglied normalerweise eine einzigartige Rolle übernimmt. Welche Rolle spielte Ihr Vater? Ihre Mutter? Ihre Brüder und Schwestern? Welche Rolle spielten Sie in dem Familienstück?

*Der Aktivist.* Heike kam zu mir auf einer Familienfreizeit und beschwerte sich: „Meine Familie kam nur zu dieser Freizeit, weil ich mich um jedes Detail für uns fünf gekümmert habe. Ich habe dafür gesorgt, daß alle Kleider vorbereitet waren und alles eingepackt wurde. Es ist immer so. Ich wünschte, mein Mann und meine Kinder übernähmen etwas mehr Verantwortung für sich selbst und schätzten, was ich für sie tue! Ich bin es satt, immer für andere etwas zu tun!" Doch im darauffolgenden Sommer waren Heike und ihre Familie wieder im Sommerlager. Sie mußte vergessen haben, was sie mir im Sommer zuvor erzählt hatte, weil sie ihre Klage fast wortwörtlich wiederholte. Sie war immer noch aktiv für andere.

Der Aktivist ist ein ständig beschäftigtes Individuum, das fast alle Funktionen in der Familie erhält und besorgt. Man nennt diese Person auch den Verantwortlichen, der dafür sorgt, daß die Rechnungen bezahlt werden, die anderen ernährt, bekleidet etc. werden. Diese Aufgaben müssen auch in einer gesunden Familie erfüllt werden, aber der Aktivist benutzt all seine Energie und Zeit, um sie zu erfüllen. Das Familienmotto lautet: „Gib's ihr, und sie erledigt es!"

Der Aktivist besitzt ein überentwickeltes Verantwortungsbewußtsein, das ihn antreibt. Er erhält Befriedigung durch seine Leistungen, weil die Familienmitglieder mögen, was er tut, und ihn auf die eine oder andere Art ermutigen, weiterzumachen. Aktivisten wie Heike fühlen sich oft müde, isoliert, ignoriert und benutzt. Aber die Anerkennung, die sie für ihr Tun erhalten, lassen sie weitermachen. Der Aktivist in den meisten Familien ist die Mutter. Wer war es bei Ihnen? Erkannten die anderen Mitglieder diese Rolle an? Wie ging Ihr Vater mit dem Aktivist in Ihrer Familie um?

*Der alles Befähigende.* Er gibt seiner Familie emotionale und beziehungsmäßige Nahrung und ein Gefühl des Zugehörigseins. Er ist der Friedensstifter, hält die Familieneinheit aufrecht, koste es, was es wolle. Sein Hauptziel ist, Konflikte zu vermeiden und jedem zu helfen, zurechtzukommen. Seine Handlungen sind von zwei Ängsten bestimmt: er befürchtet, daß die Familienmitglieder alleine nicht überleben können, und er fürchtet, alleine gelassen zu werden. Dies geschieht so stufenweise, daß der Betroffene es oft gar nicht bemerkt. Er ist gezwungen zu tun, was nötig ist, um die Familie ausgeglichen zu halten. Leider wird er das gestörte Verhalten eines Familienmitgliedes entschuldigen oder sogar verteidigen, um Frieden zu halten. Die Frau eines Alkoholikers wird diesen z.B. decken und das Problem verleugnen, nur um die Familie zusammenzuhalten. Traurigerweise erlaubt der Befähigende dem gestörten Familienmitglied, sein Verhalten fortzusetzen.

Manchmal ist der Befähigende unangenehm, neigt zu Zorn, Nörgeln oder Sarkasmus, um die Familie zu dem zu bewegen, was er von ihr will. Manche Christen, die solche Befähigende sind, mißbrauchen ihren Glauben in Familienkrisen. Anstatt etwas Konstruktives zur Lösung des Problems zu tun, sitzen sie da und warten, daß Gott durch ein Wunder eingreift. Gab es in Ihrer Familie jemanden, der diese Rolle innehatte oder haben alle Mitglieder sich diese Rolle auf gesunde Weise geteilt? Haben Sie sich Ihrem Vater gegenüber so verhalten? Tun Sie es jetzt noch?

*Der Einzelgänger.* Diese Person wird mit dem Druck in der Familie fertig, indem sie sich körperlich oder emotional von den anderen zurückzieht. Sie vermeidet intimen Kontakt mit den Familienmitgliedern und zieht es vor, außer Sichtweite zu bleiben, entweder in ihrem Zimmer oder weg von zu Hause. Wenn sie mit anderen zusammen ist, engagiert sie sich nicht sehr. Ihre Zurückgezogenheit füllt das Bedürfnis der anderen nach Autonomie und Alleinsein. Aber die Art und Weise, wie sie es tut, ist für sie und ihre Familie ungesund.

Wenn der Einzelgänger ein Kind ist, wird es sich weder der Mutter noch dem Vater nahe fühlen. Normalerweise ist er ziemlich passiv und zeigt selten seinen Zorn. Er ist nicht sehr auffallend und bleibt oft unbemerkt. Sogar die Augenblicke seiner Leistung werden oft von anderen überschattet, die im Rampenlicht stehen. Er ist sozusagen ein verlorenes Kind, und viele verlorene Kinder wachsen so zu verlorenen Erwachsenen heran. Leider finden sie nie ihren Platz in der Gesellschaft und leben völlig in der Ablehnung.

Hat in Ihrer Familie jemand diese Rolle übernommen? Wenn ja, wie hat es die Gesundheit der Familie angegriffen?

*Der Held.* Jeder scheint gerne einen Helden um sich herum zu haben, einen, dessen Erfolg und Leistung der Familie Prestige und Anerkennung einbringt. Der Held ist davon abhängig, anderen zu gefallen: Eltern, Lehrer, Arbeitgeber, Gott. Wenn der Familienstar erfolgreich den Traum seiner Eltern für ihn erfüllt, akzeptiert er oft diesen Traum für sich selbst. Die Anerkennung, die er für seine guten Taten erhält, baut das Selbstwertgefühl der anderen Familienmitglieder auf.

Doch die persönlichen Kosten für diese Rolle sind astronomisch hoch. Der Held kämpft um Leistung – auf Kosten des eigenen Wohlbefindens. Er entwickelt kein gut integriertes persönliches Wertsystem, weil er sich immer darauf konzentriert, den anderen zu gefallen. Er wird oft sehr kritisch, so daß er nur wenige Freundschaften hat. Er behält seine Gefühle für sich, weil er sich fürchtet, daß man ihn für schwach hält, wenn seine Gefühle hervorbrechen.

Helden sind oft die ältesten Kinder in der Familie. Als solche werden sie auch oft zu Befähigern, indem sie sich selbst verleugnen, um für die jüngeren Geschwister zu sorgen und so den Eltern zu gefallen. Doch das Ergebnis solch eines Lebens kann sehr schmerzlich sein. Elaine erzählte mir, daß sie sich fühlte, als wäre sie die meiste Zeit ihres Lebens Mutter gewesen. Sie war die Älteste von 7 Kindern und mußte so von früh an schon die Verantwortung einer Erwachsenen übernehmen. Manche ihrer Aufgaben gefielen ihr, und sie erledigte sie gut. Doch sie lernte nie, wie ein Kind zu spielen. Nun da sie verheiratet ist, beschwert sich ihr Mann, daß sie immer so ernst und keine lustige Genossin ist. Elaine erzählte mir, wie schmerzhaft ihre Beziehung sei, wobei sie als Heldin wenig Gefühle zeigte.

Helden sind irgendwann ausgelaugt aufgrund ihrer ständigen Anstrengungen, durch extreme Leistungen gut zu sein. In dem Maße wie ihre äußere Rolle immer mehr zusammenfällt, fangen sie an, sich auf eine Weise zu verhalten, die ihnen absolut fremd ist. Helden werden oft zu dem genauen Gegenteil der von ihnen erwarteten Rolle. Wann hat Ihr Vater die Rolle des Helden in der Familie übernommen? Wann hatten Sie diese Rolle inne? Wer war die meiste Zeit über der Held der Familie? Was empfanden Sie ihm gegenüber?

*Das Maskottchen.* Diese Person ist der Familienclown. Sie bringt durch ihr Spiel, ihren Spaß und selbst durch ihre Dummheit Humor in die Familie. Das Maskottchen macht immer Witze und Blödeleien, selbst wenn es mit einer ernsten Situation konfrontiert ist. Seine witzige Natur ist ein Deckmantel für seine Gefühle des Schmerzes und der Isolation. Sein Humor bringt ihm die Aufmerksamkeit, die es auf anderen Gebieten nicht gewinnen kann. Das Maskottchen einer Familie ist oft das jüngste Kind, obwohl ich auch Erwachsene getroffen habe, die perfekt in diese Rolle hineinpassen. Wer war das Maskottchen in Ihrer Familie? Hat diese Person immer noch diese Rolle inne?

*Der Manipulant.* Diese Person ist ein schlauer Kontrolleur in der Familie. Er lernt früh, wie man andere dazu bringt, das zu tun, was man von ihnen möchte. Er lernt, wie man verführt, seinen Charme spielen läßt, krank spielt und schwach erscheint. Er benutzt jeden Trick, um sich aus der Affäre zu ziehen.

Gab es in Ihrer Familie einen Manipulant? Wie reagierte Ihr Vater auf ihn?

*Der Kritiker.* Diese Person ist der negative „Fehleraufspürer" der Familie. Sie sieht Gläser immer halb leer anstatt halbvoll. Die Kritik ist gekennzeichnet von Sarkasmus, verletzenden Späßen und Beschwerden. Sie würde eher ihre Energie dazu verwenden, andere zu zerstören, als sich selbst aufzubauen. Kritiker sind unangenehme Zeitgenossen, aber manche Familien müssen sie ertragen.

Hat in Ihrer Familie jemand diese Rolle gespielt? War Ihr Vater der Kritiker der Familie? Wenn ja, wie sind Sie mit ihm umgegangen?

*Der Sündenbock.* Der Sündenbock ist das Opfer der Familie. Er ist die Sammelstelle für Schuld in der Familie. Sein Fehlverhalten läßt jeden anderen in der Familie so gut aussehen, daß sie sagen: „Wenn er nicht wäre, wäre die Familie in Ordnung." Wenn der Sündenbock versucht, seine Rolle zu wechseln, lassen ihn die anderen Familienmitglieder nicht von der Leine. Solange er da ist, haben sie jemanden, dem sie ihre eigene Verantwortungslosigkeit in die Schuhe schieben können. Obwohl der Sündenbock sich nicht darum zu kümmern scheint, was vorgeht, ist er normalerweise die sensibelste Person der Familie. Er ist besonders sensibel für die Verletzungen, die er in der Familie sieht, so daß die Motivation für sein Handeln ihrem Fehlverhalten entspringt. Seine Handlungen sollen für die restliche Familie wie ein Schrei sein, daß sie doch endlich etwas gegen die verletzenden Dinge zu Hause tun sollen. Falls der Sündenbock ein Kind ist, so fühlt es sich dafür verantwortlich, die Ehe der Eltern zusammenzuhalten. Wenn es zwischen ihnen ein Problem spürt, mag es sich fehlverhalten, um so die Eltern wieder im Angriff gegen es zu vereinen.

Gab es in Ihrer Familie einen ewigen Sündenbock? Hatte Ihr Vater diese Rolle? Oder Sie?

*Papas kleine Prinzessin/Mamas kleiner Mann.* Ich habe Eltern gehört, die ihre Kinder so ansprechen, und oft tun sie es im Spaß. Aber in manchen Familien sind dies keine harmlose Spitznamen, sondern sehr subtile und intensive Formen des emotionalen Mißbrauchs. Ein gestörter Vater setzt seine Tochter in die Rolle der kleinen Prinzessin, in gewisser Weise als Ersatz für seine Frau. Dieser Vater fürchtet sich davor, seine emotionalen Bedürfnisse von seiner Frau stillen zu lassen, und erhebt so seine Tochter zur Prinzessin und benutzt sie, um seine emotionale Erfüllung zu erleben.

Papas kleine Prinzessin zu sein mag dem Kind ein sehr gutes Gefühl vermitteln. Doch leider verleugnet es ihre Kindheit, weil der Vater von ihr die Reaktion einer Erwachsenen erwartet. Die Grenzen eines Kindes werden nicht respektiert, sondern gewaltsam verletzt. Wenn das Kind heranwächst, wird es in vielen Fällen das Opfer von körperlichem und emotionalem Mißbrauch anderer Erwachsener.

*Der Heilige.* Von diesem Kind erwartet man, ausdrücklich oder implizit, daß es die Geistlichkeit der Familie ausdrückt. Die Eltern erwarten z. B., daß ihre Tochter Missionarin wird. Doch unter dem Druck, sich dieser Rolle anzupassen, verleugnet sie sich vielleicht ganz, weil ihre normalen Wünsche so ungeistlich erscheinen. Ihr Wert als Person ist abhängig davon, daß sie den von ihren Eltern vorgelegten Weg einschlägt. Hat in Ihrer Familie jemand diese Rolle übernommen gehabt? Wenn ja, wie wurde diese Person von den anderen Familienmitgliedern behandelt? Hatten Ihre Eltern für Sie solche Erwartungen? Wenn ja, wie wurden sie Ihnen bewußt?

*Eine Person nimmt
in einer gestörten Familie
eine Rolle ein als Verteidigungsmittel,
als einen Weg, um mit den
Schwierigkeiten und dem Druck
in der Familie fertig zu werden.*

Es ist wichtig, sich darüber klarzuwerden, weshalb solche Rollen ungesund sind: weil es eben nur Rollen sind. In einer gesunden Familie wird niemand in eine Schublade gesteckt, in der Erwartung, daß er sein Leben lang darin bleibt. In einer gesunden Familie kann man sich selbst sein und die eigene Persönlichkeit darf ans Tageslicht treten. Andere Familienmitglieder ermutigen einen, sich zu entwickeln und auszudrücken, wer man ist. Der Vater und die Mutter hatten gemeinsame Werte und Überzeugungen. Ihre Kinder fühlen sich sicher, da sie nicht das Gefühl haben, sie müßten irgendwelche Rollen spielen, um die Familie im Gleichgewicht zu halten.

Sie fragen sich vielleicht, weshalb jemand ein Leben lang eine Rolle spielen möchte, insbesondere eine, die so ungesund für den einzelnen und die Familie ist. Normalerweise hat er keine Wahl. Eine Person nimmt in einer gestörten Familie eine Rolle ein als Verteidigungsmittel, als einen Weg, um mit den Schwierigkeiten und dem Druck in der Familie fertig zu werden. Die Rolle wird Teil ihrer Persönlichkeit. Wenn sie dann erwachsen wird, verwendet sie ihre Rolle, um mit den Problemen außerhalb der Familie fertig zu werden. Ihr wird vielleicht in gewissem Maße der Schmerz ihrer Rolle bewußt, aber sie empfindet es als einfacher, diesen Schmerz anzunehmen, als der Welt ohne die Schutzrüstung dieser Rolle zu begegnen. Jede Rolle kann aufgegeben werden, wenn Sie bereit sind, die Veränderung zu ertragen.

## Verräterische Zeichen aus der Vergangenheit

Vielleicht hatten Sie das Glück aus einer ausgeglichenen, gesunden Familie zu kommen, in der die vorher beschriebenen Rollen nur minimal oder temporär auftraten. Doch es kann auch sein, daß Sie aus einer gestörten Familie kommen. Etwas geschah mit Ihnen, weil sie in einer solchen Familie aufwuchsen. Es geschah mehr als einmal, und jedes Mal verletzte es Sie. Sie lernten, sich selbst auf die einzige Art zu schützen, die Sie kannten: indem Sie eine Rolle spielten. Nun als Erwachsene versuchen Sie immer noch, sich zu schützen. Aber Ihr schwaches Verteidigungssystem arbeitet nicht besser als zuvor. Statt dessen ist Ihr Leben geplagt von Symptomen des unverarbeiteten Schmerzes aus der Familie Ihrer Kindheit.

Erwachsene aus gestörten Familien neigen dazu, viele Symptome zu entwickeln, als Folge dessen, was ihnen in ihrer Kindheit geschah. Es stimmt, daß auch Menschen aus gesunden Familien dieselben Symptome aufweisen. Doch bei den meisten Menschen, die an solchen Symptomen leiden, kann man auf eine gestörte Familie schließen. Diese Symptome ergeben sich entweder aus der normalen Verteidigungsreaktion gegenüber dem Streß des Lebens, oder sie wuchsen da heraus und wurden durch eine Verleugnung des Stresses festgelegt.

Ihre ständige defensive Reaktion und Verdrängung läßt Sie den Schmerz ertragen und gibt Ihnen die Illusion, daß Sie die Kontrolle haben. Doch das ist nur eine Illusion! Die Anwesenheit solcher Symptome ist ein sicheres Zeichen, daß Sie nicht die Kontrolle über Ihr Leben haben. Sie gehen noch immer mit Ihrem Schmerz und der Furcht Ihrer Kindheitsfamilie auf gestörte Weise um. Sie verleugnen immer noch einen großen

Teil Ihrer Gefühle. Sie leben hinter einer Fassade, die eine falsche Basis für intime, enge Beziehungen schafft.

Der Begriff „erwachsene Kinder von Alkoholikern" ist Ihnen vielleicht bekannt. Er bezieht sich auf Menschen, die in gestörten Familien heranwuchsen, in denen ein oder beide Elternteile Alkoholiker waren. Heutzutage gibt es viele Unterstützungsgruppen im Land, die solchen erwachsenen Kindern helfen, mit dem Schmerz und den Symptomen ihrer vergangenen Erfahrungen umzugehen. Sie sind vielleicht kein solches Kind, leiden aber unter einer anderen Störung in der Familie. So wie diese Kinder von Alkoholikern müssen Sie mit dem Schmerz und den Symptomen aus der Vergangenheit umgehen.

Viele dieser Symptome können als emotional oder psychologisch eingestuft werden:

Depression
Selbstmord oder Selbstmord-
gedanken
Süchte jeder Art
persönliche Störungen
Hysterie
Empfindlichkeit
emotionale Repression
passive/aggressive
Persönlichkeit
extremer Zorn
Unfähigkeit zu spielen und
sich zu amüsieren
Menschen gefällig

Besorgnis oder Panikanfälle
Zwangsvorstellungen und
Zwänge
niedriges Selbstwertgefühl
Phobien
sexuelle Störungen
intime Probleme
Konzentrationsmangel
extreme Abhängigkeit
niedrige
Frustrationstoleranz
Unfähigkeit, andere zu
bestätigen
Identitätskrise

Es gibt auch verschiedene körperliche Symptome. Diese können umfassen:

medikamentöse Abhängigkeit
Neigung zu Unfällen
Migräne
Verstopfung/Durchfall
Kolitis und Verdauungs-
probleme

Eßstörungen
Anspannung
Atembeschwerden
Schlafstörungen
Magengeschwüre
Muskelkrämpfe

Diese Symptome verwirren, weil sie Sie davon abhalten, Ihre wahren Gefühle zu empfinden. Sie verdrehen Ihre Gefühle, stumpfen sie ab und verstecken sie. Bei Tanja ist es z. B. so, daß wenn ein Familienmitglied stirbt, sie die normalen Gefühle von Trauer und Leid empfindet. In ihrer gestörten Familie gestattete ihr Vater keine Tränen, denn sie waren ein Zeichen von Schwäche. So wurden ihre normalen Gefühle in Wut gekehrt – ein Gefühl, das ihr Vater zuließ, weil er es als eine Stärke ansah. Wenn Tanja nun traurig, enttäuscht, entmutigt oder verletzt ist, hat sie – anstatt es sich in gesunder Weise von der Seele zu weinen – einen Wutanfall. Ihre wahren Gefühle wurden verdreht. Ihr zwanghafter Zorn ist das Symptom eines ungestillten Bedürfnisses.

So geht es vielen Menschen aus gestörten Familien. Die Vielfalt normaler Gefühle wird auf ein oder zwei sehr intensive Gefühle kanalisiert. Man fühlt seine Angst nicht. Man empfindet auch nicht seine Einsamkeit, Traurigkeit oder Ablehnung. Sie werden alle in Zorn verwandelt, der sich als Bitterkeit, Kritiksucht, Unzufriedenheit und Mißbrauch gegenüber sich selbst und anderen manifestiert.

Eine andere häufige Verdrehung der normalen Gefühle ist die Begierde. Normale positive Gefühle, wie Zärtlichkeit, Nähe, Einfühlungsvermögen, werden in einer gestörten Familie unterdrückt und in Begierde verdreht. Die reinen Gefühle der Liebe führen zur Erfüllung, die in Begierde verkehrte Liebe führt zur Leere. Eine Person verliert mit der Zeit die Fähigkeit, ihre wahren Gefühle zu erkennen und auszudrücken.

## *Verhalten,*
## *das zwanghaft/suchterzeugend ist*

Es gibt zwei Symptome, die ich klarstellen möchte, da sie häufig bei erwachsenen Kindern aus gestörten Familien auftreten: Zwänge und Süchte. Eine Sucht ist eine außer Kontrolle geratene Abhängigkeit, die die tägliche Arbeit einer Person negativ beeinflußt. Es gibt körperliche Abhängigkeit, wie die Abhängigkeit von Nahrung, Drogen, Koffein usw. Aber es gibt auch eine Vielzahl von emotionalen/psychologischen Abhängigkeiten in unserer Gesellschaft wie z.B. Abhängigkeit von Arbeit, Fernsehen, Liebe, Sex, Streß, Lesen, Beziehungen, Macht, Schlaf... Die wenigsten dieser Dinge sind an sich schlecht, werden aber zu einer Sucht, wenn man sie nicht mehr kontrollieren kann. Ein Zwang ist ein außer Kontrolle geratenes Verhalten, das ironischerweise dem Betroffenen das Gefühl gibt, die Kontrolle zu haben. Solch zwanghaftes Verhalten kann exzessives Joggen sein, Glücksspiele, Putzfimmel, Geld ausgeben usw. Jedes gute Verhalten kann zum Zwang werden, wenn der einzelne seine Lust darauf nicht mehr beherrschen kann.

Christen wie Nichtchristen können Opfer dieser Süchte und Zwänge werden. Doch Christen neigen verstärkt dazu, ihre Probleme zu verbergen, denn „Christen haben solche Probleme nicht". Manchmal mißbrauchen wir unsere geistlichen Quellen, um das Problem zu verdecken, anstatt richtige Hilfe zu suchen, die uns ermöglicht, frei zu werden.

Der beste Weg zu entdecken, ob man das Opfer solcher Verhaltensweisen ist, besteht darin, die Eigenschaften dieser Verhaltensweisen näher anzusehen. Verwenden Sie die folgende Liste, um herauszufinden, ob Sie eine Sucht oder ein zwanghaftes Verhalten haben, das außer Kontrolle geraten ist, und wie stark diese Symptome in Ihrem Leben sind. Während Sie diese Liste durchlesen, denken Sie über sich selbst und andere wichtige Personen aus Ihrem Leben, wie Vater, Mutter, Geschwister, Ehemann, Kinder..., nach. Welche Art von Sucht/zwanghaftem Verhalten finden Sie in Ihrer Familie? Ich werde den Begriff „Suchtmittel" verwenden, um die einzelnen Süchte und Zwänge zu spezifizieren.

*1. Beschäftigtsein.* Die Person ist in das Suchtmittel vertieft. Sie denkt darüber nach, spricht darüber, freut sich darauf, wird davon abgelenkt und ist deshalb sogar unfähig, sich selbst zu sein. Das Suchtmittel scheint ihr oberster Lebensinhalt zu sein. Sie ist mehr daran interessiert, zu joggen, zu lesen, fernzusehen, zu essen usw. als mit denen zusammenzusein, die ihr am meisten bedeuten.

*2. Erhöhte Toleranz.* Mit der Zeit entwickelt die Person eine erhöhte Toleranz gegenüber dem Suchtmittel. Sie benötigt immer mehr davon, um den erwünschten Effekt zu erreichen. Je mehr sie es benutzt, desto weniger scheint es zu wirken. Die erhöhte Toleranzgrenze führt zu größerem Schuldgefühl, Scham und Reue.

3. *Kontrollverlust.* Der Betroffene verspricht sich selbst, sein zwanghaftes Verhalten aufzugeben, was immer es ist: Fernsehen, Trinken, Lesen von Pornographie usw. Aber er ist unfähig, sein Versprechen zu halten.

4. *Entzug.* Wenn eine Person versucht, den Konsum einzuschränken oder aufzuhören, treten Entzugserscheinungen auf, wie Depression, Weinen, Zorn oder Gereiztheit.

5. *Heimlichtuerei.* Schuld und Scham bringen die Person dazu, in ihrem Verhalten gegenüber dem Suchtmittel sehr schlau und gerissen zu sein. Sie versteckt den „Beweis" oder lügt sogar, um ihr Problem zu verbergen.

6. *Leugnung.* Es ist schwer zuzugeben, daß man ein Problem hat, deshalb wird es verleugnet. Man ist sehr defensiv: „Ich habe kein Problem. Ich brauche nicht fernzusehen. Ich kann es jeder Zeit abschalten. Es ist nicht schlimm." Man rationalisiert das Verhalten, um den Umgang mit dem Suchtmittel zu rechtfertigen.

7. *Der Jo-jo-Komplex.* Die Persönlichkeit verändert sich, und Stimmungsschwankungen treten bei Opfern von Süchten/Zwängen auf. Die Person kann in einem Moment wütend, im nächsten glücklich und dann wieder wütend sein. Manchmal sind diese Schwankungen für andere offensichtlich, meist werden sie aber gut verborgen, so daß es nur die abhängige Person bemerkt.

8. *Schuldzuweisung.* Die abhängige Person schiebt die Schuld an ihren eigenen Unzulänglichkeiten und Fehlern anderen zu. Ihr Motto lautet: „Es ist nicht mein Fehler, jemand anders ist dafür verantwortlich." Sie schiebt es auf jeden, der dazu geeignet ist: Kinder, Ehepartner, Arbeit... Sie hat Schwierigkeiten damit, die persönliche Verantwortung an ihren Problemen anzuerkennen.

9. *Mentale Ausfälle.* Personen, die sich in medikamentöser Abhängigkeit befinden, können Blackouts haben. Personen, die in weniger schädlichen Abhängigkeiten sind, werden oft so mit ihrer Abhängigkeit beschäftigt, daß sie sich nicht immer gut erinnern können. Tagträume können auch auftreten.

*10. Physische Probleme.* Je nach Sucht können die Betroffenen Kopfschmerzen, Magengeschwüre, Bluthochdruck usw. haben.

*11. Festgefahrene Einstellungen.* Dies umfaßt Intoleranz verschiedener Sichtweisen, Zwanghaftigkeit, „Alles oder Nichts-Denken" etc.

*12. Niedriges Selbstwertgefühl.* In einer gewissen Zeitspanne tritt auch ein Verlust an persönlichem Wertgefühl ein. Wird die Abhängigkeit größer, hört der Betroffene auf, sich um sich selbst zu kümmern, und verhält sich entgegen seinem ursprünglichen Wertsystem.

*13. Tragödie.* In einigen der schlimmsten Fällen von Sucht ist das endgültige Ergebnis der Tod.

Manche Menschen denken, das Suchtverhalten oder zwanghafte Verhalten beschränke sich nur auf große Bereiche wie Alkohol oder Drogen. Viele Menschen fallen in diese Kategorien, andere jedoch fallen in außer Kontrolle geratene Abhängigkeiten, die von der Gesellschaft nicht als solche eingestuft werden. Jede Sucht/jedes zwanghafte Verhalten hat zum Ziel, möglichst schnell eine innere Leere zu füllen. Doch die Erleichterung ist nicht von Dauer. Je mehr eine Person ihre Abhängigkeit vertuscht, desto weniger wird sie fähig sein zu entdecken, daß es dauerhafte Heilung gibt.

Welche Gefühle sind Ihnen beim Lesen dieses Abschnitts gekommen? Sind irgendwelche Erinnerungen hochgekommen? Kam Ihnen ein Gesicht in Erinnerung? Manchmal ist es schwer, über Süchte und Zwänge, Symptome oder Familienprobleme nachzudenken, da sie Ihnen zu real sind und zu nahegehen. Aber denken Sie daran: das Problem zu identifizieren ist der erste Schritt dazu, es nicht mehr zum Problem zu haben!

*Jede Sucht, jedes zwanghafte*
*Verhalten hat zum Ziel, möglichst schnell*
*eine innere Leere zu füllen.*
*Doch die Erleichterung ist nicht von Dauer.*

## *Reaktion anstatt Antwort*

Ein weiteres häufiges Symptom, das man in Menschen aus gestörten Familien beobachten kann, ist die Mitabhängigkeit. Sind Sie sich bewußt, wie verbreitet die Mitabhängigkeit ist? Wissen Sie, was das genau bedeutet? Melody Beattie sagt: „Eine mitabhängige Person ist die, die sich durch das Verhalten einer anderen Person berühren läßt und die davon besessen ist, das Verhalten jener Person kontrollieren zu wollen."

Das Wort wird normalerweise für die Frau eines Alkoholikers verwendet, die treu bei ihm bleibt und denkt, sie könnte ihm dadurch helfen. Dieser Ausdruck beschreibt einfach jeden, der sich mit einer Problemperson identifiziert.

Diese Definition erhält eine weitere Bedeutung durch die Erfahrungen der Mitabhängigen. Eine Frau sagte mir: „Für mich heißt das, mit einem Alkoholiker verheiratet zu bleiben." Eine andere sagte: „Ich suche immer nach jemandem, der Rettung braucht." Eine zum dritten Mal verheiratete 40jährige Frau sagte: „Für mich bedeutet es, nach Männern mit Problemen zu suchen und sie zu heiraten. Sie sind entweder Alkoholiker, arbeitssüchtig oder haben sonst ein gravierendes Problem." Eine weitere Person sagte: „Mitabhängigkeit ist zu wissen, daß alle Beziehungen entweder nach dem gleichen Schema ablaufen werden (schmerzhaft) oder auf die gleiche Weise enden werden (katastrophal) oder beides."

Manchmal wird Mitabhängigkeit mit Liebe, Güte, Betroffenheit oder mit der gerechten Empörung verwechselt. Sie können ein sehr großzügiger, sorgender, mitfühlender Mensch sein und anderen in ihrer Not helfen wollen. Dies ist eine normale natürliche Antwort. Aber es gibt einen Unterschied zwischen Mitabhängigkeit und Helfen. Ein Mitabhängiger reagiert auf das Problem eines anderen anstatt auf seine Not zu antworten. Der Mitabhängige zeigt eine Über- oder Unterreaktion. Anstatt ihre Antworten abzuwägen und zu kontrollieren, läßt die mitabhängige Person die Probleme, Schmerzen und gestörte Verhalten anderer ihr eigenes Verhalten bestimmen. Wenn sie nicht aufpassen, können selbst professionelle Helfer wie z. B. Ärzte, Krankenschwestern, Seelsorger, Pastoren usw.

mit den Personen, denen sie zu helfen versuchen, mitabhängig werden.

Mitabhängigkeit kann also progressiv entstehen. In dem Maße, wie sich die Probleme der Person intensivieren, werden auch die Reaktionen der mitabhängigen Person intensiver. Leider tragen ihre Reaktionen nicht zur Lösung des Problems bei. Wenn eine mitabhängige Person reagiert, so drückt sie die Gefühle aus, die sie zuerst empfindet: Wut, Schuld, Selbsthaß, Sorge, Verletzung, Frustration, Furcht oder Besorgnis. Gleichzeitig gibt sie der ersten Idee nach, die ihr in den Sinn kommt. Sie spricht die ersten Worte aus, die ihr einfallen, und wünscht später oft, sie könnte sie zurückziehen. Es gibt wenig oder kein Nachdenken über ihre Reaktion. Melody Beattie sagt:

„Reaktionen funktionieren normalerweise nicht. Wir reagieren zu schnell, mit zu starker Intensität und Dringlichkeit. Es gibt wenig in unserem Leben, was wir tun müssen, das wir nicht besser tun können, wenn wir ruhig sind. Es gibt wenige Situationen, gleichgültig wie groß die Dringlichkeit dazu erscheint, die durch unsere Panik gebessert werden können. Warum tun wir es dann? Wir reagieren, weil wir besorgt und ängstlich sind über das, was geschehen ist, geschieht oder geschehen könnte. Viele unter uns reagieren immer, als ob sie in einer Krise wären, weil sie schon mit so vielen Krisen gelebt haben, daß es zur Gewohnheit wurde. Wir reagieren, weil wir denken, die Dinge sollten nicht so geschehen, wie sie es tun. Wir reagieren, weil wir uns nicht wohl in unserer Haut fühlen. Wir reagieren, weil die meisten Menschen reagieren. Wir reagieren, weil wir denken, wir sollten es tun. Wir müssen es aber nicht."[24]

Denken Sie an den letzten Satz: „Wir müssen es nicht!" Wir werden in diesem Buch noch auf die Gründe eingehen, weshalb wir nicht mehr reagieren müssen. Vielleicht haben diese beiden Kapitel über gestörte Familien in Ihnen schmerzhafte Dinge über Sie und Ihren Vater ans Tageslicht gebracht, über die Sie nie zuvor nachgedacht haben. Oder Sie denken, daß wenig von dieser Diskussion auf Sie zutreffe, weil Sie aus einem gesunden Elternhaus kommen. Für beide Seiten kann diese Information hilfreich sein. Sie haben bestimmt Freunde und Verwandte, die unter diesen Symptomen leiden und in einer gestörten Familie aufgewachsen sind. Als Christen haben wir einen zweifachen Dienst. Zuerst müssen wir uns selbst dienen, indem wir die heilende Gegenwart von Jesus Christus in die verletzten Gebiete unseres Lebens eindringen lassen. Zweitens müssen wir die Hoffnung seiner Gegenwart und Heilung denen vermitteln, die mit dem Schmerz ihrer Vergangenheit kämpfen.

# 10

# Auf welchem Vaterbild gründet Ihre Identität?

## *Das gute Selbstbild*

Wenn du bekommst, was du willst, während du um dein Selbst kämpfst,
und die Welt dich für einen Tag zur Königin macht,
geh zum Spiegel und schau dich an.

Sieh', was diese Frau dir zu sagen hat. Denn es ist nicht das Urteil deines Vaters, deiner Mutter oder deines Mannes,
das du bestehen mußt.

Die Person, deren Urteil am meisten in deinem Leben zählt, ist diejenige, die dich aus dem Spiegel anschaut.

Sie ist die Person, der du gefallen mußt, der Rest zählt nicht. Denn sie ist es, die bis zuletzt bei dir ist.

Du weißt, daß du den schwersten, gefährlichsten Test bestanden hast, wenn das Bild im Spiegel dein Freund ist.

Du kannst die ganze Welt auf deinem Lebensweg täuschen, und während du vorbeigehst, klopft man dir auf die Schulter.

Aber deine endgültige Belohnung wird Tränen und Schmerz sein, wenn du das Bild im Spiegel betrogen hast.[25]

In meinem Seelsorgeseminar zur Krisenberatung beginne ich immer damit, daß sich jeder einem anderen zuwenden und sich vorstellen muß. Wenn ich ihnen dann jedoch sage, daß sie ihre Berufe nicht bei der Vorstellung erwähnen dürfen, bringt das manche Teilnehmer fast in Panik!

Wenn ich Sie fragen würde: „Wer sind Sie?", welche Antwort würden Sie mir geben? Wissen Sie, wer Sie sind? Ja, Sie haben bestimmte Fähigkeiten und körperliche Eigenschaften. Ja, Sie sind die Tochter Ihres Vaters, und er hatte sehr viel Einfluß auf die Formung der Person, die Sie sind. Aber wer sind Sie? Was ist Ihre wahre Identität? Wer Sie sind, oder wen Sie als die „Frau im Spiegel" ansehen, wird beeinflussen, wie Sie auf das Leben reagieren.

Sie sind vielleicht ganz zufrieden mit dem, was Sie sind, und Ihre Identität ist klar definiert. Oder Sie sind unzufrieden mit sich selbst und Ihre Identität ist in Ihrem Denken unklar. In diesem Kapitel haben Sie die Gelegenheit, die Basis Ihrer wahren Identität zu entdecken, die Rolle Ihres Vaters bei der Gestaltung zu untersuchen, und praktische Schritte zu unternehmen, um Ihre Reaktion und Antwort auf andere zu ändern.

Der erste Schritt ist, herauszufinden, wie Sie sich selbst sehen. Bevor Sie nun weiterlesen, nehmen Sie bitte ein Blatt Papier und beantworten Sie folgende Fragen:

1. Was empfinden Sie momentan sich selbst gegenüber?
2. Beschreiben Sie detailliert, wer Sie als Persönlichkeit sind.
3. Was ist die Grundlage Ihrer Identität?

## *Falsche Grundlagen*

Oft bauen Menschen ihre Identität auf falsche Grundlagen auf. Gehen wir auf einige dieser Grundlagen ein:

– Viele Frauen gründen sie darauf, was andere in der Vergangenheit über sie gesagt haben. Ein Mädchen hörte ihre Eltern sagen: „Sie putzt nie das Zimmer"; Klassenkameradinnen sagten: „Große Nase!"; die Lehrerin sagte: „Du gehörst zu denen, die langsam lernen!" So wächst dieses Mädchen in dem Glauben heran, sie sei unordentlich, langsam und dumm. Solche Kommentare sind vielleicht nicht wahr, aber wenn sie diese glaubt, verwirklichen sie sich in ihrem Leben, und sie macht daraus ihre Identität.

Wenn Sie Ihre Identität auf das gebaut haben, was andere über Sie gesagt haben, so haben Sie jenen Menschen eine enorme Macht und Kontrolle über Ihr Leben gegeben. Sind Sie sicher, daß deren Sichtweise in Ordnung war? Gibt es andere Menschen, die Ihnen ein genaueres Bild davon geben können, wer Sie wirklich sind?

*Die meisten unter uns*
*haben eine innewohnende Kritik,*
*die deutlich beeinflußt,*
*was wir über uns selbst denken*
*und wie wir auf andere reagieren.*

- Viele Frauen bauen ihre Identität auf das auf, was sie leisten und wie sie es tun. Sie glauben, mit ihrer Tätigkeit verdienen sie einen gewissen Status, der je nach Art der Aufgabe oder Rolle, die sie übernehmen, verbessert werden kann.
- Es gibt auch Frauen, die ihre Identität auf das gründen, was sie besitzen. Sie haben ein unersättliches Bedürfnis, Dinge zu erwerben. Wenn sie sich nicht gut über sich selbst fühlen, stürzen sie sich in das nächstgelegene Einkaufszentrum. Sie kämpfen dann damit, daß sie ihren Besitz mit dem vergleichen, was andere Frauen haben.
- Die Identität einiger Frauen beruht auf den Menschen, die sie kennen. Leider werden diese Frauen zu großen „Eindruckschindern", deren Status durch den anderer bedroht wird oder die selbst eine Bedrohung für andere auf ihrem Weg zu einer Position sind.
- Es gibt auch Frauen, deren Identität auf ihrer äußeren Erscheinung gründet. Sie verbringen unzählige Stunden vor dem Spiegel. Sie ziehen sich mehrere Male am Tag um und geben viel Geld für Schönheitsprodukte aus. Bei solch einer Frau kann der ganze Tag oder Abend ruiniert sein, wenn sie sich unattraktiv fühlt. Ich betone das Gefühl, das sie sich selbst gegenüber hat, weil ihre Attraktivität für sie darauf beruht, wie sie denkt, daß sie aussehe. 25 Menschen können über ihre Erscheinung begeistert sein, doch wenn sie sich nicht als attraktiv empfindet, haben die Komplimente anderer keine Wirkung. Oft ist ihre Sicht von sich selbst auf die Reaktion anderer begründet, insbesondere auf die ihres Vaters während ihrer Kindheit und Jugend. Wenn Papa mit Komplimen-

ten sparsam war, ist sie nun genauso hart mit sich selbst. Es gefällt mir, was Jan Congo über diese falschen Grundlagen in ihrem Buch *Free to be God's Woman* (Frei, um Gottes Frau zu sein) sagt:

„Wenn wir unsere äußere Erscheinung, unsere Leistung, unsere Freunde und Besitz im Gegensatz zum anderen sehen, legen wir einen Vergleich an, der zum großen Teil auf unserer Phantasie beruht. Wir waren niemals in der Haut jener Frauen, mit denen wir uns vergleichen, so phantasieren wir also, wie das wäre. Wenn wir das tun, vergleichen wir unser Schlechtestes, das uns am meisten bewußt ist, mit deren Bestem. Und in Wirklichkeit vergleichen wir uns mit einem Phantasiebild. Vielleicht ist das der Grund, weshalb rührselige Serien und romantische Dreigroschenromane heutzutage so beliebt sind. Wir sind grundsätzlich mit unserer Existenz unzufrieden, deshalb leben wir unser Leben durch das anderer Menschen. Wenn wir glauben, wir seien nur wertvoll, wenn wir schön sind, wenn wir die richtigen Produkte verwenden, die richtigen Menschen kennen oder wenn wir erfolgreich sind, finanziell gut gestellt sind, bauen wir unser Selbstwertgefühl auf falschen Grundlagen auf. Wir sehen auf andere ‚bedeutende' Personen, die uns definieren, was schön ist, welches die zu verwendenden Produkte sind, wer die richtigen Leute zum Umgang sind, und wie man finanziell gut dasteht. Wenn wir diese Modemeinungen der Gesellschaft übernehmen, werden wir geliebt, weil wir uns ihr angepaßt haben. Doch was geschieht, wenn die Meinungen sich ändern?"

## *Ihre Überzeugungen beeinflussen Ihre Identität*

Was denken Sie über sich selbst? Ist Ihre Identität auf einer falschen Grundlage aufgebaut? Um dies herauszufinden, beantworten Sie bitte die folgenden Fragen so ehrlich wie möglich:
1. Denken Sie, daß an Ihnen etwas schlecht oder falsch ist?

2. Glauben Sie, daß Ihre Zulänglichkeit/Zufriedenheit mit sich selbst durch die Ablehnung oder Zustimmung anderer bestimmt wird? Wenn ja, wer sind diese anderen? Hat Ihr Vater Sie abgelehnt? Wenn ja, was empfinden Sie deswegen?

3. Glauben Sie, daß Ihre Zulänglichkeit damit zusammenhängt, wieviel Geld Sie verdienen? Woher kommt diese Einstellung?

4. Glauben Sie, daß Sie immer bei allem recht haben müssen, um sich gut über sich selbst fühlen zu können? Denken Sie, daß man Sie ablehnt, wenn Sie unrecht haben?

5. Denken Sie, Sie seien nicht o.k., weil Sie zu sensibel sind?

6. Glauben Sie, daß Sie hilflos und machtlos sind?

7. Glauben Sie, Sie müssen jedem gefallen, um wertvoll zu sein?

8. Denken Sie, Ihre Zulänglichkeit hängt von Ihrer Bildung ab?

9. Glauben Sie, daß Ihr Wert und Ihre Zulänglichkeit von Ihrem Aussehen abhängt? wie groß oder klein Sie sind? wie dick oder dünn Sie sind?

Die meisten von uns haben eine innewohnende Kritik, die deutlich beeinflußt, was wir über uns selbst denken und wie wir auf andere reagieren. Ihre innere Kritik ist wie ein verurteilendes Gewissen. Es funktioniert auf der Grundlage des Standards, der als Reaktion auf die Verurteilungen und Einschätzungen Ihrer Eltern und anderer Menschen, zu denen Sie aufgeschaut haben, entwickelt wurde. Ihre innere Kritik zeigt Ihnen schnell, wenn Sie diesen Normen nicht gerecht werden. Manchmal ist diese Kritik wie ein innerer Elternteil, der Sie mit den gleichen Worten und im gleichen Ton schilt, wie Ihr Vater es tat. In ihrem Buch, *Mistaken Identity* (Falschverstandene Identität), erklären William und Kristi Gaultiere den Schaden, den solch eine innere Kritik anrichten kann:

„Es ist Ihr innerer Elternteil, der ideale Erwartungen an Sie hat und schnell kritisiert und verdammt, weil Sie kein ‚Christ sind, der gut genug ist‘. Er ist der grausame Mörder Ihres Selbstwertgefühls. Er kann in Ihrem Leben auch eine geistliche Zerstörung verursachen, weil es die Grundlage ist, auf der Sie Ihr Gottesbild aufbauen. Wenn Sie negative und bestrafende Einstellungen verinnerlichen, die Menschen Ihnen gegenüber ausgedrückt haben, ist es nur natürlich, daß Sie erwarten, die anderen behandelten Sie in gleicher Weise. In diesem Falle wird Gottes liebende Stimme leicht durch den Lautsprecher der inneren Kritik verzerrt.

Wenn eine Frau ein Identitätsproblem hat, das auf falschen Einstellungen über ihre Angemessenheit – also ihren Wert – und einer grausamen inneren Kritik beruht, werden immer ihre Gefühle über sich selbst den Wagen steuern. Weshalb hängen also so viele Frauen an ihren falschen Einstellungen gegenüber sich selbst? Es gibt mehrere Gründe dafür.

Zuerst müssen manche erst entdecken, daß es eine andere Art zu leben gibt. Niemand hat ihnen gesagt, daß ihre falschen Überzeugungen nicht auf Tatsachen beruhen. Sie müssen in Gottes Wort die wunderbare Wahrheit entdecken, wer sie in Christus sind, und ihre Identität darauf aufbauen, was Gott über sie sagt. Als zweites halten manche Frauen an dieser unangepaßten Identität und dem geringen Selbstwertgefühl fest, um sich zu strafen. Sie haben den Eindruck, daß die Schuld und die Sorge, an der sie leiden, eine Form der Strafe ist, mit der sie ihre vergangenen Fehler auszulöschen hoffen. Drittens ist das Leiden durch das Gefühl, unangemessen zu sein, ein guter Weg für Selbstmitleid und um von anderen bemitleidet zu werden. Doch es gibt einen Preis zu bezahlen. Selbstmitleid zerstört ein zerbröckelndes Selbstbild und die Identität. Das Leben in einem kontinuierlichen Leiden lähmt und hält einen davon ab, die Energie aufzuwenden, um etwas Konstruktives zu tun. Viertens schützt einen das Leiden vor dem Risiko, sich zu verändern. Manche Frauen finden es leichter, in diesem Stadium zu verharren als weiterzugehen in neue Erfahrungen, wenn es keine Erfolgsgarantie gibt. Veränderung bedarf der Zeit, Anstrengung und eines gewissen Risikos, und manche Frauen leiden lieber weiter, als sich zu verändern. Fünftens sehen manche Frauen das Leiden als einen Weg, anders zu sein und die Regeln etwas zu beugen, ohne die Zustimmung der anderen zu verlieren. Die Menschen bemitleiden einen und gestehen einem im Verhalten mehr Spielraum zu, wenn man sich nicht wohl in seiner Haut fühlt. Wenn man Schuldgefühle und Angst gegenüber dem Leben hat, wird von den Mitmenschen ein Verhalten eher akzeptiert. Als sechstes sind Frauen mit einem niedrigen Selbstwertgefühl und einer zerbrechlichen Identität sehr aufopfernd und opfern ihre Wünsche und Bedürfnisse für andere und lassen sich von ihnen kontrollieren, wobei sie sich selbst sehr gut fühlen. Ein sich selbst verleugnendes Verhalten kann der Frau helfen, sich besser als die anderen zu fühlen. Vielleicht gründen ihre Handlungen sogar auf einem Mißverständnis der biblischen Aussagen über die Selbstlosigkeit und den Respekt der Autorität. Sie hat eine Entschuldigung für ihre Versagen, denn man kann ja nicht immer jedem gefallen.

Wenn man schließlich immer anderen Menschen die Verantwortung für Entscheidungen überläßt, wird man von einer großen Aufgabe befreit. Es ist einfacher, andere die Entscheidungen an seiner Stelle treffen zu lassen. Wenn die Entscheidungen dann falsch sind, ist man nicht verantwortlich.

Das selbstaufopfernde Benehmen ist ein Weg, um andere zu beherrschen. Wenn man sie erinnert, wie viel man doch für sie gegeben hat und wie oft man sie hat entscheiden lassen, vermittelt man ihnen ein Schuldgefühl und erhält von ihnen, was man will. Doch solch ein Verhalten hat eine Reihe negativer Ergebnisse. Man verliert in den Beziehungen die Intimität. Es kann so erscheinen, als ob einen die anderen bewundern für das, was man für sie getan hat. Doch wahre Freundschaft und Intimität können nicht in einer Beziehung bestehen, in der eine Person kontrolliert und die andere immer gefallen muß. Keine Person wird auf diese Art bereit sein, sich zu öffnen und verletzlich zu sein. Auch das Sicherheitsgefühl, das man vom Abschieben der Verantwortung auf andere erhält, ist falsch. Es ist nicht von Dauer, und man wird durch den Prozeß nicht stärker.

Ich habe gesehen, wie Patienten wütend wurden, als sie hörten, welche negativen Folgen es hat, wenn man sich von anderen kontrollieren läßt. Sie haben es vermieden, die negative Seite zu sehen, weil das Anerkennen dieser negativen Folgen die Entschuldigung für ihr falsches Verhalten nichtig machen würde.

## Zeit des „Hausputzes" und der Neugestaltung

Warum noch immer am niedrigen Selbstwertgefühl und der falschen Identität hängen, wenn Gott uns zu etwas Besserem gerufen hat? Denken wir nun darüber nach, welches Gottes Alternative zu unseren falschen Überzeugungen und unseren Lügen zu uns selbst ist. Wie kann man sie sich aneignen. Ich habe mit einigen Patientinnen gesprochen, die sagen: „Ich möchte wirklich manche meiner alten Überzeugungen loswerden. Sie schränken mich ja nur ein. Ich denke, es ist an der Zeit, das Haus zu säubern."

Ich antworte normalerweise: „Das ist ein guter Anfang, aber was ist mit der restlichen Arbeit?" „Welche restliche Arbeit?" fragen sie dann. „Das Haus zu reinigen ist ein Teil der Arbeit, aber es muß auch neu dekoriert werden. Manche Ihrer tief eingegrabenen Überzeugungen lassen sich nicht so leicht loswerden. Sie müssen sie mit neuen, richtigen, positiven Überzeugungen von sich selbst ersetzen."

Es ist so wichtig, daß man seine vergangene Identität, die auf falschen Aussagen über sich selbst beruht, losläßt und ein neues Selbstbewußtsein aufbaut, das auf der bedingungslosen Liebe und Annahme durch Gott basiert. Um das zu tun, müssen Sie entscheiden, was Sie höher bewerten: Ihre eigene falsche Identität oder Ihre wahre, Gott gegebene Identität. Wenn Sie entschieden haben, welche von größerem Wert ist (ist das wirklich eine Frage?), dann müssen Sie die falsche loslassen und die andere ergreifen.

Dr. Paul Tournier verglich das christliche Wachstum mit dem Schwingen eines Trapezkünstlers. Der Mann hält sich zur Sicherheit an der Stange fest. Wenn eine andere Trapezstange in Reichweite kommt, muß er seinen Griff an der einen lockern, um die andere ergreifen zu können. Es ist eine furchterregende Sache. Genauso bringt Gott ein neues Trapez in Ihr Blickfeld. Es ist die positive, richtige neue Identität, die auf Gottes Wort gründet. Doch um diese zu ergreifen, müssen Sie die alte gehen lassen. Sie haben vermutlich Schwierigkeiten, die Vertrautheit und die Sicherheit der alten Identität zu verlieren. Denken Sie daran, was Sie gewinnen.

## *Ihre Vorstellung von Gott*

Ein wichtiges Element für Ihr positives Selbstbild ist Ihre Vorstellung von Gott. Wenn diese falsch ist, ist auch Ihr Selbstbild falsch. Die ideale Reaktion auf Gott, die sich auf eine richtige Sicht von ihm gründet, ist die des Vertrauens. Doch viele Frauen kämpfen schon damit, die Tatsache anzunehmen, daß Gott sie liebt und er vertrauenswürdig ist. Statt dessen sind sie wütend auf Gott, haben das Gefühl, daß er sie nicht richtig bewahrt oder sie gar im Stich gelassen hat. Mit ihrem Verstand können sie anerkennen, daß Gott der Geber guter Gaben ist, aber gefühlsmäßig sehen sie ihn als den Geber schlechter Gaben. David Seamands beschreibt das Problem auf folgende Weise:

> „Wenn wir Menschen bitten, Gott zu vertrauen und sich ihm auszuliefern, gehen wir davon aus, daß sie Vorstellungen von einem vertrauenswürdigen Gott haben, der nur das Beste für sie möchte und in dessen Hände sie ihr Leben geben können. Doch aufgrund ihrer Frustration haben sie ein falsches Gottesbild, und unsere Aufforderung bedeutet für sie, daß sie ihr Leben einem unberechenbaren und zu fürchtenden Geist, einem allmächtigen Monster geben sollen, dessen einziges Ziel darin besteht, sie unglücklich zu machen und ihnen die Freude am Leben zu nehmen."[26]

Einer der Hauptgründe, weshalb Menschen falsche Vorstellungen von Gott festhalten, ist unsere Tendenz, die unliebsamen Eigenschaften, die wir bei den Menschen feststellen, auf Gott zu projizieren. Wir denken, daß Gott uns genauso schlecht behandeln wird, wie es die Menschen tun. Gaultiere stimmt damit überein:

> „Wir denken, daß wir unser Gottesbild aus der Bibel und der Lehre der Kirche haben, nicht aus unseren Beziehungen, von denen manche sehr schmerzhaft waren. Es ist einfacher, wenn Ihr Gottesbild auf dem Lernen und dem Glauben der richtigen Dinge aufbaut. Doch Untersuchungen über die Gottesvorstellungen vom Menschen ergaben, daß es nicht so einfach ist. Eine Psychologin fand heraus, daß die geistliche Entwicklung eines Gottesbildes

eher ein emotionaler als ein intellektueller Prozeß ist. Sie deutet auf die Wichtigkeit der Familie und anderer Beziehungen in der Entwicklung des Gottesbildes, was sie einen ‚privaten Gott' nennt. Sie sagt, daß ‚kein Kind Gottes in sein Haus kommt, ohne seinen *Plüschgott* unterm Arm zu haben'. Für manche unter uns ist dieser ‚Plüschgott', den wir mit einer Leine um unser Herz gebunden haben, weder sehr angenehm, noch entspricht er dem, was die Bibel sagt. Dies geschieht aufgrund unserer negativen Gottesbilder, die tief in unseren emotionalen Verletzungen verwurzelt sind, und der destruktiven Muster, die wir aus unserer Vergangenheit in Beziehungen zu Menschen entwickelt haben."[27]

Stellen Sie sich ein kleines Mädchen vor, das von ihrem Vater, den sie sehr liebt, nur Ablehnung und Mißhandlung empfangen hat. Im Kindergottesdienst lernt sie, daß Gott ihr himmlischer Vater ist. Wie wird ihre Vorstellung von ihm sein? Auf der Grundlage ihres natürlichen Vaters wird sie Gott als eine labile, sie ablehnende Person sehen, der man nicht vertrauen kann.

Denken Sie nur an einige Möglichkeiten, in denen Ihr Vaterbild Ihre Wahrnehmung von Gott beeinträchtigt haben könnte, was wiederum Ihr Selbstbild beeinflußt. Wenn Ihr Vater Ihnen gegenüber zurückhaltend, unpersönlich und gleichgültig war, so schreiben Sie Gott vielleicht die gleichen Eigenschaften zu. Daraus folgt, daß Sie sich nicht für Gottes Eingreifen in Ihr Leben würdig fühlen. Sie haben Schwierigkeiten, sich Gott zu nähern, weil Sie davon überzeugt sind, er sei Ihren Wünschen und Bedürfnissen gegenüber gleichgültig und desinteressiert.

Wenn Ihr Vater ein drängender Typ war, der nicht auf Sie geachtet hat, Sie vielleicht sogar mißhandelt oder benutzt hat, sehen Sie Gott mit den gleichen Augen. Sie fühlen sich in Gottes Augen billig und wertlos, und denken vielleicht sogar, Sie verdienten nichts anderes, als von anderen ausgenutzt zu werden. Sie denken, daß Gott Sie zwinge – und nicht bitte –, Dinge zu tun, die Sie nicht tun wollen.

Wenn Ihr Vater wie ein Kommandeur war, der immer mehr von Ihnen verlangt hat, ohne auch nur ein Zeichen der Zufriedenheit zu zeigen, oder der vor Wut geschnaubt hat, ohne Toleranz gegenüber möglichen Fehlern zu zeigen, setzen Sie Gott vielleicht in sein Bild ein. Sie denken wahrscheinlich, Gott akzeptiere Sie nur, wenn Sie seinen Forderungen nachkommen, die Ihnen unerreichbar erscheinen. Diese Vorstellung kann dazu geführt haben, daß Sie zum Perfektionisten wurden.

War Ihr Vater ein Schwächling, und Sie konnten sich nicht darauf verlassen, daß er Ihnen helfe oder Sie verteidige, mag Ihr Gottesbild das eines Schwächlings sein. Sie fühlen sich Gottes Trostes und Hilfe unwürdig oder denken, er könnte Ihnen sowieso nicht helfen.

War Ihr Vater extrem kritisch und hat Sie ständig herabgesetzt, oder glaubte er nicht an Ihre Fähigkeiten und hat Sie entmutigt, auch nur etwas zu versuchen, so sehen Sie Gott vielleicht auf die gleiche Weise. Sie haben das Gefühl, Sie seien Gottes Respekts und Vertrauens nicht würdig. Sie sehen sich selbst als ständigen Versager, der alle Kritik verdient.

Im Gegensatz zu den negativen Vorstellungen vieler Frauen über Gott, lassen Sie mich einige positive Charaktereigenschaften eines Vaters geben. Halten Sie fest, daß diese Eigenschaften, wenn Ihr Vater Sie aufweisen konnte, Ihre Gottesvorstellung positiv beeinflußt haben. Wenn Ihr Vater geduldig war, können Sie sich Gott vorstellen, als den, der geduldig und immer für Sie da ist. Sie haben den Eindruck, daß Sie Gottes Zeit und Besorgnis wert sind. Sie fühlen, daß Sie für Gott wichtig sind und daß er persönlich in jeder Einzelheit Ihres Lebens beteiligt ist.

War Ihr Vater gütig, so sehen Sie Gott als gütigen, gnädigen Gott. Sie wissen, daß Sie Gottes Eingreifen und Hilfe würdig sind. Sie fühlen Gottes Liebe tief in Ihnen und sind überzeugt, daß er mit Ihnen persönlich eine Beziehung haben will. War Ihr Vater sehr großzügig, so sehen Sie Gott als jemanden, der Ihnen gibt und Sie unterstützt. Sie fühlen sich Gottes Ermutigung und seiner Unterstützung würdig. Sie glauben, daß Gott Ihnen das geben möchte, was das Beste für Sie ist, und reagieren darauf, indem Sie von sich selbst anderen etwas weitergeben.

Wenn Ihr Vater Sie angenommen hat, so sehen Sie auch Gott als den an, der Sie annimmt, ungeachtet dessen, was Sie tun. Gott macht Sie nicht schlecht oder verwirft Sie, wenn Sie kämpfen, sondern er versteht und ermutigt Sie. Sie können sich selbst annehmen, selbst wenn Sie sich daneben benehmen oder nicht das leisten, was Sie könnten.

Wenn Ihr Vater Sie beschützte, so sehen Sie Gott als den Beschützer in Ihrem Leben. Sie haben das Gefühl, daß Sie es wert sind, unter seiner Fürsorge zu stehen und sich in seiner Sicherheit ausruhen zu können.

Selbst wenn wir es tun, können wir doch unsere Vorstellungen von Gott nicht auf unsere Gefühle über uns selbst und auf die Art, wie wir von unseren Eltern behandelt wurden, gründen. Väter und Mütter sind Menschen und können versagen – manche unter ihnen sind sogar „verlorene Söhne"!

Unsere Überzeugungen, die auf Kindheitserlebnissen beruhen, müssen aus unseren Gedanken und Gefühlen herausgerissen und durch richtige Überzeugungen ersetzt werden, die auf Gottes Wort beruhen. Sie müssen die Grundlage Ihrer Identität von ihrem fehlbaren Vater auf Ihren unfehlbaren himmlischen Vater verlegen. Gott, der Vater, ist der eine, der in seiner Liebe und Annahme beständig ist. Halten Sie fest, was die Schrift über ihn sagt:

- Er ist der liebende, sich kümmernde Vater, der sich für alle persönlichen Einzelheiten unseres Lebens interessiert (Matth. 6, 25–34).
- Er ist der Vater, der uns nie im Stich läßt (Lukas 15, 3–32).
- Er ist der Gott, der seinen Sohn gesandt hat, damit er für uns stirbt, obwohl wir es nicht verdient haben (Römer 5, 8).
- Er steht uns bei in guten wie in schlechten Umständen (Hebräer 13, 5).
- Er starb, um unsere Krankheit, Not und Leid zu heilen (Jesaja 53, 3–6).
- Er hat die Macht des Todes zerbrochen (Lukas 24, 6–7).
- Er gibt allen Rassen und Geschlechtern den gleichen Rang (Galater 3, 28).
- Er ist durch das Gebet für uns erreichbar (Joh.14, 13–14).
- Er kennt unsere Nöte (Jesaja 65, 24).
- Er schuf uns zu einer ewigen Beziehung mit ihm (Joh.3, 16).
- Er hält uns für sehr wertvoll (Lukas 7, 28).
- Er verdammt uns nicht (Römer 8,1).
- Gott schätzt und sorgt für unseren Wachstum (1. Kor. 3, 7).

- Er tröstet uns (2. Kor. 1, 3–5).
- Er stärkt uns durch seinen Geist (Epheser 3, 16).
- Er reinigt uns von Sünde (Hebräer 10, 17–22).
- Er ist für uns (Römer 8, 31).
- Er ist immer für uns da (Römer 8, 38–39).
- Er ist ein Gott der Hoffnung (Röm. 15, 13).
- Er hilft uns in der Versuchung (Hebräer 2, 17–18).
- Er sorgt für einen Ausweg aus der Versuchung (1. Kor. 10, 13).
- Er arbeitet an uns (Philipper 2, 13).
- Er möchte, daß wir frei sind (Galater 5, 1).
- Er ist der Herr der Zeit und Ewigkeit (Offenbarung 1, 8).

Es ist so einfach, Gott für unsere Probleme und wie wir uns fühlen, verantwortlich zu machen. Aber Gott ist nicht das Problem. Es sind eher unsere falschen Vorstellungen von ihm, die uns den Blick dafür versperren, wer er wirklich ist. Wie sieht Ihre Vorstellung von Gott aus? Worauf gründet sie: auf dem Verhalten Ihrer Eltern Ihnen gegenüber; auf einem Erwachsenen in Ihrem Leben, der Ihnen viel bedeutet; auf dem, was Ihnen ein Prediger gesagt hat; auf das, was das Wort Gottes über ihn sagt?

Wenn Sie sich noch keine Zeit genommen haben, um ein klares Bild von Gott zu bekommen, so füllen Sie Ihren Geist mit dem, was die Bibel über ihn sagt. Es gibt auch gute Bücher zu diesem Thema.


## *Nach dem Ebenbild Gottes, des Vaters*

Ihr Selbstbild ist auf verschiedenen Grundlagen aufgebaut. Wir haben schon eine Reihe solcher Grundlagen betrachtet, die ziemlich wackelig und sehr veränderlich sind, wie z.B. äußere Erscheinung, Leistung und Status. Aber Gott kann Ihre Grundlage festigen, indem er drei Ihrer größten Bedürfnisse diesbezüglich stillt.

Erstens benötigen wir alle jemanden, zu dem wir gehören, und das Wissen, daß wir gewollt, akzeptiert, umsorgt sind und man sich an uns erfreut, so wie wir sind. Es erfreut eine Frau sehr, wenn ihr Vater diese Bedürfnisse stillt. Doch nicht alle Frauen haben dieses Glück. Selbst wenn Sie bei Ihrem irdischen Vater nie das Gefühl hatten, zu ihm zu gehören, kann dieses Bedürfnis von Ihrem himmlischen Vater gestillt werden. Sie sind von Gott gewollt, er kümmert sich um Sie, er nimmt Sie an und freut sich an Ihnen.

Als zweites haben wir alle das Bedürfnis, uns wertgeschätzt zu fühlen, mit gutem Gewissen sagen zu können: „Ich bin gut, ich bin o.k., ich bin wichtig." Wir fühlen uns würdig, wenn wir das tun, was wir denken, daß wir tun sollten, oder wenn wir unseren Normen gemäß leben. Wenn wir gut sind, und in unseren Augen und denen der anderen das Richtige tun, sind wir unserem Gefühl nach würdig. Doch Gott ist unsere primäre Quelle der Würdigkeit. Gott erklärt uns, daß wir in Ordnung sind. Wir müssen uns nicht abmühen, um uns würdig und wertgeschätzt zu fühlen. Wie Jan Congo sagt: „Jeder von uns ist ein göttliches Original. Wir sind der kreative Ausdruck eines liebenden Gottes."

Drittens haben wir alle das Bedürfnis, uns kompetent zu fühlen, zu wissen, daß wir etwas tun und erfolgreich mit dem Leben umgehen können. Wieder begegnet Gott diesem Bedürfnis, indem er uns erklärt, daß wir fähig sind. Philipper 4, 13 ist der neue Maßstab, durch den uns die Fähigkeit versichert wird: „Ich vermag alles durch den, der mich mächtig macht." Ihr Selbstwertgefühl und Ihre Identität sind Geschenke Gottes. Sie können weder durch besondere Leistungen verdient werden, noch können sie auf das aufbauen, was andere über Sie sagen oder wie Sie sich fühlen. Ob Ihr irdischer Vater der Entwicklung einer positiven Identität förderlich oder hinderlich war, Ihr himmlischer Vater kann jeden Mangel stillen.

## *Schritte zu einer positiven Identität*

Es ist wichtig, daß Sie die richtigen Überzeugungen und eine solide Grundlage für Ihre Identität und Ihr Selbstwertgefühl haben. Während Sie diese Basis aufbauen, ist es wichtig, daß Sie sich auf gesunde, neue Weise verhalten. Hier sind einige praktische Schritte, die Sie unternehmen können, um den vorherigen ungesunden Verhaltensweisen zu entgegnen. Vielleicht fassen

Sie diese auf einem Blatt Papier zusammen und hängen es dort auf, wo Sie es oft sehen.

*1. Vergessen Sie Schuld und Sorge.* Denken Sie daran: gleichgültig, wieviel Schuld Sie mit sich herumtragen, es wird Ihre Vergangenheit nicht ändern – und wie sehr Sie sich auch sorgen, es wird Ihre Zukunft nicht ändern. Sorge wird oft zum Ersatz für Planen. Wir verbringen viel Zeit damit, uns auf das Negative zu konzentrieren, wo wir doch planen sollten, wie wir Veränderungen herbeiführen können.

*2. Akzeptieren Sie die Tatsache, daß Sie in einem Prozeß stehen.* Es gibt einige Merkmale und Besonderheiten Ihres Lebens, über die Sie gegenwärtig unzufrieden sind. Machen Sie sich klar, daß Sie trotzdem die Person sind, zu der Gott Sie geschaffen hat. Gewiß haben wir geistige und körperliche Schwächen, wir erfahren Grenzen unserer Energie, haben Bedürfnisse und wechselnde Gefühle. Sie denken vielleicht, daß Sie nie so werden, wie Sie sein sollen.

*Wenn Sie Ihr Verhalten
an der Reaktion anderer messen,
werden Sie zum Gefangenen ...
Sie sagen schließlich das, was die
anderen wollen, daß Sie sagen,
sind so, wie die anderen es möchten,
und tun das, was die anderen
von Ihnen möchten.*

Doch Gott ist noch nicht fertig damit, Sie in sein Bild umzugestalten. Sie sind immer noch in dem Prozeß, in eine wunderbare Schöpfung geformt zu werden. Gott weiß, was in Ihnen schlummert, doch er liebt Sie so, wie Sie gerade sind. Er wird Sie auch weiterhin lieben, während Sie sich immer weiter entwickeln und wachsen. Halten Sie fest, daß er nicht sagte, er werde Sie mehr lieben! Sie meinen vielleicht, Gott liebe Sie nicht so sehr, wie er es tun wird, wenn Sie sich verbessern. Das ist falsch! Gottes Liebe ist bedingungslos! Er liebt Sie! Und er möchte, daß Sie mit ihm zusammenarbeiten, um das Beste von Ihnen hervorzubringen. Er möchte, daß Sie an dem Schöpfungsprozeß mitarbeiten!

Sie können Ihr Wachstum verhindern, indem Sie Fragen stellen, wie „Was werden die anderen denken?; „Wird ihnen die Veränderung gefallen?"; „Was ist, wenn ich ihnen nicht mehr so gefalle?" usw. Aber Sie werden nicht verändert, um einen guten Eindruck zu machen. Wenn Sie Ihr Verhalten an der Reaktion anderer messen, werden Sie zum Gefangenen. Es raubt Ihnen Ihre Individualität und führt dazu, daß Sie vom „guten Eindruck" geleitet werden, den Sie erwecken wollen. Sie sagen schließlich das, was die anderen wollen, daß Sie sagen; sind so, wie die anderen es möchten, und tun, was die anderen möchten. Es ist in Ordnung, Sie selbst zu sein und sich so zu entwickeln, wie Gott es möchte.[28]

*3. Hören Sie auf, sich vor Verantwortung zu drücken.* Sind Sie in das selbstverursachte Leid und Selbstmitleid verfallen, um Verantwortung zu vermeiden? Stellen Sie eine Liste der Dinge zusammen, die Sie meiden. Dann bitten Sie jemanden, Ihnen zu helfen, diese Verantwortungen in Angriff zu nehmen und zu erfüllen.

*4. Erwarten Sie, daß die anderen außer Fassung geraten.* Denken Sie daran, daß Sie durch Ihre Veränderungen an den Käfigen Ihrer Familienmitglieder, Freunde und anderen rütteln. Manche Veränderungen werden Sie ein wenig, andere sogar sehr aufregen. Es gibt einfach Menschen, die haben Schwierigkeiten mit jeder Art von Veränderung. Aber wenn Sie ihnen gestatten, Ihre Veränderungen nicht zu mögen, so erleichtern Sie sich Ihre Reaktion auf deren Verhalten.

*5. Verzeichnen Sie die Konsequenzen.* Führen Sie eine Liste über das, was geschieht, wenn Sie Ihre negativen Gefühle und Gedanken sich selbst gegenüber behalten und wenn Sie sich negativ verhalten. Sehen Sie sich die Konsequenzen daraus an und fragen Sie sich selbst: „Ist es das, was ich wirklich für mein Leben möchte? Könnte ich nicht das Gegenteil des hier Geschrieben glauben?" Anstatt in Ihren negativen Gedanken, Gefühlen und Verhaltensweisen zu verharren, konzentrieren Sie sich auf das, was Gott über Sie sagt und was er Ihnen verspricht. Im Buch Jeremia sagt Gott z.B.: „Und ihr werdet mich anrufen und hingehen und mich bitten, und ich will euch erhören" (Jeremia 29, 12) und „Rufe mich an, so will ich dir antworten und will dir kundtun große und unfaßbare Dinge, von denen du nichts weißt" (Jeremia 33, 3).

*6. Schätzen Sie Ihre Opfer ein.* Führen Sie eine Liste aller Opfer, die Sie für andere bringen, und aller Entscheidungen, die Sie sich von anderen haben auferlegen lassen. Was haben diese Opfer und Unentschlossenheiten Ihnen gebracht? Welche Bewertung geben Sie sich, wenn diese auftreten? Wie werden Sie diese Verhaltensweisen ändern?

*7. Versuchen Sie neue Aktivitäten.* Stellen Sie eine Liste der besonderen Dinge auf, die Sie immer schon tun wollten, und der Orte, die Sie immer schon besuchen wollten, der Aktivitäten, von denen Sie meinen, daß Sie sie nicht verdienen. Bitten Sie jemanden, sich mit Ihnen an diesen Aktivitäten zu beteiligen. Es mag für Sie anfangs schwierig sein, solch eine Bitte zu äußern, weil es gegen Ihre Gefühle dessen geht, was Sie verdienen. Doch entschuldigen Sie sich nicht oder geben Sie keine Gründe an. Versuchen Sie es einfach. Schreiben Sie keine negativen Kommentare auf, sondern nur positive. Geben Sie sich selbst die Möglichkeit, etwas anderes zu tun und zu sein.

*8. Glauben Sie an das, was Gott über Sie denkt.* Die Überwindung negativer Gefühle, ob sie nun aus der Kindheit oder einer gegenwärtigen Situation stammen, kostet Zeit und eine gewisse Anstrengung, aber die Veränderung ist möglich. Der große Schritt, den Sie gehen müssen, ist das anzunehmen, was Ihr himmlischer Vater über Sie denkt. Der christliche Psychologe, Dr. Dick Dickerson, hat 1. Kor. 13 umgeschrieben, was wunderbar zusammenfaßt, wie Gott Sie sieht. Lesen Sie den Abschnitt jeden Morgen und Abend im folgenden Monat laut und stellen Sie dann fest, wie sich Ihre Gefühle sich selbst gegenüber geändert haben:

> „Weil Gott mich liebt, verliert er nicht schnell die Geduld mit mir.

Weil Gott mich liebt, nimmt er die Umstände meines Lebens und benutzt sie in konstruktiver Weise zu meinem Wachstum.

Weil Gott mich liebt, behandelt er mich nicht als Objekt, das man manipuliert und besitzt.

Weil Gott mich liebt, muß er mich nicht beeindrucken, wie groß und mächtig er ist, denn er ist Gott. Auch macht er mich als sein Kind nicht klein, damit ich sehe, wie wichtig er ist.

Weil Gott mich liebt, ist er auf meiner Seite. Er möchte mich reifen sehen und seine Liebe entwickeln.

Weil Gott mich liebt, sendet er nicht gleich wegen jedem meiner kleinen Fehler seinen Zorn auf mich.

Weil Gott mich liebt, führt er nicht Buch über meine Sünden und haut sie mir dann über den Kopf, wenn er dazu kommt. Weil Gott mich liebt, ist er tief traurig, wenn ich nicht auf Wegen gehe, die ihm gefallen, denn er sieht das als Zeichen an, daß ich ihm nicht vertraue und ihn so liebe, wie ich sollte.

Weil Gott mich liebt, freut er sich, wenn ich seine Kraft und Stärke erfahre, um unter dem Druck des Lebens für ihn stehen zu können.

Weil Gott mich liebt, arbeitet er geduldig an mir, selbst wenn ich am liebsten aufgäbe und nicht sehen kann, weshalb er nicht schon längst bei mir aufgegeben hat.

Weil Gott mich liebt, vertraut er mir weiterhin, auch wenn ich mir selbst nicht mehr vertraue.

Weil Gott mich liebt, sagt er mir nie, es gäbe keine Hoffnung für mich. Er arbeitet geduldig mit mir, liebt mich und diszipliniert mich auf solche Weise, daß es für mich schwer ist zu verstehen, wie sehr er an mir interessiert ist.

Weil Gott mich liebt, verläßt er mich nie, selbst wenn es viele meiner Freunde tun."

Wenn Sie sicher in Gottes Liebe werden, entdecken Sie, daß Sie Ihr Selbstwertgefühl nicht den Meinungen und dem Richten anderer ausliefern müssen, selbst nicht denen Ihres Vaters. Gott ist auf Ihrer Seite!

# 11

# Lassen Sie Ihren Vater los

Eines meiner Lieblingshobbies ist das Fischen, überall und unter jeglichen Bedingungen. Das Ziel des Fischens ist es natürlich, Fische zu fangen. Aber manchmal frage ich mich, wer eigentlich gefangen wird, der Fisch oder ich. Eines Spätnachmittags saß ich am Ufer eines Sees, angelte und erfreute mich an dem schönen Wetter. Plötzlich nahm ein großer Fisch meinen Köder und riß unzählige Meter Leine mit sich, indem er immer tiefer in den See hineintauchte. Ich benutzte Leichtgewichtleitschnur, weswegen ich keinen starken Druck ausüben konnte. So mußte ich vorsichtig sein. Ich wußte, daß es ein langer, ausdauernder Kampf werden würde.

Während ich wartete, kamen Regenwolken am Himmel auf und warfen tiefe Schatten auf den See. Bald begann es zu tröpfeln, dann schüttete es. Innerhalb weniger Minuten war ich naß bis auf die Haut und fror. Ich war auch sehr hungrig, denn es war Zeit zum Abendessen, und ich hatte schon das Mittagessen ausfallen lassen. Ich fühlte mich elend. Die meisten Angler würden unter solchen Bedingungen zusammenpacken und nach Hause gehen. Doch ich wollte diesen Fisch fangen, daher blieb ich. Mein Fisch war stärker, als ich gedacht hatte. Je länger ich mit ihm spielte, desto kälter, hungriger und nässer wurde ich. Schließlich kam es mir: ich hatte den Fisch nicht gefangen; der Fisch hatte mich gefangen und ließ mich nicht los! Was war zu tun? Ich konnte hier ewig warten und ihn vielleicht irgendwann fangen. Ich konnte fester an der Leine ziehen und dem Fisch stärkere Schmerzen zufügen. Oder ich konnte einfach die Leine abreißen, den Fisch und mich gehen lassen und uns beide in die Freiheit entlassen. An diesem Tag kehrten wir beide – der Fisch und ich – zu unserem Zuhause zurück mit mehr als einer Geschichte.

Dieses Angler-Erlebnis erinnert mich an die Situation, in der sich viele erwachsenen Töchter mit ihrem Vater befinden. Als Erwachsenen leben Sie, wo Sie wollen, gehen da hin, wo Sie wollen, und tun, was Sie wollen. Sie sind endlich von Vaters Kontrolle frei, oder? Sie können noch immer an Ihren Vater gebunden sein, durch schmerzhafte Gefühle, Ressentiments, Schuld oder Reue über seinen Einfluß in Ihrem Leben. Gleichgültig, wo Sie sind, da ist immer eine nörgelnde, einschränkende emotionale Leine zwischen Ihnen gezogen.

Sie haben nun die gleichen drei Auswahlmöglichkeiten, die ich mit meinem Fisch hatte. Erstens können Sie in Ihrer elenden Situation bleiben, indem Sie die Verletzungen Ihres Vaters nicht loslassen und weiterhin den Schmerz und den Groll der Vergangenheit Ihre Gegenwart beherrschen lassen. Diese Möglichkeit wählen Sie, wenn Sie es vermeiden, ungelöste Themen zwischen Ihnen und Ihrem Vater anzugehen. Zweitens können Sie Ihren Vater aktiv bekämpfen, sich über Ihre Vergangenheit und die Verantwortung Ihres Vaters dafür beschweren. Dies wird Ihre und seine Wunden offen und bluten lassen. Drittens können Sie sich dafür entscheiden, Ihre Vergangenheit mit ihren Auswirkungen anzunehmen, und dann die notwendigen Schritte unternehmen, um ihre Macht über Sie zu brechen. Sie sind kein hilfloses Opfer Ihrer Vergangenheit. Sie können wählen, ob Sie die Beziehung zu Ihrem Vater ändern möchten.

## Schneiden Sie die Leine ab und gehen Sie voran

Die Talkshow-Moderatorin Oprah Winfrey, USA, eine offene, aufgeschlossene Frau, besitzt ein sicheres Auftreten und hat sich sehr unter Kontrolle trotz der Tatsache, daß sie eine schlimme Kindheit und Jugend hinter sich hat. Als junges Mädchen wurde sie zwischen beiden Elternteilen hin und her geschoben. Oft wurde sie zu ihrer Großmutter geschickt, die sie schlug. Oprah erzählt: „Wenn meine Großmutter mich schlug, sagte sie mir: ‚Ich tue es, weil ich dich liebe‘. Ich wollte dann immer erwidern: ‚Wenn du mich liebtest, würdest du diese Peitsche von meinem Hintern nehmen.‘ Ich denke immer noch nicht, daß dies Liebe war.“

*Ihre schmerzhafte Beziehung*
*zu Ihrem Vater hat Sie*
*mit bestimmten Überzeugungen*
*von sich selbst, Ihrem Vater und Ihrer*
*Beziehung zu ihm aufwachsen*
*lassen, die nicht stimmen.*

Als Oprah Winfrey neun Jahre alt war, wurde sie von ihrem 19jährigen Cousin vergewaltigt und lebte in ständiger Angst, schwanger zu sein. Mit diesen und anderen schmerzvollen Erinnerungen ihrer frühen Jahre, hatte Oprah Winfrey gute Gründe, bitter und voller Groll zu sein. Die Bindung an ihre Vergangenheit hätte ihr gegenwärtiges Leben ruinieren können, aber sie beschloß, ihre Vergangenheit zu überwinden. „Ich verstehe, daß heutzutage viele Menschen solche Opfer sind“, sagt sie. „Und manche haben bestimmt noch schlimmere Erfahrungen als ich. Aber man ist dafür verantwortlich, seine eigenen Siege in Anspruch zu nehmen. Wenn man in der Vergangenheit lebt, und ihr gestattet, zu bestimmen, wer man ist, so wird man nie wachsen. Wenn Sie nicht die Leine zu Ihrer Vergangenheit abschneiden, indem Sie mit den Resten der Vater-Tochter-Beziehung richtig umgehen, werden Sie einen hohen Preis dafür bezahlen. Dieser Preis kann einschließen:
– sich nach jedem Kontakt mit dem Vater wütend und durcheinander zu fühlen
– in einer angstvollen Erwartung der Begegnungen mit ihm zu leben
– sich schuldig zu fühlen und gegen Scham anzukämpfen

- Männern gegenüber, die an den Vater erinnern, überzureagieren
- jetzt und in Zukunft von der vergangenen Beziehung bestimmt zu werden
- mit den Auswirkungen der Bitterkeit und Entfremdung zu leben: ein emotionaler Streß.

Wenn Sie diese „Preisliste" mit den Vorzügen des Friedens und der Freiheit vergleichen, die Sie erhalten, wenn Sie Ihre Vergangenheit bewältigen und in Ihrem Leben vorangehen, werden Sie leicht erkennen, welches die gute Wahl ist. Doch wenn Sie sich dafür entscheiden, die Leine abzuschneiden und weiterzugehen, wo fangen Sie dann an? Das restliche Kapitel und das darauffolgende Kapitel enthalten mehrere Vorschläge, die Ihnen helfen können, die Vergangenheit loszulassen und in die Zukunft hineinzuwachsen.

## *Stellen Sie das Problem fest*

Der erste Schritt, um die Vergangenheit loszulassen, besteht darin, sich darüber klarzuwerden, welche Probleme existieren. Stellen Sie fest, welche Dinge aus Ihrer Vergangenheit Sie noch immer belasten, berühren, Sie beeinflussen oder sogar behindern. Nehmen Sie sich Zeit, um über diese Dinge nachzudenken, und halten Sie sie fest. Wählen Sie dann den Bereich aus, auf dem Sie sich verändern möchten. Es könnte ein Gefühl von Bitterkeit, Verletzung, Ablehnung sein, das noch aus der Vergangenheit vorhanden ist. Es kann auch die verletzende Art sein, wie Sie und Ihr Vater miteinander umgehen. Oder es sind Gefühle über sich selbst, die aus der gegenwärtigen oder vergangenen Beziehung zu Ihrem Vater stammen. Es könnten auch Ihre zerstörerischen negativen Gedanken über Sie selbst sein. Welche Schritte auch notwendig sein mögen, um die Probleme mit Ihrem Vater klar festzustellen, unternehmen Sie sie und entscheiden Sie, welche dieser Probleme Sie als erstes in Angriff nehmen möchten. Tun Sie das gleiche mit daraus resultierenden Problemen, indem Sie sie identifizieren, einzeln herausstellen und dann bearbeiten.

Es wird hilfreich sein, wenn Sie die Gründe feststellen, aus denen Sie jene Bereiche verarbeiten und Ihre Auswirkung auf Ihr Leben ändern wollen. Listen Sie die Gründe genau auf:

Ich möchte das ändern, weil:

1. .........................................................................................

2. .........................................................................................

3. .........................................................................................

4. .........................................................................................

5. .........................................................................................

6. .........................................................................................

7. .........................................................................................

8. .........................................................................................

9. .........................................................................................

10. .......................................................................................

Für einige unter Ihnen kann das Trauma und die Verletzung dazu geführt haben, daß Sie einige Erinnerungen an Ereignisse mit Ihrem Vater ausgeblendet oder unterdrückt haben. Dies geschieht manchmal, weil man die Härte dessen, was geschehen ist, nicht zugeben will. Wenn Sie jedoch Gefühle unterdrücken oder ausschalten, so schalten Sie oft auch die guten Erfahrungen aus. Eine Frau erzählte mir: „Es ist, als ob ich eine selektive Amnesie hätte. Ich weiß, daß ich von meinem 4. bis 10. Lebensjahr existiert habe, aber mein Gedächtnis war da auf Urlaub, um dem Schmerz zu entgehen. Ich kann mich an nichts aus diesen Jahren erinnern, weder an gute noch an schlechte Erlebnisse."

Wie traurig! Leider ist die Erfahrung dieser Frau ziemlich verbreitet. Wäre es nicht wunderbar, wenn man die guten Erinnerungen aus jenen vergessenen Jahren wieder herholen könnte? Es ist möglich! Manche Fälle von Gedächtnislücken deuten auf eine mögliche traumatische Mißhandlung. Professionelle Hilfe und Unterstützung einer Gruppe sind für den Heilungsprozeß sehr wichtig.

## *Decken Sie Ihren verborgenen Irrglauben auf*

Der zweite Schritt, um die Schnur zu Ihrer Vergangenheit abzuschneiden, besteht darin, die versteckten Lügen zu identifizieren und darzulegen. Ihre schmerzhafte Beziehung zu Ihrem Vater hat Sie mit bestimmten Überzeugungen von sich selbst, Ihrem Vater und Ihrer Beziehung zu ihm aufwachsen lassen, die nicht stimmen. Zum Beispiel glauben Sie vielleicht fälschlicherweise, daß alle Männer Sie mißhandeln werden, weil Ihr Vater das tat. Ihr Irrglaube ist verborgen, weil Sie nach außen hin zugeben, daß nicht alle Männer so sind wie Ihr Vater, aber unbewußt ziehen Sie sich von anderen Männern zurück – aus Angst, sie könnten Sie verletzen.

Manche der Lügen, die Sie mit sich herumtragen, haben sich auf überdimensionale Weise entwickelt. Sie sind irrational. Der Irrglaube, daß alle Männer gewalttätig sind, hält viele Frauen davon ab, sich mit Männern überhaupt erst anzufreunden. Diese Lügen müssen aufgedeckt und korrigiert werden, bevor Sie in Ihrem Leben vorankommen können.

Diese Lügen sind wie unsichtbare Zügel, die Ihnen von Ihrem Vater angelegt wurden und die er in der Hand hält. Viele Ihrer Entscheidungen in Ihrem Leben wurden als Reaktion auf die Art und Weise getroffen, wie er direkt oder indirekt an den Zügeln zog. Aufgrund Ihrer Erfahrungen aus der Vergangenheit bewegen Sie sich heute entweder nach vorne oder von den Menschen weg. Um einige dieser Lügen aufzudecken, beantworten Sie die folgenden Fragen, bezüglich der Themen oder Probleme, die Sie gerade aus Ihrer Vergangenheit bearbeiten:
- Wie beschlossen Sie als Kind, sich zu schützen und in Zukunft ähnliche Verletzungen zu vermeiden?
- Was mußten Sie Ihrer Meinung nach unterlassen oder aufgeben, um sich vor Verletzungen zu schützen?

- Wie mußten Sie Ihrer Meinung nach werden oder was tun, um sich sicher und geschützt zu fühlen? Waren diese Überzeugungen darauf ausgerichtet, Liebe und Annahme von Ihrem Vater zu gewinnen?
- Was für Ängste oder Besorgnisse entwickelten Sie anderen Menschen und Situationen gegenüber und welche davon hingen mit Ihrem Vater zusammen?[29]

Manche Frauen haben entdeckt, daß sie aufgrund solchen Irrglaubens für sich selbst einschränkende Entscheidungen getroffen haben, die dazu führten, daß sie in ihren Beziehungen zu anhänglich, besitzergreifend und übervorsichtig waren, Risiken zu vermeiden suchten, voraussehen wollten, was kommt, sich selbst nicht vertrauten oder in allen Männern ihren Vater gesehen haben. Eine wichtige Frage, die Sie beantworten müssen, lautet: „Welche selbsteinschränkende Entscheidung habe ich vor Jahren getroffen, die mein Leben bis heute beeinflußt?"[30]

Sie haben vielleicht den Irrglauben, daß das, was zwischen Ihrem Vater und Ihnen geschah, so zerstörend und schmerzhaft war, daß es für immer Ihr Leben beeinträchtigen wird. Sie wurden vielleicht emotional abgelehnt oder sogar emotional oder physisch mißhandelt. Sie denken, die Zukunft sei so trostlos wie Ihre Vergangenheit. Dies ist eine Lüge! Es gibt Hoffnung. Heilung ist möglich. Veränderungen dieser Gefühle, Einstellungen und Haltungen sind möglich. In Fällen, in denen die Wunden aus der Vergangenheit sehr tief und schwerwiegend sind, kann es mehrere Jahre dauern, bis man diese Bereiche verarbeitet hat. In anderen Fällen kann es schneller gehen, wenn die Verletzung nicht so tief ist.

## Geben Sie Ihre Vergangenheit frei

Der dritte Schritt, um sich selbst und Ihren Vater loszulassen, besteht darin, daß Sie die Vergangenheit freigeben. Um diesen Schritt unternehmen zu können, müssen Sie glauben, daß es möglich ist, vergangene Verletzungen hinter sich zu lassen. Sie können keine halbherzige Sätze sagen, wie „Ich versuche es einmal..." oder „Ich tue es, wenn...". Sie müssen eine entschlossene Zusage treffen, daß Sie sich ändern und vertrauensvoll vorangehen wollen. Nehmen Sie Ihr Leben und Ihre Beziehung zu Ihrem Vater in die Hand.

Während Sie über diesen Schritt nachdenken, gehen in Ihrem Kopf vielleicht eine Reihe von Einwänden herum. Diese Gedanken entstammen einem Gefühl der Machtlosigkeit, die Veränderung einer Situation herbeizuführen. Sie sagen vielleicht folgendes:

„Ich habe diese Gefühle jetzt schon so viele Jahre, ich kann sie nicht ändern. Ich werde immer so sein. Ich habe alles versucht, was ich weiß, aber mit meinem Vater funktioniert nichts. Ich hatte sowieso nie den Eindruck, daß ich mit meinem Vater verbunden wäre. Weshalb sollte ich jetzt versuchen, die Beziehung zu ändern? Es ist jetzt schon seit 35 Jahren so. Ich denke nicht, daß ich lernen kann, ihn so anzunehmen, wie er ist. Ich gehe ihm lieber aus dem Weg. Ich habe es nun schon so lange probiert. Es ist keine Anstrengung wert."

Wenden Sie sich gegen diese Einwände, indem Sie in den folgenden sechs Monaten die Vorschläge in diesem Kapitel anwenden. Dann können Sie entscheiden, ob diese inneren Behauptungen wahr sind oder nicht. Gestehen Sie sich eine Probezeit zu, um Ihre Beziehung neu zu sehen. Denken Sie daran: Sie können Ihre Einstellungen, Gefühle und Überzeugungen ändern, ob sich Ihr Vater ändert oder nicht. Wenn Sie noch zögern voranzugehen, weil Sie sich durch die Macht, die Ihr Vater über Sie hat, überrumpelt fühlen, denken Sie daran: Sie gaben ihm diese Macht.

„Das ist aber eine unfaire Behauptung", sagen Sie jetzt. „Ich habe ihm diese Macht nicht gegeben. Er nahm sie." Nein, das ist nicht wahr. Wenn Sie während einiger Jahre Ihres Lebens als Erwachsene zugelassen haben, daß er Sie und Ihre Beziehung zu ihm kontrolliert, so haben Sie ihm diese Macht gegeben. Wenn Ihr Vater Sie als Kind beherrscht hat, war das sein Problem. Wenn er Sie heute als Erwachsene beherrscht, ist das Ihr Problem. Er kann Sie nicht beherrschen, es sei denn, Sie geben ihm das Recht dazu. Je mehr Sie heute ihm gegenüber aufgeben, desto mehr werden Sie seine Tendenz, Sie zu beherrschen, verstärken. Sie können lernen, ihm sicherer zu antworten und sich von seiner Macht über Sie zu befreien.

Die Veränderungen in Ihrer Beziehung zu Ihrem Vater und das Losreißen von der Vergangenheit sind ähnliche Erfahrungen wie die der Israeliten, die Ägypten verlassen hatten, um in das verheißene Land zu gehen. Als die Zeit kam, das Land zu verlassen, wollten sie alle gehen. Doch bald entdeckten sie, daß die Reise nicht einfach werden würde. Die ägyptische Armee verfolgte sie, und sie mußten der Wüste und dem Roten Meer entgegensehen. Viele der Israeliten wollten nach Ägypten zurück, weil sie die Kosten und die Risiken der Freiheit mehr fürchteten als die Sklaverei. Leonard Felder beschreibt diese Analogie auf folgende Weise:

„Von einem psychologischen Gesichtspunkt aus ist die Geschichte vom Zurückhalten kurz vor der Freiheit eine gute Metapher für das, was in Ihrem eigenen Leben geschieht. Wenn Sie oder ich in der Wüste fast ohne Wasser wären und die ägyptischen Soldaten uns einschlössen, würden wir in das Rote Meer gehen und vertrauen, daß wir nicht untergehen? Sicher war die jahrelange Sklaverei schrecklich, aber sie war uns auch vertraut, vorhersehbar und hatte eine gewisse Ordnung. Die Freiheit andererseits war unvorhersehbar, unbekannt, ohne Garantien und konnte vielleicht nicht von Dauer sein. Es ist wohl unnötig zu sagen, daß die meisten von diesen Argumenten überzeugt waren und zurückkehren wollten. Die meisten Menschen fühlen sich wohler dabei, ihre emotionale Sklaverei festzuhalten, als etwas Neues und Unsicheres zu riskieren."

Sich aus der Vergangenheit loszureißen führt auch einen Heilungsprozeß mit sich. Was heißt das? Es bedeutet, fähig zu sein, über Ihre Vergangenheit und ihren positiven und negativen Einfluß auf Ihr jetziges Leben nachzudenken, ohne daß das Negative Ihr Leben beherrscht. Heilung bedeutet, eine neue Bedeutung für das gegenwärtige Leben zu finden, indem man sich von der vergangenen Infektion losreißt. Es bedeutet, die Umstände zu beherrschen, anstatt sich von diesen sein Glück rauben zu lassen.[31]

## *Skizzieren Sie Ihre Vergangenheit*

Ein hilfreiches Mittel, um Ihre Vergangenheit freizugeben, besteht darin, eine Vater-Beziehungsgraphik aufzuzeichnen. Der Zweck einer solchen Graphik ist es, Ihnen zu helfen, entscheidende Ereignisse der Vergangenheit mit Ihrem Vater zu identifizieren, die Ihr Leben stark beeinflußten, im positiven wie im negativen. Hier ist ein Beispiel:

*Graphik der Vaterbeziehung*

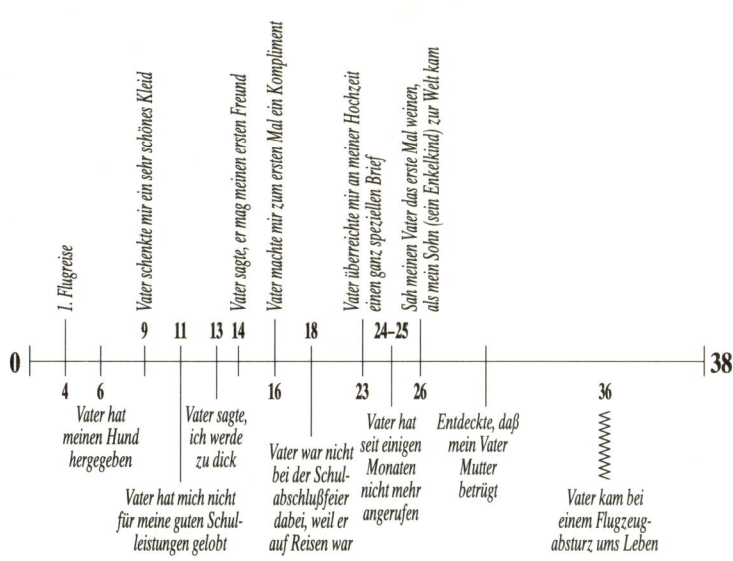

An dieser Stelle legen Sie bitte das Buch weg und stellen Sie Ihre eigene Graphik zusammen. Zeichnen Sie eine horizontale Linie. Diese Linie stellt Ihr Leben von Geburt an bis zur Gegenwart dar. Finden Sie den Einfluß Ihres Vaters heraus, indem Sie auf dieser Linie spezielle Ereignisse festhalten und das Alter dazu vermerken, in welchem sich diese abspielten. Schreiben Sie die positiven Ereignisse mit Ihrem Vater über die Linie und die negativen unter die Linie. Die Länge der Linie, die zu dem Ereignis führt, zeigt, inwiefern das Erlebnis Ihr Leben beeinflußt hat. Je länger die Linie ist, desto stärker war die Intensität

173

Eine gerade Linie zeigt an, daß dieses Ereignis Sie nicht länger beeinflußt, eine wellenförmige Linie zeigt, daß es immer noch Einfluß auf Sie hat.

Nachdem Sie diese Graphik ausgefüllt haben, ist es ganz hilfreich, sie einer anderen Person zu zeigen. Sie sprechen vielleicht lieber mit einer Frau, die auch eine solche Graphik aufgestellt hat. Oder Sie bitten Ihren Mann, seine Erfahrungen mit seinem Vater aufzustellen, und tauschen dann aus.

Haben Sie beim Studieren Ihrer Graphik mehr negative oder mehr positive Erlebnisse? Wenn Sie über die positiven nachdenken, welche haben Sie Ihrem Vater mitgeteilt? Ist er sich dessen bewußt, daß Sie diese als positiven Einfluß auf Ihr Leben ansehen? Wenn nicht, wie würden Sie ihm diese Ereignisse beschreiben? Wie hätten Sie gerne, daß er darauf reagiert? Wenn Sie über die negativen Erfahrungen nachdenken, beantworten Sie bitte folgende Fragen:

- Bei welchen Ereignissen hatten Sie Schwierigkeiten, sich einzugestehen, daß sie geschehen sind?
- Welche haben Sie nie mit Ihrem Vater geregelt oder besprochen?
- Wenn Sie mit einer Freundin darüber sprechen, hat diese bei Ihnen eine emotionale Reaktion (trockene Kehle, Tränen usw.) feststellen können? Wenn ja, was hat diese Reaktion ausgelöst?
- Welche dieser Erlebnisse würden Sie gerne mit Ihrem Vater besprechen?
- Was erhoffen Sie sich davon?
- Wie hoffen Sie, daß er reagiert?
- Was könnte sich bei Ihnen verändern, wenn Sie diese Erfahrungen mit ihm besprechen?
- Wie gehen Sie damit um, wenn er nicht positiv reagiert? Können Sie ihm Ihre Gefühle zu Ihrer eigenen Erleichterung mitteilen, gleichgültig wie er reagiert?
- Müssen Sie Ihrem Vater für diese Erlebnisse vergeben?
- Gibt es Informationen über Ihren Vater, die Ihnen helfen, ihn und seine Handlungen besser zu verstehen? Wenn ja, wie haben Sie diese herausgefunden.
- Welche Ereignisse zögern Sie, Ihm mitzuteilen? Warum?

Der letzte Schritt in dem Prozeß der Freigabe Ihrer Vergangenheit besteht darin, Ihren Vater damit zu konfrontieren. Wenn Sie diese Graphik als Basis für ein Gespräch verwenden, dann tun Sie bitte noch folgende Schritte, um Ihr Treffen vorzubereiten:

1. Schreiben Sie einen Absatz, der jedes Ereignis Ihrer Graphik beschreibt, einschließlich Ihrer Gefühle zum Zeitpunkt des Ereignisses und jetzt. Beschreiben Sie, wie diese Ereignisse Ihr gegenwärtiges Leben noch beeinflussen.

2. Schreiben Sie zu jeder Erfahrung genau auf, was Sie Ihrem Vater dazu sagen möchten.

3. Wenn Sie diese Dinge mit ihm nicht besprechen wollen oder können, so beschreiben Sie, wie Sie sich nun von jedem Ereignis, das Sie festhält, losreißen möchten.

4. Beschreiben Sie, wie Sie Ihre Gefühle zu jedem Ereignis freisetzen werden, selbst wenn Sie Ihren Vater nicht konfrontieren.

5. Wenn Sie die Absicht haben, mit Ihrem Vater über diese Dinge zu reden, so schreiben Sie vier bis fünf seiner typischen Antworten auf, die Sie zu hören erwarten. Notieren Sie sich auch, wie Sie zu jeder Antwort reagieren und was Sie sagen. Üben Sie Ihre Antworten laut oder auf Tonband oder mit einer Freundin, um zu lernen, in neuer Weise auf Ihren Vater zu reagieren.[32]

Wenn Sie jetzt meinen, das klinge nach sehr viel Arbeit, so haben Sie recht. Doch Sie werden feststellen, daß die Ergebnisse dieser Anstrengung wert waren.

## *Konfrontation: den Vorhang niederreißen*

Der letzte Schritt, um sich von der schmerzhaften vergangenen Beziehung zu seinem Vater loszureißen, ist die Konfrontation. Obwohl man schon ein großes Maß an Heilung erfahren kann, wenn man die vorherigen Schritte durchführt, ist die Konfrontation oft der notwendige letzte Schritt, der den Vorhang der Vergangenheit letztlich niederreißt.

Konfrontation ist einfach das Mitteilen von Fakten und Gefühlen. Es ist kein Racheakt oder Streit. Man beabsichtigt nicht, sich zu entfremden oder jemanden dadurch zu verändern. Sie konfrontieren die Person nicht, um endlich Ihren Ärger ihr gegenüber loszuwerden. Es ist sogar besser, seinen Groll vor der Begegnung aufzugeben. Man konfrontiert nicht jemanden, um ihn zu strafen, um mit ihm abzurechnen, um ihn zu erschrecken oder ihm Leid zuzufügen.

Die Konfrontation soll einen Schlußstrich unter eine schmerzhafte Vergangenheit ziehen, die sich nur noch verfestigen würde, wenn man nicht offen darüber reden und sie verarbeiten würde. Für den, der an Jesus Christus glaubt, ist das auch der Schritt, um Gottes Vergebung anzunehmen und demjenigen auszusprechen, den man konfrontiert. Es ist ein Akt der Liebe, vor allem für diejenigen, mit denen die Beziehung weitergeht. Selbst für die, die einem nicht nahe sind, ist die Konfrontation eine liebevolle Art, sie über ihren Einfluß zu informieren, so daß sie die Verantwortung für ihre Handlungen übernehmen können. Es wird eine wachstumsfördernde Erfahrung sein für den, den Sie konfrontieren, und es wird Sie befreien, andere Menschen in ihrem Leben auf gesunde Weise zu konfrontieren.[33]

Für diejenigen, die in ihren jungen Jahren ernsthaft verletzt wurden, dient diese Konfrontation mehreren Zwecken. Sich seiner Vergangenheit zu stellen, hilft einem, sich selbst zu beweisen, daß man nicht mehr von der entsprechenden Person beherrscht oder mißhandelt wird noch in Furcht vor ihr lebt.

Konfrontation ist eine praktische Anwendung der Anweisung des Wortes Gottes, das uns sagt, wir sollen die Wahrheit in Liebe sagen (Eph. 4, 15). Sie müssen Ihren Vater wahrheitsgemäß konfrontieren, indem Sie ihm genau sagen, was Sie der Vergangenheit gegenüber empfinden. Sprüche 28, 23 sagt: „Wer einen andern zurechtweist, findet schließlich Dank, mehr als der Schmeichler." Aber Ihre offene, ehrliche Begegnung muß in Liebe geschehen, damit Ihre Beziehung nicht noch mehr zerstört, sondern geheilt wird.

Was die Methode anbelangt, so haben Sie die Wahl: die direkte oder die indirekte Konfrontation. In einer indirekten

Konfrontation konfrontieren Sie selbst Ihre Probleme und Gefühle, ohne sie Ihrem Vater persönlich mitzuteilen. Eine indirekte Konfrontation kann auch ein Brief an Ihren Vater sein, den Sie einer Freundin vorlesen, auf Kassette aufnehmen, ihm aber nicht zusenden. Dies gewährt Ihnen die Sicherheit einer entfernten und intimen Regelung. Sie können auch das sagen, was Sie wollen, ohne unterbrochen zu werden und ohne auf seine Antworten eingehen zu müssen. Der Nachteil ist jedoch, daß Ihnen das Gefühl des Abschlusses der Sache entgeht, das aus einem direkten Gespräch von Angesicht zu Angesicht mit entsprechenden Reaktionen entsteht. Wenn Sie die direkte Art wählen, so haben Sie noch die Form zu wählen: per Brief, Telefon oder Besuch. Schreiben Sie einen Brief, so machen Sie mehrere Entwürfe, bevor Sie ihn wegschicken. Lesen Sie ihn laut vor, um festzustellen, wie er sich anhört. Manche Frauen finden es hilfreich, ihn jemand anderm vorzulesen, um eine objektive Meinung dazu zu erhalten. Ich habe schon manche Briefe dieser Art gelesen.

Eine briefliche Konfrontation nimmt die Möglichkeit des Eingeschüchtertseins beim Anblick der Person weg. Außerdem kann ein Brief ihn tiefer treffen als eine persönliche Konfrontation, wenn Ihr Vater visuell orientiert ist. Der Nachteil ist natürlich, daß der Vater eventuell auf den Brief nicht antwortet. Sie werden dann darunter leiden, nicht zu wissen, was er mit dem Brief getan hat, ob er ihn überhaupt gelesen, verstanden oder akzeptiert hat.

*Wenn Sie immer noch*
*auf irgendeine Weise von Ihrem Vater*
*mißhandelt werden – emotional,*
*verbal, sexuell oder physisch –*
*so müssen Sie ihn*
*persönlich konfrontieren.*

Wenn Sie es bevorzugen, Ihren Vater telefonisch zu konfrontieren, bereiten Sie vor, was Sie sagen werden. Vielleicht führen Sie das Gespräch auch nach den Notizen, die Sie vor sich hinlegen. Der Nachteil ist, daß Ihnen ein Teil der Reaktion entgeht, weil Sie seinen nonverbalen Ausdruck nicht mitbekommen. Es könnte auch sein, daß Ihr Vater den Hörer weglegt und Ihnen nicht zuhört oder schlicht und einfach während des Gesprächs auflegt.

Eine Konfrontation von Angesicht zu Angesicht nimmt die Möglichkeit einer nur teilweisen oder gar keinen Antwort/ Reaktion weg. Indem Sie Ihren Vater persönlich konfrontieren, können Sie sichergehen, daß er alles hört und versteht, was Sie ihm zu sagen haben. Sie können dann auch seine Reaktionen hören und sehen. Eine persönliche Konfrontation unterstreicht auch die Wichtigkeit dessen, was Sie ihm zu sagen haben. Viele Väter sind in solchen Gesprächen sehr aufgeschlossen. Manche sind total erstaunt über das, was sie hören. Es ist ihnen weder bewußt, was sie taten, noch daß es ihre Töchter so stark beeinflußt hat. Ich kenne Väter, die sich nach solch einer Konfrontation bei ihren Töchtern entschuldigt haben, was zu einer sehr bedeutungsvollen Zeit der Vergebung und der Heilung geführt hat.

Eine direkte Konfrontation unter vier Augen kann viel Druck und Streß in Ihnen auslösen, weil Sie keine Kontrolle über die Reaktion Ihres Vaters haben. Er mag Sie vielleicht verteidigungsbereit unterbrechen oder wütend abbrechen. Dann können Sie sich in der Situation gefangen fühlen und wünschen, Sie hätten eine weniger direkte Art gewählt.

Wann ist eine Konfrontation unter vier Augen notwendig? Wenn Sie immer noch auf irgendeine Weise von Ihrem Vater mißhandelt werden – emotional, verbal, sexuell oder physisch. Wenn Sie noch so von ihm beherrscht werden, daß Sie noch immer keine eigenständige Persönlichkeit haben, müssen Sie ihn persönlich konfrontieren. Wenn Sie in Angst vor Ihrem Vater leben, müssen Sie dieser Angst in einer persönlichen Begegnung ins Auge sehen. Oder wenn Sie befürchten, Ihr Vater könnte in irgendeiner Weise Ihre Kinder mißhandeln, so müssen Sie mit Ihm persönlich sprechen.[34] Vorbereitung und Übung sind unabdingbar, damit eine solche Begegnung erfolgreich abläuft. Verbringen Sie zunächst Zeit im Gebet für sich selbst und für Ihren Vater. Bitten Sie den Herrn, Ihnen die vergangenen Verletzungen ins Gedächtnis zurückzurufen und jene zu identifizieren, die Ihr gegenwärtiges Leben bestimmen. Doch beten Sie vor allem darum, im Zeitplan des Herrn zu sein. Stürzen Sie sich nicht in solch eine Konfrontation. Warten Sie zunächst einmal. Manche Töchter haben Monate, sogar Jahre gewartet, bis der Zeitpunkt gekommen war, ihre Väter zu konfrontieren. Lassen Sie sich vom Heiligen Geist führen.

Listen Sie als nächstes alle Verletzungen auf und wie sie Sie beeinflußt haben. Diese Liste kann enthalten, daß Ihr Vater Sie gekränkt, enttäuscht, verachtet, verlassen, abgelehnt, beschimpft oder emotional, sexuell oder physisch mißhandelt hat. Notieren Sie alle Gefühle, die aus diesen Handlungen entstanden sind, wie Zorn, Angst, Scham, Wertlosigkeit, Schuld, innere Not usw. Beschreiben Sie die Auswirkungen, die Sie als Kind, Jugendliche und Erwachsene erlebten, und solche, die gegenwärtig Ihre Familie, Ihren Mann und Ihre Kinder betreffen. Schreiben Sie dann genau auf, was Sie Ihrem Vater sagen möchten und auf welche Weise Sie es ihm sagen müssen, damit er Ihnen zuhört. Vergewissern Sie sich, daß Ihre Aussagen mit „Ich fühle ...", „Ich möchte ..." anfangen anstatt mit Anschuldigungen wie „Du hast nie ...", „Du hättest ... sollen". Fassen Sie alles zusammen, was Sie in Ihrer Kindheit von Ihm erwarteten und nie bekommen haben. Notieren Sie schließlich, was Sie heute von ihm möchten. Nochmals, seien Sie genau. Hier sind einige Beispiele von zwei Frauen, die Ihre speziellen Enttäuschungen und Wünsche aufgelistet haben. Die erste Frau war enttäuscht und von ihrem Vater abgelehnt, die zweite war das Opfer von sexueller Mißhandlung:

In der Vergangenheit...

- Ich wollte, daß du mir sagst, daß ich schön bin.
- Ich wollte, daß du dir Zeit nimmst, um mit mir zu spielen.
- Ich wollte, daß du mich ermutigst.
- Ich wollte, daß du mir zuhörst.
- Ich wollte, daß du mir mitteilst, wer du wirklich bist.

In der Gegenwart...

- Ich möchte, daß du an meinem Leben und dem meiner Familie mehr teilhast.

- Ich möchte, daß du mir Fragen stellst und mir zuhörst.
- Ich möchte, daß du mir einmal pro Woche anrufst und einige Minuten lang mitteilst, was in deinem Leben geschieht.
- Ich möchte, daß du meine Kinder kennenlernst. Bitte verbringe Zeit mit ihnen.

In der Vergangenheit...

- Ich wollte, daß du aufhörst, mich an den falschen Stellen zu berühren.
- Ich wollte, daß du mir sagst, ich bin in Ordnung und du bist schuldig.
- Ich wollte, daß du meine Schwester und mich in Ruhe läßt.

In der Gegenwart...

- Ich möchte, daß du weißt, wie sehr du mein Leben beeinträchtigt hast.
- Ich möchte, daß du zugibst, was du getan hast, und die Seelsorge aufsuchst, die du nie erhalten hast.
- Ich möchte, daß du normal wirst und so, wie du sein solltest.
- Ich möchte wissen, daß man dir vertrauen kann.

Üben Sie die Konfrontation, indem Sie Ihre Rede laut halten, vielleicht sogar auf Kassette aufnehmen, um sie selbst zu hören und eventuell Verbesserungen vornehmen zu können. Eine Möglichkeit ist auch, das ganze mit einem Freund durchzugehen, der Ihren Vater spielt.

Entscheiden Sie, wann und wo Sie mit Ihrem Vater reden. Wenn Sie ihn in seinem Haus treffen, sind Sie möglicherweise im Nachteil. Vielleicht finden Sie einen neutralen Begegnungsort ideal, wie z.B. ein Restaurant oder einen Park. Lassen Sie sich Vertrauen und Stärke vom Herrn schenken, in dem Wissen, daß er sie beide liebt und an Ihnen beiden arbeiten will, damit eine gesunde Beziehung entsteht. Ein wichtiges Element, das den ganzen Prozeß der Freigabe der Vergangenheit und Konfrontation mit Ihrem Vater umfassen muß, ist die Vergebung. Sie können von Ihren Verletzungen nicht geheilt werden, noch kann Ihre Beziehung zu Ihrem Vater geregelt werden, wenn Sie ihm und auch sich selbst das, was geschehen ist, nicht vergeben haben. Das folgende Kapitel beschreibt das wichtige Thema der Vergebung und seinen Bezug zur Vater-Tochter-Beziehung.

# 12

# Vergeben lernen

Victoria beschrieb mir ihre Beziehung zu ihrem Vater:

„Meine Erinnerungen sind vage und unangenehm. Er schien während meiner gesamten Kindheit nie besonders an mir interessiert zu sein. Er war brüsk und schroff. Er kam nie zu mir. Ich mußte immer zu ihm kommen, um ihm Dinge zu zeigen. Selbst da sagte er kaum etwas. Was ich am meisten haßte, war sein Zorn. Er schrie und fegte dann durchs ganze Haus und sprach mehrere Tage lang mit keinem von uns. Aus irgendeinem Grunde fühlte ich mich für seine Ausbrüche verantwortlich. Papa lebte praktisch an seiner Arbeitsstelle. Wollte man ihn dazu bewegen, Urlaub zu nehmen, so war es, als ob ihm ein Zahn gezogen werden sollte. Ich denke, ich erhoffte mir so viel mehr von ihm: ein Wort des Lobes von Zeit zu Zeit, ein Kompliment. Er brummte nur etwas Unverständliches, als ich ihm mein Ballkleid zeigte. Wenn ich ihn heute anrufe, sprechen wir ein wenig, aber es geht nie über das Oberflächliche hinaus. Ich wünschte, er würde sich mir gegenüber öffnen. Er redet eine Weile und sagt dann: ‚Hier ist deine Mutter‘."

Während wir so weitersprachen, stellte ich Victoria einige Fragen über den Hintergrund und die Erziehung ihres Vaters. Je mehr wir über ihn sprachen, desto mehr fiel ihr über ihn ein. Wir konnten ein Profil erstellen, das folgende Fakten enthielt:

– Er war in einem Zuhause aufgewachsen mit seinen Eltern und drei dominierenden Brüdern.
– Sein Vater war ruhig und arbeitete schwer.
– Er hatte als junger Mann wenig Kontakt zu Mädchen.

- Er ging mit niemandem aus bis zu seinem 32.Lebensjahr, wo er Victorias Mutter begegnete und sie heiratete.
- Er hatte kaum Beziehungen und konnte nur schwer kommunizieren. Er hatte keine engen Freunde.
- Er wollte dafür sorgen, daß seine Familie finanziell sicher gestellt war, weil seine Eltern so sehr um den Lebensunterhalt hatten kämpfen müssen.
- Die meiste Zeit über sah es so aus, als wollte er etwas sagen, konnte aber keine Worte finden.

Nachdem wir über die Erziehung ihres Vaters gesprochen und einige der Gründe für sein Versagen als Vater herausgefunden hatten, fing Victoria an, ihn in einem neuen Licht zu sehen. Ihr wurde klar, daß er ein Mensch mit Fehlern und Schwächen war, und sie konnte es annehmen, daß er unfähig gewesen war, ihr als kleines Kind das zu geben, was sie gebraucht hätte. Victorias tiefer Groll gegen ihren Vater schmolz zu einer Wärme des Verständnisses und der Vergebung. Vergebung ist ein unerläßliches Element in dem gesamten Prozeß der Aufarbeitung der Beziehung zu Ihrem Vater und der Freigabe der Vergangenheit mit ihren Verletzungen.

## Wütende Töchter

Eines der größten Hindernisse für die Vergebung ist der Zorn. Wie Victoria sind Sie vielleicht wütend auf Ihren Vater wegen seines Versagens und seiner Fehler in der Vergangenheit. Wenn ja, geben Sie es zu und verarbeiten Sie es richtig. Es braucht Mut, um seinen Zorn zuzugeben. Aber wenn man lernt, ihn auf gesunde Weise freizulassen, kann das ein Leben positiv berühren. Unterdrückter oder verdrängter Zorn mit sich herumzutragen ist wie ein geladenes Gewehr. Irgendwann geht es los, und jemand wird verletzt. Seinen Zorn auf konstruktive Weise loszuwerden nimmt die Munition aus dem Gewehr.

Frauen, die als Kinder von ihren Vätern traumatisiert wurden, sind später oft wütende Töchter. Viele von ihnen richten diesen Zorn gegen sich selbst, indem sie die Schuld dessen, was geschehen ist, auf sich nehmen. Sich selbst die Schuld zuzuweisen bedeutet, daß man das geladene Gewehr auf sich selbst richtet. Akzeptieren Sie nicht, daß Ihr Zorn in die falsche Richtung gelenkt wird; werfen Sie ihn fort! Ein Therapeut schlägt vor, daß man seine Augen schließt und sich vorstellt, man werfe alle diese Gefühle der Person zu, zu der sie gehören. Dann, alleine in einem Raum, öffne man seine Augen, mache eine werfende Bewegung und sage laut: „Nimm' das! Es gehört nicht zu mir! Es gehört dir!" Es hat zahlreiche Vorteile, wenn Sie Ihren Ärger in konstruktiver Weise loswerden. Hier sind nur einige davon:

## *Die Freigabe Ihres Zornes wird...*

– Ihr Selbstwertgefühl verbessern. Wenn Sie aufhören, sich selbst die Schuld zu geben, wird Ihre Selbstachtung wachsen.
– Ihnen Hoffnung geben. Sie werden das Gefühl haben, eine riesige Last sei von Ihren Schultern genommen worden. Es nimmt viel Energie in Anspruch, solchen Zorn zu behalten.
– Ihre körperliche Anspannung wegnehmen. Wenn Sie Ihren Zorn freisetzen, wird Ihr Körper entspannter und beweglicher.
– Sie befreien, um Liebe und Freude auszudrücken und Vergnügen zu empfinden.
– Ihnen helfen, klarer zu denken und Ihre Entscheidungsfähigkeit zu verbessern. Ihr Denken wird nicht mehr so verwirrt sein, wenn Ihr Zorn Sie nicht mehr ablenkt.
– Ihnen physisch und seelisch mehr Kraft schenken und Ihnen helfen, sicherer zu sein.
– Ihnen helfen, eine unabhängige Person zu werden, geistig und seelisch von Ihren Eltern frei zu werden und zerstörerische Beziehungen aufzugeben.
– Ihre Beziehungen verbessern. Sie werden nicht mehr so leicht Ihren Zorn an Ihrem Partner, Ihren Kindern, Freunden und Kollegen auslassen.

- Ihre Unschuld bestätigen.
- Ihnen helfen zu überwinden, anstatt einfach nur ein Opfer zu bleiben.

Wenn Sie Schwierigkeiten haben, Ihren Zorn zu benennen und loszulassen, so versuchen Sie herauszufinden, warum Sie dem widerstehen. Denken Sie darüber nach und vervollständigen Sie folgende Aussagen. Teilen Sie sie einer Freundin mit, und bitten Sie diese, das zu bestätigen oder auszuweiten.
- Ich habe Angst, meinen Zorn freizugeben, weil...
- Ich möchte meinen Zorn nicht freigeben, weil...[35]

Wenn es Ihnen sehr schwerfällt, Ihren Zorn freizugeben, so liegt es vielleicht daran, daß Sie von anderen falsche Aussagen bekommen. Jemand sagt Ihnen z. B.: „Sie sollten Ihren Zorn nicht ausdrücken, das ist nicht christlich. Außerdem ist es nicht gesund, das zu tun. Weshalb sollten Sie Ihren Zorn freisetzen, wenn Sie doch einfach vergeben können?" Vergebung ist wichtig, doch ist es der letzte Schritt in einem Prozeß mit mehreren Schritten, der mit der Freigabe des Zornes beginnt. Mir gefällt der Vorschlag, den Beverly Engel als mögliche Antwort auf solche Aussagen macht:
- Die Vergangenheit ist nicht Vergangenheit; sie ist immer noch da und ruiniert mein Leben.
- Ich versuche nicht, sie zu ändern, ich ändere meine Art, mit ihr umzugehen.
- Ich bin wütend, weil ich verletzt wurde. Ich kann nicht vergeben, bevor ich meinen Zorn nicht freigegeben habe.
- Ich habe das Recht, wütend zu sein. Wenn du mir helfen willst, ermutige mich, ihn freizusetzen.[36]

## *Wie man von seinem Zorn frei wird*

Es gibt einige wichtige Schritte, um Ihren Zorn Ihrem Vater gegenüber in konstruktiver Weise loszuwerden. Die ersten vier Schritte sollte man in dieser Reihenfolge nachvollziehen. Schritte 5 und 6 sind zusätzliche Schritte, die Sie in Ihre persönliche Übung einschließen sollten, um Ihren Zorn loszuwerden.

*1. Stellen Sie Ihre Gefühle fest.* Listen Sie auf einem Blatt Papier allen Groll, alle Verletzungen und Gefühle des Zorns, die Sie Ihrem Vater gegenüber empfinden, auf. Beschreiben Sie dann so genau wie möglich, was geschehen ist, was Sie dem gegenüber empfanden und heute empfinden. Hier sind einige Beispiele von Frauen, die mir Ihre Gefühle mitgeteilt haben:

- Ich fühle mich verletzt, weil du vor anderen sarkastische Bemerkungen über mein Gewicht gemacht hast. Ich bin wütend, weil du mich nie bestätigt hast. Ich habe das Gefühl, etwas an mir sei falsch. Ich hege Groll, weil du mir nie zugehört hast.
- Ich hege Groll, weil du Mutter an der Nase herumgeführt hast und ich das Geheimnis auch wahren mußte.
- Ich bin wütend über die Art, wie du mich gebrauchst. Ich fühle mich billig.
- Ich hege Groll, weil du mich nicht so liebst, wie ich bin.
- Ich bin wütend, daß mein Leben heute so verkorkst ist, weil ich dir immer beweisen wollte, daß ich nicht so „verdammt gut" bin, wie du es immer sagtest.
- Ich hege Groll gegen dich und alle Männer.
- Ich bin zornig, weil du dich nie mit mir ausgetauscht hast. Wer bist du überhaupt?

Seien Sie sich dessen bewußt, daß Sie einen großen emotionalen Ausbruch erleben können, während Sie diese Liste aufstellen. Andere alte, vergrabene Gefühle können ans Tageslicht treten und Sie eine Zeitlang durcheinander bringen. Bitten Sie Gott beim Nachdenken und Arbeiten an dieser Liste, Ihnen Ihre tiefen schmerzhaften Erinnerungen zu offenbaren, so daß Ihr inneres Gefäß des Zornes geleert werden kann. Danken Sie ihm, daß es in Ordnung ist, diese Gefühle nochmals durchzugehen und zu empfinden. Stellen Sie sich vor, daß Jesus im Raum ist und sagt: „Ich möchte, daß du gereinigt und frei bist. Du mußt nicht emotional lahm, blind oder taub sein, aufgrund dessen, was mit dir geschehen ist."

Zeigen Sie Ihre Liste niemandem und geben Sie sie nicht Ihrem Vater. An dieser Stelle bedeutet die Freigabe des Zornes keine Konfrontation mit der Person.

---

*Stellen Sie sich vor,
daß Jesus im Raum ist und sagt:
„Ich möchte, daß du gereinigt und frei bist.
Du mußt nicht emotional lahm,
blind oder taub sein, aufgrund dessen,
was mit dir geschehen ist."*

---

*2. Legen Sie Ihre Liste beiseite.* Nachdem Sie so viele Gefühle wie möglich aufgeschrieben haben, legen Sie Ihre Liste beiseite und ruhen Sie ein wenig. Gestatten Sie sich eine Zeit, in der andere Gefühle aufkommen können, die Sie mitteilen müssen und die Ihre erste Liste nicht enthält. Fügen Sie sie auf der Liste hinzu. Sie werden sich wahrscheinlich nicht an alle Verletzungen erinnern, aber das ist nicht unbedingt nötig.

*3. Lesen Sie Ihre Liste laut.* Nehmen Sie Ihre Liste mit in einen Raum, in dem sich zwei leere Stühle gegenüberstehen. Setzen Sie sich auf einen Stuhl und stellen Sie sich vor, Ihr Vater sitze auf dem anderen und heiße Sie liebevoll willkommen. Hören Sie ihn sagen: „Ich möchte hören, was du mir mitzuteilen hast. Ich werde es annehmen. Sag mir, was du auf dem Herzen hast. Ich muß es hören." Schauen Sie den leeren Stuhl so an, als säße Ihr Vater darauf. Nehmen Sie sich Zeit, dem Vater in Ihrer Vorstellung Ihre Liste vorzulesen. Zuerst fühlen Sie sich vielleicht seltsam oder verlegen, eine Liste in einem leeren Raum laut zu lesen. Doch diese Gefühle vergehen. Es kann geschehen, daß Sie das, was auf der Liste steht, noch ausweiten möchten. Fühlen Sie sich frei, das zu tun. Während Sie das vorlesen, stellen Sie sich Ihren Vater vor, wie er Ihnen zuhört, mit dem Kopf nickt und Ihre Gefühle versteht. Beim Fortfahren mit Ihrer Liste empfinden Sie vielleicht starken Zorn, Depression, Bedrängnis oder andere Gefühle. Teilen Sie auch diese Ihrem Vater in Ihrer Vorstellung mit. Denken Sie daran: Sie haben nicht nur die Erlaubnis, Ihre Gefühle der Vergangenheit und der Gegenwart mitzuteilen, sondern Jesus Christus ist auch da und gibt Ihnen die Erlaubnis, Ihren Zorn freizulassen. Sie stellen vielleicht fest, daß Sie zunächst nur eines der Gefühle Ihrer Liste besprechen können. Wenn Sie sich emotional ausgelaugt fühlen, ist es wichtig, aufzuhören und sich eine Weile âuszuruhen. Nach einer Zeit der Entspannung nehmen Sie dann Ihre normalen Tätigkeiten wieder auf. Machen Sie mit der restlichen Liste ein anderes Mal weiter.

*4. Lassen Sie sich von Jesus heilen.* Bevor Sie diese Zeit des Mitteilens beenden, schließen Sie Ihre Augen und stellen Sie sich vor, wie Sie, Jesus und Ihr Vater zusammen dastehen, die Hände aufeinander gelegt. Verharren Sie mehrere Minuten in dieser Vorstellung. Vielleicht stellen Sie sich auch vor, daß Ihr Vater nicht akzeptiert, was Sie ihm zu sagen haben. Das entspricht wahrscheinlich am ehesten der Realität. Doch sehen Sie sich selbst ruhig, gleichgültig, was geschieht. Nachdem Sie diese vier Schritte getan haben, müssen Sie sie vielleicht über eine Zeitspanne hinweg mehrere Male wiederholen, bis die Verletzungen der Vergangenheit nichts mehr sind als eine Erinnerung.

*5. Schreiben Sie einen Brief.* Eine andere hilfreiche Methode, um Ihren Zorn freizusetzen, ist, Ihrem Vater einen Brief zu schreiben – einen Brief, den Sie nicht abschicken. Dies hilft Ihnen, Ihre Gefühle auszudrücken. Fangen Sie den Brief so an wie jeden Brief an ihn. Sorgen Sie sich nicht über den Stil, die Schrift, Rechtschreibung oder Zeichensetzung. Sie drücken einfach Ihre Gefühle ihm gegenüber aus und lassen sie frei heraus. Es ist anfangs vielleicht schwer, aber Sie werden feststellen, wie Ihre Worte und Gefühle herausfließen. Halten Sie sie nicht zurück! Lassen Sie die Gefühle des Zornes, der Verletzung und des Grolls heraus, die so lange in Ihnen schlummerten. Bewerten Sie sie zu diesem Zeitpunkt nicht. Sie sind vorhanden und müssen ausgedrückt werden. Diese Übung wird Sie wahrscheinlich emotional erschöpfen. Planen Sie deshalb etwas Zeit zum Ausruhen mit ein. Manchmal habe ich Patienten, die in der Therapie solche Brief schreiben und sie mit zur nächsten Sitzung bringen. Oft möchte eine Patientin mir den Brief sofort aushändigen, kaum daß sie in mein Büro eingetreten ist. Ich halte sie jedoch zurück. Zu gegebenem Zeitpunkt bitte ich sie, sich ihren Vater auf dem leeren Stuhl in meinem Büro vorzustellen. Dann lasse ich sie den Brief laut vorlesen, als ob ihr Vater da säße und zuhörte. Es kann hilfreich für Sie sein, wenn Sie Ihren Brief in ähnlicher Weise vor Ihrem Mann oder einer anderen vertrauten Person vorlesen. Es sollte jemand sein, der zuhört und Sie unterstützt, kein Werturteil fällt und auch nicht Ihr Vertrauen mißbraucht. Setzen Sie sich Ihrer Freundin gegenüber und lesen Sie ihn laut vor. Bitten Sie sie, Kommentare dazu zu machen, aber nur solche, die Ihnen helfen und Sie ermutigen, fortzufahren. Diese Erfahrung, den Brief mit jemandem zu teilen, kann Heilung zu Stande bringen. Vergessen Sie nicht, der Person für ihr Zuhören zu danken.

*6. Planen Sie eine positive Reaktion.* Dies ist ein weiterer wichtiger Schritt in dem Prozeß der Heilung. Nachdem Sie Ihre negativen Gefühle der Wut und des Grolls losgelassen haben, ist es wichtig, daß Sie eine positive Reaktion, so wie Liebe, Annahme oder Freundschaft Ihrem Vater gegenüber aufweisen. Wenn Sie Ihre negativen Gefühle nicht durch positive Reaktionen ersetzen, werden Sie Ihrem Vater gegenüber emotional neutral. Sie werden gleichgültig – empfinden keinerlei Gefühle mehr ihm gegenüber. Ich hatte eine Reihe von Patientinnen, die mir sagten, daß sie ihren Vätern gegenüber keinerlei Gefühle hatten. Sie hatten einen Zustand der emotionalen Isolation entwickelt, was bedeutet, daß sie den Ausdruck sämtlicher Gefühle abgeblockt hatten. Dies ist sehr ungesund. Nachdem Sie Ihre Wut und Ihren Groll ausgedrückt haben, müssen Sie sofort damit beginnen, Ihrem Vater auf positive Weise zu begegnen.

## Ihrem Vater vergeben

Wenn Sie feststellen, daß Sie dem Ausdruck positiver Gefühle Ihrem Vater gegenüber widerstehen, ist vielleicht noch versteckter Groll in Ihnen. Die nächste Übung soll diese Gefühle aufdecken und den Weg für eine positive Reaktion freimachen. Nehmen Sie ein Blatt Papier und schreiben Sie oben „Lieber Papa". Unter diesen Gruß schreiben Sie die Worte: „Ich vergebe dir für...". Vervollständigen Sie den Satz, indem Sie etwas aufschreiben, was Ihr Vater getan und Sie all diese Jahre gequält hat. Eine Tochter schreibt zum Beispiel: „Ich vergebe dir, daß du all diese Jahre versucht hast, mein Leben zu beherrschen."

Danach halten Sie den ersten Gedanken fest, der Ihnen nach dem Schreiben dieses Satzes in den Sinn kommt. Es kann ein Gedanke sein, der dem Prinzip der Vergebung, das Sie ausdrükken möchten, widerspricht. Oder es mag ein Protest oder eine emotionale Reaktion sein gegen das, was Sie aufgeschrieben haben. Die Frau, die z. B. Ihrem Vater vergeben hat, daß er ihr Leben kontrollieren wollte, mag vielleicht daran denken, wie er ihr verboten hat, mit dem Jungen, den sie mochte, auszugehen, weil sein Vater Arbeiter war und ihrer Angestellter. Ihr Gedanke betrifft ein Gebiet des Grolls, das noch in ihr schlummerte.

Was auch der Gedanke sein mag, schreiben Sie dafür einen weiteren Satz: „Ich vergebe dir für...".

Die oben zitierte Tochter schreibt: „Ich vergebe dir, daß du mir verboten hast, mit dem Jungen auszugehen, den ich mochte." Machen Sie mit solchen „Ich vergebe dir für..." – Sätzen weiter für jeden Gedanken, der Ihnen kommt. Seien Sie nicht entmutigt, wenn Ihr wütender Protest in Ihnen dem Prinzip der Vergebung so stark widerspricht, daß Sie den Eindruck haben, Sie hätten überhaupt keine Vergebung gewährt. Sie stehen in dem Prozeß, Ihrem Vater zu vergeben. Deshalb müssen Sie weitermachen, bis auch der letzte Rest Groll ausgeräumt ist. Manche Menschen beenden diese Übung mit nur einigen wenigen solcher Sätze. Andere haben einen großen Anteil an Groll, den sie ausräumen müssen, und schreiben mehrere Seiten lang weiter. Sie werden feststellen, wann Ihr innerer Container des Grolls leer ist, wenn Ihnen bei dem Satz „Ich vergebe dir für..." nichts mehr einfällt. Nachdem Sie damit fertig sind, setzen Sie sich einem leeren Stuhl gegenüber und lesen Sie die Sätze der Vergebung laut vor. Stellen Sie sich vor, daß Ihr Vater dort sitzt und Ihre Vergebung annimmt durch verbale und nonverbale Bestätigung. Nehmen Sie sich dazu so viel Zeit, wie Sie benötigen, um alles so lange und ausführlich darzulegen, wie es Ihnen notwendig erscheint.

Es ist wichtig, daß Sie diese Liste niemandem zeigen. Wenn Sie mit dem Vorlesen fertig sind, so zerstören Sie diese Liste.

Verbrennen oder zerreißen Sie sie, damit das „Alte vergangen ist" (2. Kor. 5, 17).

Vergebung enthält auch Loslassen. Erinnnern Sie sich daran, wie Sie als Kind Tauziehen gespielt haben? So lange jede Mannschaft am Ende des Seils zieht, ist „Krieg". Aber wenn einer gehen läßt, ist das Spiel, der Kampf, vorüber. Wenn Sie Ihrem Vater vergeben, so lassen Sie das eine Ende des Seils los. Gleichgültig, wie stark er am anderen Ende zieht, wenn Sie Ihr Ende losgelassen haben, ist der Kampf für Sie vorbei.

Wie es Dwight Wolter erklärt, ist das Loslassen nicht immer so einfach:

> „Loslassen ist etwas Schwieriges. Die Kräfte eines gestörten Zuhauses halten uns in unserem Leben fest. Viele von uns bemühen sich seit Jahren, damit sich eine schlechte Situation gut anhört. Wenn jemand auch nur die Möglichkeit des Loslassens in Erwägung zieht, so fühlen wir uns, als ob wir uns entspannen und uns auf einen Start vorbereiten sollen, in einem Flugzeug, das von einem kleinen Kind gesteuert wird. Wir müssen lernen, das Kind aus dem Pilotensitz zu nehmen, und vertrauen, daß der Erwachsene fähig ist, uns dahin zu bringen, wohin wir möchten. Loslassen ist ein wesentlicher Bestandteil der Vergebung. Der erste Schritt besteht darin, daß wir bereit sind, unsere Unversöhnlichkeit aufzugeben. Geben wir zu, daß die Ereignisse in unserer Kindheit tatsächlich stattfanden. Wir können aufhören, uns selbst die Schuld an dem zu geben, was eigentlich ein Familienproblem ist... Wir können uns selbst gegenüber zugeben, daß so sehr wir es auch versuchen, wir die Vergangenheit nicht ungeschehen machen können. Wir können unsere Zukunft für ein besseres Gestern loslassen."[37]

An einem Punkt in Ihrem Leben mögen Sie akzeptiert haben, daß Ihr Vater wußte, was er tat. Sie glaubten, daß er wußte, was richtig und falsch war, und daß er immer das tat, was richtig war. Vielleicht tat er es meistens, vielleicht auch nicht. Wie Victoria am Anfang dieses Kapitels müssen Sie Ihren Vater als einen Mann mit Schwächen sehen, einen Mann, der Fehler machte. Ihr Vater hatte seinen eigenen schwierigen

Hintergrund, seine persönlichen Defizite, und diese haben sich auf Sie ausgewirkt. Sie müssen zu dem Punkt kommen, wo Sie annehmen, wer Ihr Vater war und ist. Dann müssen Sie – ohne sein Verhalten zu entschuldigen – diese negativen Erfahrungen loslassen, indem Sie ihm vergeben. Die einzige Möglichkeit, den Krieg zwischen Ihnen und ihm zu beenden, ist die Kontrolle zu haben.

## *Sich selbst vergeben*

Wenn Sie Ihrem Vater für seinen negativen Einfluß in Ihrem Leben vergeben, müssen Sie auch sich selbst vergeben. Weshalb sich selbst vergeben? Dafür gibt es zahlreiche Gründe. Sie fühlen sich schuldig, weil...:
- Sie unfähig sind, Ihren Vater zu ändern oder zu heilen.
- Sie seinen Erwartungen an Sie nicht gerecht werden.
- Sie von ihm nicht geliebt und angenommen werden, was Sie auf einen Fehler in Ihrer Erscheinung oder Persönlichkeit zurückführen.
Sie nicht in jeder Hinsicht perfekt sind.
- Sie sich selbst so behandeln, wie Ihr Vater Sie behandelt.
- Sie sich selbst mißhandeln, wenn es Ihnen schlecht geht.
- Sie Männer wie Ihren Vater wählen, in der Hoffnung, diese verbessern zu können.
- Sie Tendenzen oder Probleme entwickeln, die Sie in Ihrem Vater verachten.
Wir legen unsere Frustrationen oft nicht auf die Person, die uns verletzt hat, sondern auf uns selbst. Wir tun dies, weil wir unbewußt uns selbst als sichere Zielscheibe betrachten, als die Person, gegen die wir kämpfen. Ihr Vater hat Sie in der Vergangenheit verletzt. Sie haben das Gefühl, daß Sie sich nicht an ihm rächen können, da er Sie sonst nur wieder verletzt. Deshalb wählen Sie den Weg des geringsten Widerstandes und laden die Schuld auf Ihre eigenen Schultern. Und wie bereits gesagt: Sie spielen dann mit einem geladenen Gewehr. Irgendwann werden Sie verletzt werden. Sie müssen diese Selbstvorwürfe ablegen, indem Sie sich selbst vergeben.

Wenn Sie unfähig sind, sich selbst zu vergeben, kann es geschehen, daß Sie Ihre Gefühle an jedem auslassen, der Ihnen in den Weg kommt. Leider sind oft Ihr Mann oder Ihre Kinder die unschuldigen Betroffenen. Wenn Sie in ihnen den gleichen Fehler sehen wie in sich selbst, reagieren Sie im Normalfall in ganz ungesunder Weise darauf. Ihre Kinder können noch nicht mit den von Ihrer Schuld bestimmten Reaktionen des Schweigens, des Zornes, der Ablehnung oder der Mißhandlung richtig umgehen. So müssen Sie schon um ihretwillen sich selbst vergeben.

Ein großer Teil der Schuld und der Verantwortung, die Sie empfinden, hängt mit Ihrem Verhalten als Kind zusammen, das Sie als Antwort auf den Einfluß Ihres Vaters entwickelten. Machen Sie sich bewußt, daß Sie für das, was Ihnen als kleines Kind geschah, nicht verantwortlich sind. Sie hatten weder die Mittel, um damit fertig zu werden, noch das Wissen und die Antworten, um sich zu verteidigen. Sie können heute daran erkennen, wie ein Kind mit einer Krise fertig wird. In einem Augenblick der Angst kann sich eine Sechsjährige wie eine Dreijährige benehmen, weil es die einzige Art ist, wie sie mit Angst umzugehen weiß. Sie ist also nicht schuld daran, daß sie sich wie eine Dreijährige benimmt. Sie hat einfach noch nicht genügend Lebenserfahrung, um über ein Repertoire angemessener Reaktionen zu verfügen. Vergeben Sie sich selbst für die Art, wie Sie als Kind mit Ihrem Vater umgingen. Sie können sich dafür keine Schuld geben. Sie empfinden vielleicht auch das Bedürfnis, sich selbst für das Verhalten als Erwachsene zu vergeben, wo Sie für Ihre Beziehung zu Ihrem Vater verantwortlich sind. Lassen Sie mich Ihnen eine wichtige Stelle aus der Schrift ins Gedächtnis rufen: „Wenn wir aber im Lichte leben, wie er im Lichte ist, so haben wir Gemeinschaft miteinander, und das Blut Jesu Christi reinigt uns von aller Sünde... Wenn wir unsere Sünden bekennen, so ist er treu und gerecht; er vergibt uns die Sünden und reinigt uns von allem Unrecht" (1. Joh. 1, 7, 9). Wenn Gott Ihnen Ihre Sünden vergeben hat, wer sind Sie, daß Sie ihm widersprächen? Eignen Sie sich Gottes Perspektive für Ihre Fehler an und vergeben Sie sich selbst.

Um Ihnen zu helfen, die Gebiete zu entdecken, in denen Sie sich selbst vergeben müssen, machen Sie bitte folgende Übung:

*Ihr Leben als Kind*

1. Listen Sie alle negativen Dinge auf, die Sie aufgrund Ihrer Beziehung zu Ihrem Vater taten.
2. Geben Sie für jede Verhaltensweise zwei Gründe an, weshalb Sie sich so verhielten.
3. Für welches Verhalten fühlen Sie sich persönlich verantwortlich?
4. Vervollständigen Sie folgende Aussage: Ich muß mir für … vergeben.
5. Setzen Sie ein: Ich nehme die Vergebung Jesu Christi für folgende Dinge an, die ich als Kind tat: …

*Ihr Leben als Erwachsene*

1. Was haben Sie als Erwachsene getan, als direkte Folge Ihrer Beziehung zu Ihrem Vater?
2. Geben Sie für jedes Verhalten zwei Gründe an, weshalb Sie es taten.
3. Für welches Verhalten fühlen Sie sich persönlich verantwortlich?
4. Vervollständigen Sie folgende Aussage: Ich brauche Vergebung für …
5. Setzen Sie ein: Ich nehme die Vergebung Jesu Christi für folgende Dinge an, die ich als Erwachsene getan habe:…

Vielleicht hilft es Ihnen, wenn Sie sich selbst einen Brief der Vergebung schreiben und ihn sich selbst vorlesen. Denken Sie daran, daß Sie diesen Brief auf die Aussagen über Vergebung in Gottes Wort fundieren. Er möchte, daß wir Menschen sind, denen vergeben worden ist.


## Vergeben und Vorwärtsgehen

Eine der Freuden der Seelsorge ist es, Zeuge der Versöhnung von Vater und erwachsener Tochter zu sein. Ich habe eine sehr zurückhaltende Tochter gesehen, die eine Beziehung der Sorge und Pflege zu Ihrem alten Vater aufbaute. Eine andere mißhandelte Tochter konnte ihrem Vater durch Jesus Christus vergeben und eine gesunde Beziehung aufbauen. Bei anderens ändert sich die Beziehung vielleicht nicht, weil der Vater immer noch auf Distanz bleibt. Aber denken Sie daran: wenn Sie Ihren Zorn erkennen und freigeben, Ihrem Vater alles vergeben, so haben Sie Ihr Ende des Seils losgelassen und der Kampf ist vorbei.

---

*Der einzige Weg, frei zu sein,*
*im Leben vorwärtszugehen*
*und die Fülle und Gnade Gottes zu*
*erfahren, besteht in der Vergebung.*

---

Der einzige Weg, frei zu sein, im Leben vorwärtszugehen und die Fülle und Gnade Gottes zu erfahren, besteht in der Freisetzung der Vergebung. Um Ihren Akt der Vergebung zu beenden, schreiben Sie eine Aussage der Freigabe, die Ihrer Situation mit Ihrem Vater gerecht wird. Hier sind einige Beispiele dafür:

– Papa, ich setze dich frei von der Verantwortung, die ich dir auferlegt habe dafür, wie ich mich fühle und anderen gegenüber reagiere. Ich setze dich frei von der Bitterkeit und dem Groll, den ich dir und anderen gegenüber wegen dir gehegt habe. Dies umfaßt die Bitterkeit wegen...

– Ich setze dich von der Verantwortung für mein Glücklichsein frei. Ich setze dich frei von meinen Erwartungen, wer du hättest sein sollen und was du hättest tun sollen... Ich vergebe dir.

Schließlich, wenn Ihr Vater noch lebt, verbringen Sie Zeit im Gebet für ihn. Beten Sie für seine Schwächen, für sein Wachstum, und bitten Sie Gott, ihn zu segnen. Übergeben Sie Ihre Vergangenheit und Ihren Vater dem Herrn. Beten Sie für eine neue Freiheit und die Beziehung, die Sie dabei sind zu entdecken. Bitten Sie den Herrn um neue Kraft und daß er Ihnen seine Sicht schenkt für Ihr Leben, das vergeben und frei ist.

# 13

# Geben Sie Ihren Vater frei!

Kürzlich wurde mir Margarets Geschichte erzählt, die gut illustriert, was viele von uns erlebt haben oder erleben werden:

„Als ich im letzten Dezember über Weihnachten nach Hause kam, wußte ich bereits in dem Augenblick, als Vater auf mich zukam, um mich zu begrüßen, daß etwas nicht in Ordnung war. Er war immer ein stark gebauter, kräftiger Mann gewesen. Nun hatte er abgenommen, sein Gesicht war blaß und schmal, seine Augen waren glasig. ‚Was ist mit dir?' fragte ich ihn. ‚Nichts', sagte er. Erst nach Weihnachten, als er schon zu Bett gegangen war, teilte mir Mutter die Neuigkeit mit. Vater hatte einen Tumor. Er sollte sich einem Test unterziehen, um herauszufinden, ob „es" sich schon ausgebreitet hatte. Ich fragte Mutter, ob mit „es" Krebs gemeint war. Sie schaute weg, als ob sie meinte, das Problem verschwände, wenn man das Wort „Krebs" nicht gebrauchte.

Den ganzen nächsten Tag über dachte ich: „Dies hätte zu keinem ungünstigeren Moment kommen können". Ich war gerade zur Produktionsassistentin befördert worden – das war das erste Mal, daß eine Frau in unserer Firma solch eine Position innehatte. Ich war wirklich nicht bereit für Vaters Krankheit und alles, was damit zusammenhing. Als Mutter mich anrief, um mir den Befund bekannt zu geben, war ich tief geschockt. „Es kann einfach nicht wahr sein!" dachte ich. Warum war Vater all die Jahre über so stur, als wir ihn ohne Erfolg vom Rauchen abhalten wollten? Ich war sogar unlogischerweise böse auf meine beste Freundin, Vickie, bei deren Vater man festgestellt hatte, daß sein Tumor gutartig war.

Vaters Krebs war schon so vorangeschritten, daß die Ärzte von einer Operation abrieten. Sie konnten ihm nur einige neue, unerprobte Medikamente geben und meinten, er hätte nur noch einige Monate zu leben. Ich haßte den Gedanken, daß man meinen Vater als Versuchskaninchen verwenden wollte. Doch Mutter bestand darauf: ‚Dein Vater und ich haben es besprochen. Wenn es noch eine Chance gibt, ihn am Leben zu erhalten, ist es das wert.‘

Da die verabreichten Medikamente bei ihm zum Erbrechen und zu Haarausfall führten, vertelefonierte ich Hunderte von Dollars auf der Suche nach einer Alternativtherapie, der Vater zustimmen würde. Jedes Mal, wenn ich dieses Thema aufbrachte, wurde Mutter wütend. Die Ärzte beschuldigten mich, die Behandlung meines Vaters zu behindern. Mein Vater war böse auf mich, weil ich seinen Glauben an die Ärzte in Frage stellte. In seinem Krankenzimmer verbrachte Vater die meiste Zeit schlafend, unter Einfluß der Drogen, die man ihm verabreichte. Die wenigen Momente, in denen er reden konnte, waren auch nicht besser. Sein Zustand machte ihn ungeduldig und aufbrausend. Fast jeden Abend fragte er mich, weshalb ich nicht einen netten Katholiken heiratete, anstatt mit meinem jüdischen Drehbuchautor auszugehen. Ich versuchte, meine verletzten Gefühle zu überwinden, denn gleichgültig, was er sagte, es war immer das Falsche. Jedes Mal, wenn ich ihn auf die Stirn küßte, dachte ich, es könnte das letzte Mal sein. Eine Hälfte von mir wollte, daß diese Qual für ihn vorüber gehe und er sterben könne, während tief in mir ein Schrei ertönte: ‚Papa, verlaß mich nicht!‘“

Margarets Schrei ist der Schrei vieler von uns, wenn ihr Vater stirbt. Väter werden alt, krank und sterben. Dies ist eine Realität. Aber diese Unvermeidbarkeit des Alterns und des Sterbens Ihres Vaters erleichtert Ihnen nicht den Umgang damit. Während Sie diesen Prozeß beobachten, fühlen Sie sich vielleicht so unwohl und ängstlich wie nie zuvor. Der Trauerprozeß beginnt oft, schon lange bevor der Vater stirbt. Wenn Sie eine tiefe, liebende Beziehung zu Ihrem Vater haben, werden Sie über das trauern, was Sie verlieren werden. Wenn Ihrer Beziehung diese Tiefe und Liebe fehlt, trauern Sie über das, was Sie niemals hatten.

Es ist für manche Frauen schwierig, daran zu denken, daß ihre Väter irgendeinmal alt werden. „Das ist etwas, was anderen Männern geschieht, aber nicht meinem Vater", sagte mir einmal eine Frau. Sie kämpfte mit der Tatsache, daß ihr Vater in ein Pflegeheim mußte, da sie nicht mehr länger für ihn sorgen konnte. Vielleicht kämpfen Sie auch mit dem Gedanken an das Altern und den Tod Ihres Vaters. Sie fühlen sich frustriert, weil sein Verhalten sich ändert, und haben den Eindruck, sein negatives Verhalten richte sich gegen Sie. Ein Verständnis für den Alterungsprozeß Ihres Vaters wird Ihnen helfen, daß sie sich darauf vorbereiten, ihn freizugeben, wenn er stirbt.

## Die Zeichen der Zeit

Der Alterungsprozeß Ihres Vaters ist von einigen Zeichen begleitet. Er verlangsamt sein Denken, seine Bewegung und seine Reflexe. Seine Fähigkeit, mit Dingen fertig zu werden, wird immer geringer. Je älter er wird, desto mehr kommt er in den Bereich der Hilflosigkeit. Dies ist für viele Männer ein sehr bedrohliches Gefühl, weil es einen Verlust der Kontrolle mit sich führt. Für einen Mann ist die Kontrolle sehr wichtig! Sie stellen bei Ihrem Vater einige Veränderungen fest, nachdem er in Rente gegangen ist. Für viele Männer sorgt die Arbeit für einen Sinn und eine Struktur in ihrem Leben. Der Ruhestand nimmt ihnen das weg. Es ist nicht ungewöhnlich, daß Männer nach ihrer Pensionierung vermehrt deprimiert und sehr abhängig werden.

Viele der Eigenschaften Ihres Vaters, vor allem die negativen, verstärken sich im Alter. Wenn er sich die meiste Zeit im Leben zurückgezogen hat, so wird er es jetzt noch mehr tun. Hatte er die Tendenz, den Märtyrer zu spielen, so wird er das um so stärker tun und immer neue Wege finden, um in Ihnen und den anderen Familienmitgliedern Schuldgefühle zu wecken. War er ein Tyrann, so kann er noch härter und dominierender werden. Sie hoffen, daß er sich mit dem Alter in die positive Richtung verändert. Aber mit der Verhärtung seiner Arterien und der Verringerung seiner Gehirnfunktion wird auch ein Teil seines Verhaltens unvernünftig, und er kann unfähig werden, sich zu verändern. Während Sie und Ihre Eltern älter werden, werden die Rollen nach und nach vertauscht. Die Eltern werden zum Kind, und die Kinder zu Eltern. Ihre Eltern können im Alter ein kindisches Verhalten zeigen. Über eine Periode von mehreren Jahren geht die Last der Verantwortung von den Schultern Ihrer Eltern auf Ihre über. Nun ist es an Ihnen, für sie zu sorgen. Dr. Leopold Bellak beschreibt den Übergang von Eltern, die Kinder versorgen, zu den Kindern, die ihre Eltern versorgen:

> „Dies ist der Augenblick, vielleicht sogar die erste Möglichkeit, sich ein wenig zu entspannen, Ferien zu machen, ohne Windeln, Kindergeplapper, Masern, Erkältungen oder Schulkalender. Aber, was ist das? Plötzlich erscheint eine neue Ladung ‚Kinder‘. Die Eltern im mittleren Alter schauen sich um und stellen fest, daß ihre Eltern, die noch nicht hilflos sind, sich immer mehr dem Alter nähern, in dem man sich um sie kümmern muß."[38]

Die Verantwortung für Ihre Eltern zu übernehmen bedeutet, sich so für sie einzusetzen, wie sie es für Sie taten, als Sie ein Kind waren. Wenn Sie auch mit Ihrem Vater noch nicht so geredet haben, wie es die folgenden Beispiele beschreiben, dauert es vielleicht nicht mehr allzu lange, bis Sie es tun werden:

– Papa, bist dich krank? Hast du Mama gesagt, wie schlecht du dich fühlst? Hast du den Arzt gerufen? Ja, die Telefonnummer deines Arztes ist in deinem Notizbuch. Er ist dein Arzt seit so vielen Jahren. Möchtest du, daß ich ihn für dich anrufe und einen Termin für dich ausmache? Soll ich dich zu ihm fahren?

– Hallo, Papa. Ich rufe dich an, um zu sehen, ob du deine Medizin heute schon genommen hast. Ich weiß, daß sie schlecht schmeckt, aber sie ist gut für dich, und der Arzt sagt, daß du sie nehmen sollst.

– Papa, du solltest nicht mehr ohne Mantel zur Post gehen. Es ist zu kalt für dich, draußen ohne Mantel herumzulaufen.

– Gib mir die Heckenschere, Papa. Das ist zu schwer für dich. Ich möchte nicht, daß du dir weh tust.

Manchmal ist dieser Übergang sowohl für den Vater als auch für die erwachsene Tochter schwierig. Martha kam eines Tages in mein Büro und versuchte herauszufinden, was sie mit ihrem Vater tun sollte. „Er ist so stur", sagte sie. „Er weiß, was er kann und was nicht. Jedoch besteht er darauf, das zu tun, was er nicht mehr verrichten kann, und veranstaltet ein Chaos. Ehrlich, ich habe es satt, daß er nicht auf mich hört, wo ich doch weiß, was das Beste für ihn ist.

*Wenn Sie Ihrem Vater sagen,*
*was er nicht mehr tun kann,*
*so wird er entweder versuchen,*
*ihnen und sich selbst zu beweisen,*
*daß er es tun kann, oder er wird*
*sich geschlagen zurückziehen.*

Ein Mann, der stark, fähig und unabhängig war, möchte das nicht aufgeben oder seine Unfähigkeit zugeben. Und Sie als sein Kind müssen aufpassen, daß Sie ihm nicht sein Gefühl der Freiheit, Hoffnung, Nützlichkeit und des Wertes wegnehmen. Wenn nicht, könnten Sie ihm seinen Lebenswillen rauben, besonders wenn er Witwer ist. Forschungen haben ergeben, daß Witwer eher sterben, als Männer gleichen Alters, deren Frau noch am Leben ist. Dieses verstärkte Risiko besteht bis mindestens 6 Jahre nach dem Tode der Frau, es sei denn, der Mann heiratet wieder. Unter den älteren Männern, die ihre Ehefrau verloren haben, besteht auch ein größeres Selbstmordrisiko.[39]

Wenn Sie Ihrem Vater sagen, was er nicht mehr tun kann, so wird er entweder versuchen, ihnen und sich selbst das Gegenteil zu beweisen, oder er wird sich geschlagen zurückziehen. Während Sie mehr und mehr in die Rolle des „Bemutterns" hineinkommen, müssen Sie dies als Helfer tun. So schwierig es auch sein mag, Sie müssen es vermeiden, ihm gegenüber gereizt, ungeduldig, herablassend und richtend zu sein.

# Mit Gefühlen und Entscheidungen umgehen

Sie werden viele verschiedene Gefühle erleben und empfinden, während Ihre Eltern älter werden, vor allem wenn sie sich auf die im folgenden beschriebene Weise verhalten. Dr. Bellak beschreibt:

„Ihre Mutter ist nun geistig abwesend. Ihr Verstand wandert umher oder sie bildet sich Dinge ein, die sie hört und sieht, oder sie beschwert sich, daß man sie verfolgt. Oder aber zwei ältere Eltern streiten sich mit einer Bitterkeit, die alles bisher Dagewesene übersteigt. Mutter verdächtigt Vater, daß er sie vergiften will; Vater klagt Mutter an, sie verstecke sein Geld. Sie berichten Ihnen vielleicht von der Bosheit der Nachbarn, die nachts Möbel verrücken oder sie anspucken. Zu Ihrer Beruhigung sei gesagt: solche Beschwerden, so seltsam sie Ihnen zuerst auch erscheinen, sind sehr häufig."[40]

Wenn Sie sehen, wie Ihr Vater sich so anders verhält, werden Sie vielleicht böse und ungeduldig mit ihm. Ist das nicht eine seltsame Reaktion gegenüber denen, die man liebt? Nein, es ist ganz normal. Sie empfinden diese Gefühle, weil Sie darum kämpfen, mit der Last fertig zu werden, daß Ihr Vater immer unfähiger wird, oder weil sein Verhalten Sie daran erinnert, daß auch Ihre Zeit mit ihm am Dahinschwinden ist. Sie kennen ihn als den starken Mann und denken: „Das ist nicht fair. Dies dürfte meinem Papa nicht geschehen. Er sollte sich nicht so verhalten."

Einige Ihrer Gefühle kommen vielleicht aus dem Bewußtsein, daß es noch ungelöste Themen zwischen Ihrem Vater und Ihnen gibt. Oder es wird Ihnen klar, daß er nie auf Sie so einging, wie Sie es sich wünschten. Nun, da Ihnen seine schwindenden Fähigkeiten und sein eventueller Tod vor Augen stehen, fürchten Sie, daß Sie diese schmerzhaften Themen nie lösen werden. Diese Angst kann alle möglichen Gefühle hervorrufen.

Ein anderer Grund für negative Gefühle besteht darin, daß der Rückgang Ihres Vaters Sie daran erinnert, daß Sie eines Tages alt werden, sich verändern und sterben, so wie es Ihr Vater wird. Ihre starke emotionale Reaktion gegen Ihren alternden

Vater ist eigentlich Ihre Abwehr gegen Ihren eigenen Alterungsprozeß.

Ihre Gefühle können auch einige wichtige Entscheidungen beeinflussen, die Sie im Zusammenhang mit Ihrem alternden Vater treffen müssen. Ob Sie es fühlen oder nicht, Sie müssen irgendwann in einige Bereiche seines Lebens eingreifen: wo er lebt, ob er weiter Auto fährt oder nicht, wie oft er einkaufen geht usw. Es gibt auch unangenehme Entscheidungen, z. B. die Frage, ob er in ein Altersheim muß oder nicht. Doch diese Entscheidungen und die Gefühle, die damit verbunden sind, sind alles Teil der Übergangszeit, in der die Alten, welche die Jungen aufzogen, von den Jungen betreut werden.[41]

Wenn Sie an dem Punkt sind, wo Sie Entscheidungen fällen müssen, die Ihren Vater betreffen, so müssen Sie eine Reihe von Fragen bedenken, die Ihnen helfen werden, Ihre Gefühle und inneren Konflikte auszusortieren.

- Handle ich aus Liebe oder aus Schuldgefühlen heraus? Handle ich aus Panik heraus? aus meinem vergangenen Haß und Groll? aus Betroffenheit, wegen dem, was mein Vater für mich getan hat?
- Ist meine Entscheidung ein Liebesakt?
- Werde ich in meinen Entscheidungen von anderen beeinflußt?
- Versuche ich, die Gebrechen und Nöte meines Vaters zu vermeiden, weil ich damit nicht belastet werden möchte?
- Umgehe ich es, ihn zu sehen, weil es mir weh tut, ihn so ganz anders zu sehen, als er war?
- Ist die Lösung, die ich für ihn gefunden habe, die beste oder die billigste? Wenn er ins Altersheim geht, ist es dann das Beste für ihn, für mich oder für uns beide?
- Nehme ich zuviel Verantwortung auf mich? Weshalb?
- Wenn ich mich selbst um meinen Vater kümmere, was sind die Kosten für meine Familie, meinen Beruf und meine Gesundheit?
- Wollte ich, daß meine Kinder für mich so sorgen, wie ich für meinen Vater sorge?[42]

Wenn Sie sich nun mehr und mehr am Leben Ihres alternden Vaters beteiligen, nehmen Sie nicht die ganze Verantwortung alleine auf sich. Bitten Sie Geschwister oder Verwandte, mit Ihnen an den Entscheidungen zu arbeiten, die zu treffen sind. Es ist wichtig, daß Sie realistische Erwartungen an Ihren Vater und sich selbst haben. Wenn Sie andere davon beteiligen, hilft es Ihnen, diese Erwartungen in der richtigen Perspektive zu behalten.

## *Die Beziehung zu Ihrem alternden Vater*

Diese wird mit zunehmendem Alter schwierig sein, ob Sie nun eine gesunde, erfüllende Beziehung oder eine schmerzhafte, unerfüllte Beziehung hatten. Es stimmt, daß das Leben schwieriger ist, wenn Ihre Beziehung schmerzhaft war, doch in beiden Fällen müssen Sie sich der Situation anpassen. Wenn Sie das Kind sind, das am nächsten beim Vater wohnt, mag Sie diese Sorge betreffen. Ob Sie nun der Sündenbock der Familie, der Held, der Liebling waren, ob Sie Zeit, Geld, Energie oder den Wunsch dazu haben, ob Sie dazu qualifiziert sind oder nicht, kann es Ihnen geschehen, daß Sie für Ihren Vater sorgen müssen, wenn er es nicht mehr alleine kann.

Manche seiner Probleme mögen für Sie neue Herausforderungen darstellen, und Sie sind vielleicht unzufrieden, daß Sie sie in Angriff nehmen müssen. Doch eine solche Erfahrung kann eine Gelegenheit für Ihr eigenes Wachstum und Ihre persönliche Entwicklung sein. Das ist der Augenblick in Ihrem Leben, in dem Sie aus der Eltern-Kind-Beziehung ausbrechen, um Ihren Vater als Person zu sehen und nicht nur als Vater. Es ist wichtig, daß Sie bestimmen, wie Sie auf Ihren Vater eingehen möchten, sonst werden Ihre Reaktionen von Ihren Gefühlen, seinen Beschwerden, seiner Hilflosigkeit oder den täglichen Problemen bestimmt. Um besser zu verstehen, wie Sie auf Ihren Vater reagieren, und Ihnen zu helfen, Ihre Reaktionen zu planen, schauen Sie sich genau die „Gefühlsleiter" von Carol Flax und Earl Ubell an. Die acht Sprossen der Leiter spiegeln acht verschiedene Reaktionen wider, die Sie mit Ihrem Vater in jedem Gespräch haben können. Wenn Sie im voraus Ihre emotionale

Reaktion auf Ihren Vater bestimmen, können Sie sich Grenzen setzen, wie Sie ihm begegnen und was Sie für ihn tun möchten. Sie können diese Gefühlsleiter auf Ihren Vater anwenden, selbst wenn er noch im mittleren Alter, stark und gesund ist. Es wird Sie auf die Beziehung vorbereiten, wenn er abhängiger wird und mehr verlangt.

## *Die Gefühlsleiter*

1. Ich möchte dir zuhören.
2. Ich bin interessiert an dem, was du zu sagen hast.
3. Ich mag dich und bin interessiert daran, was du zu sagen hast.
4. Ich mag dich und möchte dir helfen.
5. Ich sorge mich um dich und bin interessiert daran, was du zu sagen hast.
6. Ich sorge mich um dich und möchte dir helfen.
7. Ich liebe dich und bin interessiert daran, was du zu sagen hast.
8. Ich liebe dich und möchte dir helfen.[43]

Die acht verschiedenen Antworten der Leiter beziehen sich auf die Weise, wie Sie Ihrem Vater zuhören. Die ersten vier beschreiben, daß Sie primär auf Fakten hören, während die letzten ausdrücken, daß Sie eine tiefe Besorgnis empfinden und sich vielleicht sogar persönlich engagieren. Wie reagieren Sie normalerweise während eines Gesprächs auf Ihren Vater? Warum reagieren Sie so? Wie denken Sie, sollten Sie reagieren? Wie würden Sie gerne reagieren?

Leider machen es einem manche Väter schwer, sie gern zu haben. Sie sind oft wütende, halsstarrige oder fordernde Männer, die ihren Kindern das Leben alles andere als leicht machen. Wenn Sie einen solchen Vater haben, können Sie sich nicht von ihm lösen, er bleibt immer Ihr Vater. Sie müssen sich entscheiden, auf der Basis Ihrer Liebe zu ihm mit ihm umzugehen, nicht auf der Basis Ihrer Gefühle.

Es hat mir durch die Jahre hindurch geholfen, wenn ich wütende, murrende, schwierige Personen so gesehen habe, wie sie wirklich sind: verletzt oder ängstlich. Wenn ich auf ihre wahren Gefühle des Verletztseins oder der Angst eingehe, anstatt mich von ihrem äußeren Verhalten mitreißen zu lassen, ist die Beziehung ganz anders. Wenn Sie über das schroffe Äußere Ihres Vaters hinwegsehen und seine inneren, verborgenen Gefühle entdecken, werden Sie ihm auf liebende, tröstende Weise begegnen können. Flax und Ubell beschreiben vier verschiedenen Arten der Beziehung, die zwischen einer erwachsenen Tochter und ihrem Vater bestehen kann. Welche dieser Arten stellt Ihre Beziehung zu Ihrem Vater dar? Welche möchten Sie in Zukunft haben?

*1. Minimale Beziehung.* Wenn Sie zu Ihrem Vater eine minimale Beziehung haben, sagen Sie vielleicht: „Ich möchte nur reden. Ich möchte mit meinem Vater reden können, ihn hören und von ihm gehört werden. Ich wünsche mir keine oder nur wenig Feindschaft in unseren Begegnungen." Diese Art der Beziehung spiegelt eine große emotionale Distanz zwischen Ihnen und Ihrem Vater wider. Eine solche minimale Beziehung umfaßt die ersten vier Sprossen der Gefühlsleiter, nicht mehr. Es ist eine oberflächliche Beziehung und doch alles, was manche haben können. Für andere ist solch eine Beziehung der Grundstein für eine stärkere Beziehung zu gegebener Zeit. Wenn Ihre Beziehung zu Ihrem Vater selbst einer solchen oberflächlichen Beziehung nicht nahekommt, so wurde sie offensichtlich sehr beschädigt. Sie sprechen zwar mit Ihrem Vater, aber Ihre Anteilnahme, um ihm zu helfen, existiert praktisch nicht. Sie vermeiden es vielleicht sogar, ihn um Hilfe oder jede Art der Unterstützung zu bitten. Gab es eine Zeit, in der Ihre Beziehung zu Ihrem Vater minimal war? Wenn ja, was geschah in Ihrem Leben, im Leben Ihres Vaters zu diesem Zeitpunkt? Ist das die Ebene der Beziehung, die Sie sich mit Ihrem Vater zum jetzigen Zeitpunkt wünschen?

*2. Mäßige Beziehung.* Die Beteiligten einer solchen Beziehung sagen: „Ich möchte gegenseitige emotionale Unterstützung. Ich bin bereit, sie zu gewähren und sie auch für mich anzunehmen." Diese Eigenschaften der minimalen Beziehung sind vorhanden, aber mit weniger oder keiner Feindseligkeit. Außerdem besteht hier ein größeres Maß an Interesse für die Nöte und Verletzungen des anderen. Hier sind zwei Gesprächsbeispiele zwischen Vater und Tochter. Das erste Gespräch ist ein Beispiel für eine minimale Beziehung:

*Vater:* Janine, ich habe gerade einen Anruf bekommen. Deine Lieblingskusine, Myra, ist gestorben.

*Janine:* Oh nein, ich kann es einfach nicht glauben! Wir haben uns so gut verstanden. Ich bin ganz fertig! Ich werde sie sehr vermissen!

*Vater:* Wenn du dich ihr so nahe fühltest, warum hast du sie nicht öfters besucht?

*Janine:* Du weißt, wie beschäftigt ich in letzter Zeit mit meiner neuen Arbeit war, und sie wohnte so weit weg! Aber ich habe ihr ab und zu angerufen.

*Vater:* Du weißt, sie ist schon eine Weile krank, und ich weiß, wie sehr sie sich über deinen Besuch gefreut hätte. Du hättest...

*Janine:* Ich habe dir gesagt, weshalb ich sie nicht besuchen konnte. Du bist doch derjenige, der so viel Zeit zur Verfügung hat. Warum hast du sie nicht besucht? Hör' doch auf, mir die Schuld zu geben. Ich bin traurig genug, daß ich sie verloren habe.

Dies war eine aggressive, nicht sehr hilfreiche Unterhaltung. Die erwachsene Tochter konzentriert sich sofort auf ihren eigenen Schmerz, anstatt auf den ihres Vaters. Schauen wir uns die gleiche Unterhaltung auf der Ebene der mäßigen Beziehung an:

*Vater:* Janine, ich habe gerade einen Anruf bekommen. Deine Lieblingskusine, Myra, ist gestorben.

*Janine:* Oh nein, das ist ein Schock! Das muß dich hart getroffen haben, Papa. Sie war doch deine Lieblingsnichte.

*Vater:* Ja, das war sie. Ich wußte ja, daß sie krank war, doch das kam so unerwartet.

*Janine:* Sie wird dir fehlen und mir auch. Wir hatten solch eine gute Zeit zusammen, dort am See.

*Vater:* Ich denke, sie wird uns allen fehlen. Ich weiß, daß du ihr sehr nahestandst. Ihr beiden seid vor ein paar Jahren oft zusammen ausgegangen.

*Janine:* Es ist ein großer Schock für mich. Ich wünschte, ich hätte in den letzten Jahren mehr Zeit mit ihr verbracht. Ich habe so gute Erinnerungen.

*Vater:*   Es tut uns beiden weh.

Merken Sie den Unterschied? Die Tochter ging auf ihren Vater und auf seine Gefühle ein. Es gibt bestimmt viele Augenblicke, in denen Sie sich wünschten, Ihr Vater ginge so auf Sie ein und kümmerte sich um Sie, wie Janine es bei ihrem Vater tat, aber er tut es nicht. Wenn da etwas getan werden soll, müssen Sie es tun. Je älter der Vater wird, desto unfähiger wird er, in diesem Bereich Ihre Bedürfnisse zu stillen. Aber Sie haben immer noch die Fähigkeit, sich um ihn zu kümmern. Vielleicht ermutigt ihn Ihr Beispiel, warmherzig auf Sie einzugehen.

*3. Starke Beziehung.* In einer starken Beziehung sagen die Betroffenen: „Ich möchte eine Beziehung der gegenseitigen Hilfe. Ich bin bereit zu helfen, wenn ich gebraucht werde. Ich bin auch bereit, mir helfen zu lassen." Starke Beziehungen umfassen gegenseitige emotionale Unterstützung, gehen aber darüber hinaus, geben und empfangen Hilfe. Achten Sie auf die Steigerung in dieser Unterhaltung:

*Vater:*   Alles ist heutzutage so teuer! Das Leben war früher einfacher!

*Tochter:* Es ist schwer für dich, alles zu bezahlen, nicht wahr?

*Vater:*   Ja, wenn man ein festes Einkommen hat, gehen zwar die Preise hoch, doch das Einkommen bleibt dasselbe.

*Tochter:* Heißt das, du brauchst Geld, um über die Runden zu kommen?

*Vater (langsam):* Ich denke ja. Aber ich weiß nicht, woher ich Geld bekommen könnte.

*Tochter:* Kannst du mir sagen, ob du eine besondere Not hast?

*Vater:*   Ja, ich weiß nicht, ob ich es dir sagen soll. Ich möchte dir nicht zur Last fallen. Aber wenn ich in der Woche 50 DM mehr hätte, wäre das gut.

*Tochter:* Würde dir das helfen?

*Vater:*   Für eine Weile, bis die nächste Rentenzahlung kommt. Aber ich will dich nicht belasten.

*Tochter:* Ich denke nicht, daß das eine Last ist. Ich möchte helfen und fühle mich erleichtert, wenn ich weiß, daß du hast, was du brauchst.

*Vater:*  Ich fühle mich schon viel besser. Wenn du wirklich helfen kannst, wäre es mir sehr recht. Aber nur, bis mein nächster Scheck kommt. Ginge das?

*Tochter:* Natürlich.

Das war ein schwieriges Thema. Es war für den Vater demütigend zuzugeben, daß er finanzielle Hilfe brauchte. Seine Betonung des Schecks war seine Art zu sagen, daß er in Zukunft für seine Bedürfnisse sorgen könne, was ihm ein Gefühl der Unabhängigkeit vermittelt.

*4. Höchste Beziehung.* Die stärkste Beziehung besteht in der Kombination dieser drei. Die Beteiligten sagen: „Ich möchte eine Beziehung, die auf Liebe und Vertrauen aufbaut, in der ich sicher genug bin, daß ich meine inneren Nöte, Gedanken und Gefühle offenbaren kann. Natürlich biete ich auch dem anderen diese Sicherheit an, daß er sich mir offenbaren kann. Ich möchte Trost spenden und empfangen.

Eine Beziehung dieser Tiefe wird natürlich über Jahre hinweg aufgebaut. Man erreicht sie, indem man jede der vorher genannten Stufen durchgeht. Mit genug Zeit und Anstrengung kann selbst eine belastete Beziehung zu solch einer höchsten Beziehung werden. Sie reflektiert das Modell der Schrift, wie sehr wir uns lieben (Joh. 13, 34), wie wir uns ertragen und uns gegenseitig Zugeständnisse machen (Eph. 4, 2), einander dienen (Gal. 5, 13), freundlich zu einander sein (Eph. 4, 32), einander stärken und auferbauen sollen, um nur einige zu nennen.

Anstatt sein Alter als eine negative Periode in Ihrem und in seinem Leben anzusehen, können Sie es als Zeit des Wachstums für Sie und Ihre Beziehung zu ihm betrachten. Eine gute Art, aus seinem Alter Vorteile zu ziehen, besteht darin, von ihm Informationen und Erinnerungen zu sammeln, die sonst mit seinem Tode verloren gingen. Manche erwachsenen Kinder gingen mit ihren alternden Eltern Photoalben durch und baten sie, Erinnerungen aus ihrer Kindheit zu erzählen. Manche haben solche Momente auf Kassette oder Video aufgenommen. Solche Ereignisse können für alle sehr bereichernd sein. Meine Eltern haben die letzten 35 Jahre meines Lebens auf Film aufgenommen. Ich habe sie auf Video überspielt, damit andere der Familie davon profitieren können.

## Wenn Papa stirbt

„Als ich letzte Woche ans Telefon ging, sagte mir meine Schwester einfach: ‚Papa ist gegangen'", erzählte mir Anna. „Ich habe sie gefragt, was geschehen sei, aber alles, was sie mir sagen konnte, war, daß Papa gegangen sei. Schließlich erfuhr ich Details über seinen Tod. Nun vermisse ich ihn sehr! Ich war das jüngste Kind, und als ich auf die Welt kam, war Papa ruhiger geworden. Als meine Geschwister letzte Woche zusammenkamen und Erinnerungen austauschten, fragte ich mich, ob wir über dieselbe Person sprechen. Unsere Erinnerungen waren so unterschiedlich. Ich fühle mich glücklich, daß die meisten meiner Erinnerungen sehr angenehm sind."

Der Tod des Vaters oder der Mutter wirft bei den erwachsenen Kindern oft die ängstliche Frage der Kindheit auf: „Was geschieht mit mir, wenn Mama oder Papa sterben?" Wenn dieses Ereignis für Sie erst in ferner Zukunft liegt, so ist es doch hilfreich, jetzt mit der Realität umzugehen. Wenn Ihr Vater schon gestorben ist, so ist es hilfreich, sich die Bedeutung seines Todes für Sie nochmals vor Augen zu halten. Für eine christliche Tochter, die eine gesunde Beziehung zu ihrem gläubigen Vater hatte, ist die tiefe Trauer doch durch die Hoffnung des Wiedersehens bei Jesus ausgeglichen. Eine gläubige Tochter, die eine gesunde Beziehung zu einem ungläubigen Vater hatte, wird nicht nur über seinen Tod, sondern auch über die endgültige Trennung trauern.

---

*Manche Töchter,
deren Väter plötzlich starben,
fühlten sich, als hätte man sie
inmitten eines Gesprächs unterbrochen, ohne die Möglichkeit,
es je beenden zu können.*

---

Die Intensität des Verlustgefühles einer Tochter und ihre Fähigkeit, mit dem Tod ihres Vaters umzugehen, hängt von einer Reihe von Faktoren ab. Wenn Vater und Tochter sich emotional nahestanden und die meisten losen Enden der Beziehung zusammengeknüpft waren, wird der Schmerz der Trennung dadurch verringert. Doch wenn der Vater stirbt und viele Bereiche ungeklärt hinterläßt, so wird der Schmerz der Tochter verstärkt. Manche Töchter, deren Väter plötzlich starben, fühlten sich, als hätte man sie inmitten eines Gesprächs unterbrochen, ohne die Möglichkeit, es je beenden zu können. Ihre Erinnerungen an Ihren Vater werden durch die Jahre hindurch geschaffen, in denen Sie ihn kennen: die Einfachheit der Kindheit, die Turbulenzen der Pubertät, die Reife des Erwachsenseins. Ich bitte Sie nun, über einige Fragen nachzudenken, die Ihnen helfen werden, sich auf die Höhepunkte Ihrer Erinnerungen an Ihren Vater zu konzentrieren. Die Fragen wurden in zwei Bereiche aufgeteilt: der erste für diejenigen, deren Väter bereits gestorben sind, der zweite für die, deren Väter noch leben.

## *Wenn Ihr Vater gestorben ist:*

1. Wie oft denken Sie an ihn?
2. Was ist Ihre häufigste Erinnerung an ihn?
3. Wie oft beziehen sich andere auf ihn?
4. Was ist der bedeutendste Einfluß, den Ihr Vater auf Ihr Leben hatte?
5. Was war zwischen Ihnen und Ihrem Vater ungelöst, als er starb?
6. Haben Sie Bedauern, einige „wenn doch nur..." bezüglich der Beziehung zu Ihrem Vater?
7. Weswegen erinnert man sich am besten an Ihren Vater?
8. Was hat sich in Ihrem Leben verändert, seit er starb?

## *Wenn Ihr Vater noch lebt:*

1. Wie oft denken Sie an ihn?
2. Welche Erinnerungen möchten Sie nach seinem Tod an ihn haben?

3. Was empfinden Sie Ihrem Vater gegenüber?
4. Welche Art der Beziehung haben Sie mit Ihrem Vater zur Zeit: minimale, mäßige, starke oder höchste Beziehung?
5. Welches ist der bedeutendste Einfluß Ihres Vaters auf Ihr Leben?
6. Was ist zwischen Ihnen beiden im Moment ungelöst?
7. Haben Sie Punkte, in denen Sie etwas bedauern oder „wenn nur..." sagen? Was können Sie dagegen tun?
8. Was würden Sie bei seinem Tod empfinden?
9. Wie wird sein Tod Sie treffen?
10. Über was würden Sie mit Ihrem Vater noch vor seinem Tode reden? Wann werden Sie es tun?

## *Mit Reue umgehen*

Es geschieht häufig, daß ein erwachsenes Kind beim Tode eines Elternteils Bedauern empfindet. Bedauern ist ein Reue- oder Schuldgefühl, über etwas, was Sie in Ihrer Beziehung taten oder sagten – oder versäumten zu sagen. Es ist wichtig, daß Sie existierende Gefühle der Reue aufdecken und die „wenn nur..." , die Sie noch mit sich herumtragen, loswerden. Wenn Ihr Vater schon gestorben ist, kann es sein, daß Sie immer noch schmerzhafte Reue empfinden. Dieses Kapitel wird Ihnen helfen, damit umzugehen und sie loszulassen. Wenn Ihr Vater noch lebt, hilft Ihnen dieser Teil vielleicht, solche erst gar nicht anzuhäufen, damit sein Tod weniger schmerzhaft ist.

Folgender Vorschlag, wie man mit der Reue umgehen kann, wurde von vielen Seelsorgern im Bereich der Trauerarbeit gemacht. Nehmen Sie sich ein Familienalbum mit möglichst vielen Bildern Ihres Vaters zur Hand. Sie brauchen dazu noch etwas zum Schreiben und 30 Minuten bis ein Stunde Zeit. Sehen Sie diese Bilder langsam durch, konzentrieren Sie sich auf Ihren Vater und halten Sie die Erinnerungen fest, die Ihnen kommen. Dann schreiben Sie – als ob Sie Ihrem Vater einen Brief schrieben – alle Punkte auf, die Sie in Ihrer Beziehung bereuen und die Ihnen durch diese Bilder in Erinnerung gerufen wurden. Dieser Prozeß des Schreibens wird Ihnen helfen, Ihre Gefühle festzustellen und ihren Bann zu brechen. Drücken Sie einfach einige positive Gefühle aus, die Sie Ihrem Vater gegenüber nicht ausgedrückt haben. Das kann auch heilsam sein. Diese Übung ist von großem Wert für Sie, ob Sie nun intensive Gefühle bei Ihrem Tun empfinden oder nicht. Je spezifischer die „Wenn ich nur..." sind, um so mehr werden Sie von Ihrer Macht über Sie befreit.

Es ist wichtig, daß Sie sich daran erinnern, daß Sie dies nicht tun, um sich selbst auszuschelten, sich auf Ihre Schuld zu konzentrieren oder auf den Groll, den Sie Ihrem Vater gegenüber hegen. In einem früheren Kapitel sprachen wir über den Prozeß der Vergebung. Diese Übung wird Ihnen nun helfen, sich selbst zu vergeben und nicht mehr in der Vergangenheit zu verharren. Seien Sie geduldig mit sich selbst, während Sie diese Übung tun. In einem Seelsorgegespräch teilte mir Patricia mit, wie bestürzt sie vor einem Jahr über den Tod ihres Vaters gewesen war. Wir sprachen ausführlich über einige ihrer Gefühle, und schließlich kam sie zu dem Punkt, wo sie die Reue der Vergangenheit loswerden wollte. Hier ist die Liste der Dinge, die sie bedauerte und mir mitteilte:

„Lieber Papa, ich bedaure es, daß ich die letzten paar Monate nicht mehr Zeit mit dir verbracht habe. Ich bedaure, daß ich dich nie so richtig als Person kennen gelernt habe. Ich bedaure, daß wir uns nicht verabschieden konnten. Ich bedaure die Zeiten, in denen ich Dinge tat, die dich sehr verletzten. Ich bedaure, daß ich nicht früher geheiratet habe, so daß du mit mir zum Altar schreiten konntest. Ich bedaure, daß ich dich nicht mehr anrufen kann und sagen: ‚Hallo Papa'. Ich bedaure, daß ich mich nicht länger auf deine Weisheit und Erfahrung in meinem Job berufen kann."

Manche von Ihnen werden nur ein oder zwei Dinge bedauern, andere vielleicht 15 oder mehr. Es ist gleichgültig, wie viele Sie auf Ihrer Liste haben. Schreiben Sie so lange, bis Ihnen nichts mehr einfällt. Die meisten Menschen finden es sehr hilfreich, diesen Prozeß mit dem „leeren Stuhl" zu beenden. Setzen Sie sich einem leeren Stuhl gegenüber und lesen Sie Ihre Liste laut vor, als ob Ihr Vater da säße. Manchmal hilft es auch, wenn sich ein Freund oder Seelsorger auf den Stuhl setzt und man es ihm vorliest.

Es ist vielleicht auch hilfreich, daran zu denken, daß Sie nicht die einzige Person in einer Vater-Tochter-Beziehung sind, die Bedauern hegt. Ihr Vater hatte oder hat bestimmt seine eigene Liste mit Bedauern. Nur wenige unter uns sagen oder tun all das, was wir zu tun beabsichtigten. Deshalb müssen wir Gott dankbar sein für die Gabe der Vergebung, die er uns für uns selbst und andere gegeben hat.

Der Tod ist in unserer Gesellschaft das unliebsamste Gesprächsthema. Wir würden ihn lieber ignorieren, bis wir persönlich damit konfrontiert werden. Im Unterbewußtsein hängen wir an dem Mythos, daß der Tod andere trifft, aber uns nicht. Nur wenn er unserer Familie sehr nahekommt, wird uns bewußt, daß er auch uns erwartet. Lassen Sie mich dieses Kapitel mit einem hilfreichen Gedanken beenden. Für den Gläubigen ist das Sterben ein Heimgehen. David Morley beschreibt unsere letzte Reise so wunderbar:

„Was wird das für ein wunderbarer Augenblick sein, wenn wir mit allen Geliebten wieder vereint sind, die vor uns auf diese Reise gegangen sind. Wenn die Kommunikation wiederhergestellt ist und wir die alten Stimmen wieder hören, die Todesstille für immer gebrochen ist, keine Verabschiedung mehr, kein Verschwinden mehr von geliebten Personen in den mysteriösen Tod.

Die herrlichste Aussicht eines Christen ist, daß er zum Zeitpunkt des Todes seinen herrlichen Herrn Jesus von Angesicht zu Angesicht sehen wird, seinen wunderbaren, geduldigen Erlöser, der ihn all die Jahre hindurch trotz seines Versagens geliebt hat. Er wird nicht von einem Fremden empfangen, sondern von seinem besten und intimsten Freund. Wenn wir den Tod als Zeit der Erlösung und Wiedervereinigung ansehen, verliert er sein Grauen. Wir können mit dem Apostel Paulus sprechen: ‚Tod, wo ist dein Sieg, Tod, wo ist dein Stachel?‘ (1. Kor. 15, 55)."

# 14

# Ein Brief an Väter von Töchtern

Ich bin der Vater einer Tochter. Während ich dies schreibe, habe ich eine 29jährige Reise der Vaterschaft hinter mir, mehr als ein Vierteljahrhundert gefüllt mit einer reichen Sammlung an Erfahrungen mit Sheryl. Wie die meisten Männer war ich nicht richtig darauf vorbereitet, Vater zu sein. Niemand nahm mich beiseite, um mir die für diese Rolle wichtigen Dinge zu vermitteln. Ich denke, man erwartete von mir, daß ich wußte, wie man ein Vater war. Doch bald entdeckte ich, daß ich nicht genügend wußte, und ich hatte ein wenig Angst. Die meisten von uns Männern reden nicht offen über unsere Ängste, doch es würde uns helfen, wenn wir es täten, insbesondere was die der Vaterschaft anbelangt.

Was haben Sie empfunden, als Sie das erste Mal Ihre Tochter in den Armen hielten: Begeisterung? Zögern? Erstaunen? Ich erinnere mich, daß ich mich fragte: „Wie soll ich sie halten? Ich möchte sie nicht fallen lassen. Was geschieht, wenn sie weint? Und wenn sie nicht aufhört zu weinen?" Viele neue Väter reagieren auf diese Weise. Andere Männer bereiten sich auf diese Rolle vor, indem sie Bücher lesen, Kurse besuchen, in der Gemeinde Kinder hüten und mit anderen Vätern reden. Wenn Sie von Anfang an ein sicherer Vater waren, sind Sie zu beneiden!

## *Die Freuden der Vaterschaft*

Eine Tochter kann große Freude in das Leben eines Vaters bringen. In ihren ersten Schultagen erfreute sie mich sehr, indem sie ihre neuen Entdeckungen mit mir teilte. Als erwachsene

Tochter bringt sie mir viel Freude, wenn sie am Ende eines Telefongesprächs sagt: „Ich liebe dich, Papa". Neulich fand ich in meiner Schublade einen Zettel von Sheryl, auf dem stand: „Danke, daß du mein Papa bist." Diese einfachen Worte erfüllten mein Herz mit Freude.

Haben Sie über all die freudigen Erinnerungen nachgedacht, die Ihre Tochter in Ihr Leben brachte? Haben Sie es ihr jemals gesagt? Während ich diesen Brief für Sie schreibe, kommen mir viele Erinnerungen daran, was für eine Freude es ist, Sheryls Vater zu sein. Als ich sie als Fünfjährige beobachtete, wie sie ihren ersten Fisch fing, erfreute mich das. Es war schön, mit ihr zusammen an Bächen zu fischen. Ich habe eine schöne Erinnerung an ein gemeinsames Pianoduett, als Sheryl auf der Highschool war. Ich sollte mit ihr ein Stück üben. Aber zum Leidwesen des Lehrers fiel unser Notenblatt herunter, und wir bekamen einen Lachkrampf. Ich bin heute froh, daß dies geschah, denn so ist meine Erinnerung daran um so lebhafter. Es war schön, zuzuhören, wie Sheryl Jesus in ihr Leben einlud. Jahre später war meine Freude fast unhaltbar, als ich mit Sheryl nach vorne ging, weil sie ihr Leben erneut Jesus weihen wollte, nachdem sie ihren eigenen Weg gegangen war. Sie während der nächsten Monate geistlich wachsen zu sehen war eine große Freude. Und neulich berichtete sie mir über ihre Erfahrungen im persönlichen Gebet, was mich auch mit Freude erfüllte.

Sheryls Hochzeit 1988 war aus zwei Gründen ein anderes freudiges Ereignis für mich. Natürlich war die Hochzeit ein Höhepunkt in meinem Leben. Aber vor ihrer Hochzeit kam Sheryl zu Joyce und mir, um über ihren 22jährigen Bruder zu sprechen. Matthew ist geistig zurückgeblieben und wohnt seit seinem 11. Lebensjahr nicht mehr bei uns, sondern in einem Heim. „Ich weiß, daß er an meiner Hochzeit nicht teilnehmen kann", sagte Sheryl. „Aber wenn er das nächste Mal zu Besuch kommt, können wir einen Anzug für ihn leihen, damit wir zusammen fotographiert werden können." Es ist unnötig zu sagen, welche Freude sie meiner Frau und mir damit machte. Aus verschiedenen Gründen wurde aus dem Foto nichts. Aber allein die Tatsache, daß sie daran gedacht hatte, bleibt für uns eine wertvolle

Erinnerung. Ich habe Hunderte von schönen Erinnerungen – Sie wahrscheinlich auch. Jede ist ein Geschenk, das Ihr Leben bereichert.

## Vaterschaft kann frustrierend sein

Als Väter können wir auch Frustration, Enttäuschung, Trauer und Entrüstung bei der Erziehung unserer Töchter erleben. Ihre Erwartungen für Ihre Tochter werden vielleicht nicht erfüllt, obwohl viele von ihnen realistisch und positiv sind. So gerne Sie es auch möchten, Sie können nicht vollständig bestimmen, was aus Ihrer Tochter wird, was Sie vollbringt und was sie glaubt. Wenn Ihre Erwartungen unrealistisch sind, wird Ihre Enttäuschung um so größer sein.

Sie möchten vielleicht, daß Ihre Tochter ein Diplom erhält und eine Karriere startet. Aber sie ist nicht am Studieren interessiert und wählt einen beruflichen Weg. Oder sie hoffen, daß sie jung heiratet und ihnen viele Enkel schenkt. Doch sie bevorzugt es, Karriere zu machen, spät zu heiraten, und verzichtet ganz auf Kinder. Sie erwarten, daß sie einen Mann mit einem akademischen Grad heiratet, und sie verliebt sich in einen Mann, der vielleicht gerade so die Schule beendet hat. Sie möchten, daß sie sehr beliebt ist und viele Freunde hat, doch sie bevorzugt ein ruhiges Leben.

Ich hatte hohe Erwartungen für Sheryls akademische Karriere. Es gab zwei Gründe dafür: der erste war ihr Bruder Matthew, der nie über die Reife eines Zweijährigen hinauskommen würde. Deshalb hoffte ich, daß Sheryl um so eifriger und fleißiger lernen würde. Zweitens habe ich zwei akademische Titel und wünschte mir, Sheryl würde in meine Fußstapfen treten. Doch als ich sah, wie Sheryl auf der Highschool vorankam, war mir klar, daß sie andere Interessen hatte. Nach einem Jahr College wurde sie geprüfte Maniküre und arbeitete in einem Kosmetiksalon. Das war nicht der Beruf, den ich für sie ausgesucht hätte, doch es war in Ordnung. Joyce und ich haben sie immer ermutigt, das Beste zu geben, was immer sie auch in Angriff nahm, und Sheryl wurde auf ihrem Gebiet sehr gut. Sie wandte ihr von Gott gegebenes artistisches Talent an, indem sie Nagelkunst machte. Sie malte Miniaturen auf die Nägel der Kundinnen. Ihre Kunst entwickelte sich so weit, daß sie mehrere Wettbewerbe gewann und viele andere in dieser Kunst unterrichtete. Heute leitet sie ihre künstlerische Begabung in eine andere Richtung. Sie hat eine Reihe handgemalter Ohrringe entwickelt, die sich im ganzen Land verbreiten. Sheryls Karriere erfüllt sie mehr – und somit auch ihre Mutter und mich – als es meine für sie vorgesehene Karriere getan hätte. Sie hat ihr eigenes Geschäft eröffnet. Und in diesem ist sie wie ihr Vater!

Es gab auch Zeiten, in denen die Vaterschaft weh tat. Ich vergesse nie, wie Sheryl in mein Büro kam und mir einen Schock versetzte. Sie sagte mir ruhig, daß sie die Werte meiner Frau und mir verstand und akzeptierte, daß sie aber einen anderen Weg einschlagen wollte. Ich war am Boden zerstört. Drei Monate lang trauerte ich jeden Morgen um sie, während ich auf meinem Heimfahrrad trainierte und einem Lied von Dennis Agajanian zuhörte: „Rebel to the Wrong". Vier Jahre lang beteten wir für sie, liebten sie, warteten, daß sie zum Herrn zurückkehrte. Dies waren sehr schmerzensreiche Jahre.

Dann eines Sonntag morgens geschah das freudige Ereignis, das ich schon erwähnt habe. Sheryl und ich saßen nebeneinander in der Kirche. Dann wandte sie sich während des Aufrufes am Ende des Gottesdienstes an mich und sagte: „Papa, gehst du mit mir vor?" Ich ging mit Tränen in den Augen nach vorne und hatte das Vorrecht zu sehen, wie sie ihr Leben Jesus erneut hingab. Später sagte mir Sheryl: „Papa, ich konnte mich gut beherrschen, bis ich dich ansah und merkte, daß du den Tränen nahe warst." Wir lachten beide über ihren Kommentar, als uns klar wurde, daß dies Freudentränen waren. Ich bin dankbar, daß Gott unsere schmerzvolle Erfahrung mit unserer Tochter in eine Gelegenheit zu großer Freude umwandelte. Das Gleichnis vom verlorenen Sohn bedeutet mir heute so viel mehr!

Wie gut können Sie mit Enttäuschungen umgehen? Wenn Sie frustriert oder enttäuscht sind, werden Sie dann wütend über Ihre Verletzungen oder deprimiert über Ihren Verlust? Es ist wichtig, daß Sie Ihre Gefühle auf gesunde, positive Weise ausdrücken. Indem Sie Ihre Enttäuschungen vergraben oder die Themen vermeiden, verschieben Sie die Gelegenheit, Ihre Hoffnungen und Träume Ihrer Tochter anzupassen.

## Zehn „Tips" für Väter von Töchtern

Ich weiß nicht, wie Sie dieses Buch in die Hände bekommen haben. Es ist eigentlich ein Buch für Töchter, das ihnen helfen soll, Ihre Väter und die Beziehung zu ihnen besser zu verstehen und damit umzugehen. Vielleicht liest es Ihre Frau, Tochter, ein Freund, oder es lag auf dem Tisch, oder etwa es erschien plötzlich auf Ihrem Nachttisch. Vielleicht kauften Sie es sich selbst, um Ihre Tochter und Ihre Beziehung zu ihr besser zu verstehen. Gleichgültig aus welchem Grund Sie es lesen, ich bin froh, daß Sie es tun.

*Wenn Ihre Tochter ungesunde Werte hat,*
*versuchen Sie, sie durch Ihre Liebe,*
*Ihre Annahme, Ihr Gebet und*
*Ihr positives Vorbild zu beeinflussen,*
*anstatt Predigten zu halten*
*und Fristen zu setzen.*

Obwohl die bisherigen 13 Kapitel an Ihre erwachsene Tochter gerichtet sind, ersehen Sie am Titel dieses Kapitels, daß es an Sie gerichtet ist. Ich möchte Ihnen 10 grundlegende Tips geben, die Ihre Beziehung zu Ihrer Tochter verbessern können. Jeder dieser Tips enthält Informationen, die ich in den vorherigen Kapiteln Ihrer Tochter mitgeteilt habe. Ich habe die Kapitelnummer zu jedem Thema angegeben, falls Sie mehr zu den einzelnen Themen lesen möchten.

Was denkt Ihre Tochter über Sie zu diesem Zeitpunkt Ihres Lebens? Was empfindet sie Ihnen gegenüber? Wissen Sie das? In Kapitel 1 finden Sie die Antwort verschiedener Töchter, die gefragt wurden, welches die negativen und positiven Eigenschaften ihrer Väter seien. Lesen Sie die Kommentare und stellen Sie sich die Frage: „Würde meine Tochter dies über mich sagen? Warum oder warum nicht? " Vielleicht bitten Sie Ihre Tochter, die positiven und negativen Eigenschaften aufzulisten, die sie in Ihnen sieht. Es kann für Sie ein aufschlußreiches, wenn auch erschreckendes Erlebnis werden.

Ob Ihre Tochter ein Kind, eine Jugendliche oder eine Erwachsene ist, Sie haben immer noch die Möglichkeit, Ihr Leben zum Besseren zu beeinflussen. Es ist mein Gebet, daß Sie sich diese Tips zu Herzen nehmen und versuchen, sie in der Beziehung zu Ihrer Tochter praktisch umzusetzen.

*1. Akzeptieren Sie ihre Werte* (vgl. Kap. 1). Gleichgültig wie alt Ihre Tochter ist, Sie haben ihre Werte und Überzeugungen beeinflußt und tun es noch. Sie hat einige Ihrer Lebenseinstellungen angenommen, andere verändert und manche verworfen. Es ist wichtig, daß Sie Ihre Tochter bestätigen, indem Sie ihre Werte akzeptieren. Sie soll keine Kopie von Ihnen sein. Wie jemand treffend sagte: „Wenn zwei Menschen genau gleich sind, ist einer von ihnen überflüssig." Wenn Ihre Tochter ungesunde Werte hat, versuchen Sie, sie durch Ihre Liebe, Ihre Annahme, Ihr Gebet und Ihr positives Vorbild zu beeinflussen, anstatt Predigten zu halten und Fristen zu setzen. Kennen Sie die Werte Ihrer Tochter? In Kapitel 1 werden Töchter gebeten, nachzudenken, wie ihre Väter ihr Leben in 14 verschiedenen Bereichen beeinflußt haben. Zuerst haben sie notiert, was ihre Väter zu den einzelnen Bereichen gesagt haben. Dann haben sie ihre heutigen Überzeugungen notiert. Neulich habe ich Sheryl gebeten, diese Übung zu machen, und sie bat mich, die Antworten mit ihr durchzugehen. Unser Gespräch über die Werte war sehr erfreulich und informativ für uns beide. Hier sind einige ihrer Antworten:

*Geld*
Mein Vater sagte immer: „Wenn du etwas kaufen willst, warte eine Weile, um festzustellen, ob du es wirklich willst."

Ich denke heute dasselbe, leider praktiziere ich es nur in 50% der Fälle.

## Frauen

Mein Vater sagte immer: „Frauen können alles tun, worauf sie sich konzentrieren."
Ich denke heute dasselbe.

## Schule

Mein Vater sagte immer: „Gib' immer dein Bestes, so wie zu der Zeit, als du in Mathe eine 3 anstatt einer 4 hattest."
Ich denke heute dasselbe.

## Selbstwertgefühl

Mein Vater sagte immer: „Sei nicht so hart mit dir."
Ich denke heute: „In jedem gibt es etwas Gutes. Konzentriere dich auf deine Stärken und arbeite an den schwachen Punkten."

Ihre Tochter hat vielleicht diese Übung schon gemacht oder wird es noch tun. Hoffentlich teilt sie Ihnen ihre Antworten mit. Bevor sie es tut, lesen Sie die 14 Themen durch und versuchen Sie sich daran zu erinnern, welche Werte Sie diesbezüglich Ihrer Tochter vermittelt haben. Bereiten Sie sich dennoch auf eine interessante Diskussion vor.

*2. Ermutigen Sie sie in ihrer Weiblichkeit und Sexualität.* (vgl. Kap. 2). Als Vater helfen Sie Ihrer Tochter, ihre Sicht von Männern und ihre Erwartungen von Männern in ihrem Leben zu entwickeln. Sie beeinflussen ihre Haltung, Meinungen und Erwartungen – und ihre Vorstellung und Reaktion von Männern. Sie haben ebenfalls den wichtigsten Einfluß auf ihre Weiblichkeit und Sexualität. Sie sind der erste Mann in ihrem Leben, und sie braucht Sie, um ihren ersten Ausdruck des weiblichen Charmes zu bestätigen. Viele Männer überlassen es ihren Frauen zu sagen: „Weißt du, dein Vater liebt dich wirklich und ist sehr stolz auf dich. Du solltest hören, wie er über dich spricht, wenn wir bei Freunden sind." Sagen Sie ihr persönlich, daß Sie sie lieben, schätzen und als Frau wertschätzen. Lächeln Sie oder winken Sie ihr zu, wenn sie mit ihren Augenwimpern blinzelt. Teilen Sie ihr mit, wie schön und attraktiv sie in ihrem neuen Kleid und mit ihrer neuen Frisur aussieht. Wenn ein Vater die Weiblichkeit seiner Tochter nicht anerkennt, so wird sie in ihrer Entwicklung gehindert und bleibt unvollständig. Zu oft muß sie dann ihre Weiblichkeit selbst entdecken, was in den Beziehungen zu Männern in ihrem Leben tragische Ergebnisse zur Folge haben kann.

Fühlen Sie sich nicht von der heranwachsenden Sexualität bedroht! Manche Väter fühlen sich so unwohl über die sexuelle Entwicklung ihrer Töchter, daß sie sie lächerlich machen, ignorieren oder ablehnen, anstatt sie zu bestätigen. Ihre Tochter kann durch Ihre Reaktion auf sie in ihrer Sexualität entweder ermutigt oder gehemmt werden. Ein langjähriger Freund von mir, Dr. Norman Wakefield, teilt seine Gedanken und Erfahrungen zu diesem Thema in dem Buch *The Dad Difference* (Papa macht den Unterschied) mit:

> „Da unsere Gesellschaft sich der häufigen sexuellen Mißhandlungen so bewußt ist, haben Männer immer mehr Angst denn je, Kinder anzufassen (ich meine hier gesunder, positiver körperlicher Kontakt). Wenn jedoch Väter ihre Söhne und Töchter nicht umarmen und ihnen dadurch ihre positive Zuneigung zeigen, so distanzieren sie sich selbst und vermitteln den Kindern eine negative Nachricht. Ich erinnere mich daran, wie meine älteste Tochter, Amy, in die Pubertät kam. Ich spürte in mir eine Tendenz, mich zurückzuziehen und reservierter zu sein. Zur gleichen Zeit war mir klar, daß Amy immer noch meine Wärme und Zuneigung brauchte, vielleicht sogar mehr denn zuvor. Ich beschloß, das zu tun, was am meisten in ihrem Interesse war, und nicht zuzulassen, daß meine unwohlen Gefühle mein Verhalten bestimmten. Ich umarmte sie weiterhin und drückte ihr meine Zuneigung genauso aus wie bisher. Die enge Beziehung, die ich nun mit ihr als Erwachsene habe, macht mich dankbar für meine Entscheidung."

Eine junge erwachsene Frau berichtete mir, wie ihr Vater aufhörte, sie zu umarmen, als sie immer mehr zur Frau wurde.

„Als typisch egozentrischer Teenager fragte ich mich sofort, was mit mir nicht stimme", teilte sie mir mit. „Ich dachte, mit mir sei etwas nicht in Ordnung. Es kam mir nie in den Sinn, daß es mein Vater sein könnte, der Schwierigkeiten hatte, mit meiner aufkommenden Sexualität umzugehen." Wir müssen Väter ermutigen, ihren Töchtern weiterhin das zu geben, was sie brauchen – eine Berührung am Arm, einen Arm um die Schulter legen, eine Umarmung – um Liebe und Zuneigung zu zeigen."[44]

Ihre Tochter muß hören, was Sie von Sexualität halten und was Sie empfinden. Sie braucht Ihre Sicht als Mann, um zu verstehen, wie Männer im sexuellen Bereich denken und reagieren. Sie muß wissen, daß Sie mit Ihrer Frau eine gesunde sexuelle Beziehung haben und daß Sie Sex als Geschenk Gottes wertschätzen. Indem Sie eine gesunde Atmosphäre über Sex und Sexualität verbreiten, helfen Sie ihr, ihre Gedanken über sich selbst, ihre Weiblichkeit und Männer mitzuteilen.

*3. Fördern Sie ihr Potential* (vgl. Kap. 2). Fördern Sie Ihre Tochter und fordern Sie sie heraus, alles zu werden, was sie sein kann. Lassen Sie sie wissen, daß sie das Kind eines Königs, des Herrn Jesus Christus, ist. Es wird ihr helfen, sich besonders zu fühlen. Vermitteln Sie ihr eine ausgedehnte Sicht ihres Potentials, nicht eine beschränkte Sicht, wie in Kapitel 2 erwähnt.

Ihre Arbeit und Ihre Karriere sind für Sie wichtig wie für die meisten Männer. Was Ihre Tochter Sie tun sieht und Sie über die Arbeit sagen hört, wird ihre Perspektive ihres Potentials beeinflussen. Betonen Sie, daß es am wichtigsten ist, sein Bestes zu geben, anstatt Leistung und Gewinn an erste Stelle zu setzen. Sie muß von Ihnen lernen, wie man Freude und Erfüllung genauso darin erfahren kann, daß man Dinge gut erledigt, als wenn man das Endprodukt abgibt. Ihre Tochter muß sehen, daß Ihre Arbeit nicht das Wichtigste im Leben ist. Wenn Sie zulassen, daß Ihre Arbeit bestimmt, wer Sie sind und wie Sie sich fühlen, so wird sie Ihnen folgen. Sie sind mehr als das, was Sie tun oder produzieren, und Ihre Tochter auch. Helfen Sie ihr, durch Ihr Beispiel zu verstehen, daß ihr Beruf nur ein Ausdruck dessen ist, was sie ist und nicht der bestimmende Faktor ihrer Identität.

*4. Lassen Sie sie Ihre Gefühle sehen* (vgl. Kap. 3). Viele Töchter gehen durchs Leben und kennen ihre Väter nicht richtig, weil so viele Männer Wärme, Zärtlichkeit und Intimität vor ihren Frauen und Kindern zurückhalten. Männer verstecken sich gerne hinter der Rüstung ihres Zorns, was oft das einzige Gefühl ist, das die Familie zu sehen bekommt. Bringen Sie ihren emotionalen Ausdruck ins Gleichgewicht, um die volle Breite der positiven Gefühle einzuschließen. In Kapitel 3 finden Sie eine Reihe von Antworten, die mir Frauen auf die Frage gaben: „Welche Gefühle drückt ihr Vater aus, und wie drückt er sie aus?" Lesen Sie die Antworten durch und fragen Sie sich: „Wie würde meine Tochter diese Frage beantworten?" Würde sie sagen, daß Sie in Ihren Emotionen ausgeglichen sind? Warum oder warum nicht?

5. *Nehmen Sie sich Zeit, um mit ihr zu kommunizieren* (vgl. Kap. 3). Manchmal wenn wir Männer denken, ein Thema sei abgeschlossen, fangen die Frauen in unserem Leben gerade an, davon zu reden. Gestehen Sie sich und Ihrer Tochter genügend Zeit zu, um die Dinge zu ihrer Zufriedenheit zu Ende zu bereden. Hören Sie sorgfältig zu, was sie sagt, und noch sorgfältiger auf die Botschaft, die hinter den Worten steht. Behandeln Sie jede Gelegenheit, mit Ihrer Tochter Zeit zu verbringen, als ein Geschenk von Gott, das einmalig ist. Und lassen Sie zu, daß die Zeit mit ihr zum Geschenk von ihr an Sie wird.

Der Zeitplan Ihrer Tochter mag nicht immer mit Ihrem zusammentreffen. Als Sheryl 12 Jahre alt war, kam sie von einer Klavierstunde mit einem neuen Stück nach Hause: „Sunrise, sunset" aus „Der Geiger auf dem Dach" (The fiddler on the roof). „Papa, spielst du mir das vor?" fragte sie mich. Ich saß gerade gemütlich in meinem Sessel und las ein gutes Buch. So stand ich auf, setzte mich ans Klavier und spielte das Stück mehrere Male, sehr zu Sheryls Freude. Nach dem Abendessen wollte ich mich gerade wieder häuslich niederlassen, als Sheryl bettelte: „Spielst du es noch einmal?" Meine erste Reaktion, die ich aber nicht aussprach, war :„Sheryl, ich habe dieses Stück für heute schon oft genug gespielt. Ich möchte jetzt lesen. Spiele es alleine." Doch ich hörte, wie der Herr mir sagte: „Du bist nicht zu beschäftigt. Nimm' dir Zeit für Sheryl." So stand ich nochmals auf und spielte Klavier. Bald darauf standen Joyce und Sheryl am Klavier und sangen die Worte zu der wundervollen Melodie.

Dann traf es mich. Der Text beschreibt die Gefühle eines Vaters seinem kleinen Mädchen gegenüber, das zu einer jungen Frau wird. Mir wurde plötzlich klar, daß dieses Lied einige meiner Gefühle ausdrückte, die ich hatte, als ich Sheryl aufwachsen sah. Ich spielte das Lied mehrere Male, während Joyce und Sheryl dazu sangen. Es wurde zu einer wichtigen und bedeutungsvollen Zeit in meiner Beziehung zu Sheryl – und es kostete mich nur 15 Minuten. Doch beinahe hätte ich das verpaßt durch die Aussage: „Ich habe keine Zeit." Eine bedeutungsvolle Weise, mit Ihrer Tochter Zeit zu verbringen, besteht darin, das Vater-Interview von Kapitel 3 durchzuführen. Wenn Ihre Tochter Ihnen noch nicht vorgeschlagen hat, das zu tun, dann machen Sie ihr doch den Vorschlag.

*6. Beteiligen Sie sich mehr an ihrem Leben* (vgl. Kap. 4, 5, 6). Kapitel 4, 5, und 6 zeigen die tragischen Konsequenzen im Leben einer Tochter, wenn der Vater sie durch Tod, Verlassen oder Scheidung oder durch Nichtbeteiligung an ihrem Leben, obwohl er physisch anwesend ist, im Stich läßt. Die Tochter, die emotional oder körperlich von ihrem Vater verlassen wurde, wird Schwierigkeiten haben, anderen Männern zu vertrauen. Ihr ungelöster Groll wird die Beziehungen zu Männern beeinträchtigen. Sie fürchtet sich vor Intimität, weil der erste Mann, den sie je liebte – ihr Vater – ihr Herz gebrochen hat, indem er sie auf die gleiche Weise verließ. Sie braucht eine Möglichkeit, mit ihrem Groll umzugehen.

Viele Frauen heutzutage wachsen mit Phantomvätern auf, Männern, die körperlich zwar anwesend, aber emotional abwesend und am Leben ihrer Tochter unbeteiligt sind. Der Phantomvater ist normalerweise einer, der hingebungsvoll für die finanziellen Belange sorgt, der seiner Familie seine Liebe dadurch zeigt, daß er ihr ein gutes Leben bietet. Er arbeitet 10 bis 15 Stunden pro Tag, 6 Tage in der Woche, was ihm wenig Zeit für seine Familie läßt. Er lebt mit seiner Tochter unter dem gleichen Dach, und sie reden miteinander, kommunizieren aber nicht. Viele Töchter, die sich bemühen, die Phantomväter an ihrem Leben teilnehmen zu lassen, fühlen sich am Ende für deren Apathie verantwortlich.

Wenn Sie aktiv am Leben Ihrer Tochter beteiligt bleiben, so vermeiden Sie das Risiko, zu einem Phantomvater zu werden.

Verbringen Sie Zeit mit ihr, im Gespräch, in der Arbeit und beim Spiel. Planen Sie spezielle Vater-Tochter Rendezvous. Bitten Sie sie, Ihnen ihre Gedanken, Gefühle und Träume mitzuteilen, und tun Sie ihr gegenüber das gleiche.

7. *Geben Sie ihr Freiraum, daß sie wachsen kann* (vgl. Kap. 7). Obwohl viele Väter ihre Töchter verlassen, indem sie sich nicht an ihrem Leben beteiligen, schaffen andere genau das gegenteilige Problem, indem sie sich zu sehr im Leben ihrer Tochter einmischen. Eine Frau kann erwachsen werden und von zu Hause ausziehen, um festzustellen, daß ihr Vater immer noch sagt, was sie zu tun und zu lassen hat. Ich höre viele dieser Frauen sich beschweren, wenn sie zu mir ins Büro kommen: „Ich bin 33 Jahre alt, verheiratet und habe Kinder, doch ich bekomme meinen Vater immer noch nicht aus meinem Leben heraus. Er behandelt mich immer noch wie ein hilfloses kleines Mädchen – das ich nicht bin!" Der Vater, der sich zu sehr ins Leben seiner Tochter einmischt, verstärkt ihr Gefühl der Hilflosigkeit und ihre Abhängigkeit von ihm. Statt dessen sollte er ihre Fähigkeiten zur Unabhängigkeit unterstützen und sie auf ein Leben, in dem sie auf sich gestellt ist, vorbereiten. Wenn Sie Ihre Tochter dominieren und ihr keinen Freiraum zum Wachsen und Entwikkeln geben, so wird sie schlecht ausgerüstet sein, um als Erwachsene zu leben.

8. *Bieten Sie ihr eine gesunde Familie* (vgl. Kap. 8 und 9). Kapitel 8 setzt die positiven Eigenschaften einer gesunden Familie gegen die negativen einer gestörten Familie. Kapitel 9 geht in diesem Thema weiter, indem es die gestörten Rollen beschreibt, die die Betroffenen oft annehmen als Reaktion auf ihr Aufwachsen in einer gestörten Familie. Wenn Sie diese Kapitel lesen, wird es Ihnen und Ihrer Familie auf drei Arten helfen. Zuerst wird Ihnen die Beschreibung helfen, Ihre gegenwärtigen Beziehungen in der Familie einzuschätzen und festzustellen, ob Sie in die falsche Richtung gehen. Zweitens wird Ihnen diese Information helfen, den Hintergrund Ihrer Frau besser zu verstehen, was Ihnen klare Einsicht in ihre Gedanken, ihre Gefühle und Reaktionen vermittelt. Drittens sorgt die Untersuchung der Züge einer gesunden und einer gestörten Familie dafür, daß Sie Ihren eigenen Familienhintergrund besser verstehen und Ihnen be-

wußt wird, wie er Ihr heutiges Verhältnis zu Ihrer Tochter beeinflußt.

*9. Nähren Sie ihr Selbstwertgefühl und ihre Identität* (vgl. Kap. 10). In Kapitel 10 werden Sie viele Anregungen finden, wie Sie die Entwicklung des Selbstwertgefühls und der Identität Ihrer Tochter fördern können.Ich möchte dazu noch etwas hinzufügen: segnen Sie Ihre Tochter. Im Alten Testament finden Sie mehrere Gelegenheiten, bei denen Väter ihre Kinder segneten. Dieser Segen bedeutete Annahme, der die Grundlage zum Aufbau des Selbstwertgefühls darstellt. Indem Sie Ihre Tochter segnen, bauen Sie ihr Selbstwertgefühl auf und helfen ihr, ihre einzigartige Identität zu festigen

---

*Erkennen Sie Ihre Tochter
als eine ganz besondere Person
und vermitteln Sie ihr das
durch Ihre Worte. Behandeln Sie
sie so, daß sie merkt, daß
Sie sie als wunderbares Geschenk
wertschätzen.*

---

In ihrem Buch *The Blessing* (Der Segen) schlagen Gary Smalley und John Trent fünf Elemente vor, die einen Segen ausmachen. Das erste ist ein bedeutungsvolles Berühren. Untersuchungen zeigen, daß liebende Berührungen körperliche und emotionale Gesundheit fördern. Eine Umarmung, eine Hand auf ihrem Kopf, ein lieber Händedruck vermitteln Ihrer Tochter Liebe und Annahme und schaffen ein enges Band zwischen Ihnen beiden.

Zweitens kann Segen durch Worte vermittelt werden – Worte der Bestätigung, der Liebe und Annahme. Segnen Sie Ihre Tochter jeden Tag mit liebevollen Worten. Beobachten Sie sie genau, um Dinge zu finden, die Sie loben können, besonders solche, die Sie als selbstverständlich genommen haben. Planen Sie es im voraus und machen Sie eine Liste der positiven, ermutigenden Worte, die Sie ihr sagen möchten.

Das dritte Element des Segens ist einen „hohen Wert Ihrer Tochter gegenüber ausdrücken". Erkennen Sie, daß Ihre Tochter eine ganz besondere Person ist und vermitteln Sie das durch besondere Worte. Behandeln Sie sie wie ein wunderbares Geschenk. Lassen Sie sie wissen, daß Sie an sie glauben. Zeigen Sie ihr, daß sie eine Person mit großem Potential ist, auch wenn sie Ihren Normen nicht gerecht wird. Sie wird dann heranwachsen mit der Herausforderung, den positiven Erwartungen, die Sie für sie haben, gerecht zu werden.

Das vierte Element des Segens ist die Vorstellung einer besonderen Zukunft für Ihre Tochter. Was vermitteln Sie Ihrer Tochter für ihre Zukunft? Ist sie hoffnungsvoll oder entmutigt aufgrund dessen, was Sie ihr über die Zukunft sagen? Hört sie Sie sagen: „Ich weiß nicht, ob du das besitzt, was dazu notwendig ist" oder „Mach's nur, ich weiß, daß du es tun kannst." Isaak segnete Jakob mit wunderbaren Worten über seine Zukunft (1. Mose 27, 28–29). Jesus segnete uns mit Worten, die uns Verheißungen bezüglich der Zukunft mit ihm geben (Joh.14, 2–3). Sie werden Ihre Tochter durch Ihre positiven Worte über das, was sie erreichen und leisten wird, ermutigen und führen. Das letzte Element des Segens ist Ihr Versprechen, daß Sie alles Ihnen mögliche tun werden, um ihr zu helfen, daß sie ihr Potential erreicht. Dies umfaßt, daß Sie ihr Ihre Zeit und Mittel zur Verfügung stellen. Es bedeutet auch, daß Sie sich disziplinieren, um zu wachsen und so ein noch besseres Vorbild und ein Führer zu sein. Diese Zusage umschließt Ihr tägliches Gebet für Ihre Tochter und das Mitteilen von Gottes Wort, durch das, was Sie sagen und wie Sie leben. Schließlich erfordert es, daß Sie sie verstehen und helfen, ihre Einzigartigkeit zu entwickkeln, und sie nicht in Ihre Form pressen wollen. Sprüche 22, 6 sagt: „Erzieh den Knaben für den Lebensweg (im Amerik. „und beachte seine individuelle Begabung oder Art") , dann weicht er auch im Alter nicht davon ab." Ihre Tochter ist anders als alle anderen. Helfen Sie ihr, dies zu entdecken, ihr Potential zu entwickeln und die Gegenwart Jesu Christi in ihrem Leben zu reflektieren.[45]

*10. Geben Sie sie an ihren Ehemann frei.* (Vgl. Kap. 11 und 12). Eine der größten Umstellungen im Leben eines Vaters ist die Freigabe seiner Tochter, um eine verheiratete Tochter zu werden. Er war seit ihrer Geburt der erste Mann in ihrem Leben. Doch für die meisten Töchter kommt ein anderer Mann, der den Platz an erster Stelle einnimmt. Zu diesem Zeitpunkt muß der Vater sie in die Fürsorge und dem Schutz des Ehemannes geben, den Gott ihr gegeben hat. Dieser Übergang fand für Sheryl und mich 1988 statt.

Während meiner 25jährigen vorehelichen Beratung habe ich immer verlangt, daß die Eltern des verlobten Paares einen Brief an ihre zukünftige Schwiegertochter/ihren Schwiegersohn schreiben, um sie/ihn in der Familie willkommen zu heißen. Ich habe in meinem Büro Hunderte solcher Briefe gehört. Seit Jahren freute ich mich darauf, dem zukünftigen Mann Sheryls solch einen Brief schreiben zu können. Ich war froh, als Bills und Sheryls Seelsorger, der ein guter Freund von mir ist, verlangte, daß Joyce und ich einen Willkommensbrief an Bill schrieben, was wir auch taten.

Aber wir wollten auch einen Brief an Sheryl schreiben. Wir wollten ihr auf besondere Weise ausdrücken, wir sehr wir sie liebten und wie froh wir über ihre Zukunft mit Bill waren. Es war unsere Art, sie dem Mann, den Gott ihr gegeben hatte, freizugeben. Nach den Anweisungen des Seelsorgers schickte ich ihm unseren Brief an Bill und legte einen Brief an Sheryl hinein. Als dann der Seelsorgetermin kam, las er ihnen die beiden Briefe der Schwiegereltern vor. Dann sagte er zu Sheryl: „Da ist noch ein Brief an dich von deinen Eltern. Ich schlage dir vor, daß du nach Hause zu deinem Vater gehst und ihn bittest, ihn dir vorzulesen." Als sie mit dieser Information zu mir kam, war ich überrascht. Doch da ich ihren Seelsorger gut kenne, hätte mich das nicht überraschen sollen. Ich wartete drei Tage, bis wir uns alle zusammensetzten und ich Sheryl den Brief von meiner Frau und mir vorlas. Ich bin froh, daß wir es taten. Der Abend kam, an dem wir mit Bill, Sheryl, Bills Eltern und dem Seelsorger zusammensaßen und unsere Briefe vorlasen. Es war etwas Besonderes, unseren Brief an Sheryl vorzulesen! Mit ihrer Erlaubnis möchte ich Ihnen diesen Brief mitteilen:

*Liebe Sheryl,*

*du hast wahrscheinlich nicht erwartet, von uns einen Brief zu erhalten, aber wir wollten immer einen Brief an unsere fast verheiratete Tochter schreiben. Hier ist er! Seit Jahren haben wir gebetet, daß du den richtigen Mann wählst, um den Rest deines Lebens mit ihm zu verbringen. Geduld zahlt sich aus, nicht wahr? Sheryl, unser Wunsch ist, daß du eine Ehe führst, die dich erfüllt, zufriedenstellt und Gott die Ehre gibt. Du als Frau hast viel zu bieten. Du hast Gott gegebene Talente und Fähigkeiten, die mit jedem Jahr deines Lebens mehr zum Vorschein kommen. Du bist sensibel und liebst Bill, was eure Ehe fördern wird. Wir wissen, daß es Zeiten gibt, in denen du dich selbst kritisierst und entmutigt bist. Gib' dich selbst niemals auf! Gott hat dich noch nie fallengelassen und wird es auch nicht tun! Behandle dich selbst mit dem gleichen Respekt, den Gott dir gegenüber hat. Laß' ihn dich nun als verheiratete Frau immer mehr entwickeln. Jesus Christus hat in dir ein neues Werk angefangen, und er wird es vollenden. Sheryl, du hast viel Freude und Erfüllung in unser Leben gebracht, und wir danken Gott, daß du all diese Jahre unsere Tochter warst. Wir sind zusammen gewachsen und haben gelernt, uns anzunehmen auch durch manche schwierige Zeiten. So ist das Leben! Doch mit Jesus Christus lernen wir alle durch solche schwere Zeiten. Wir freuen uns darauf, die Eltern einer verheirateten Tochter zu werden.*

> *Sheryl, danke, daß du unser Leben bereichert hast. Danke, für das, was du bist.*

> *Wir lieben dich, Mama und Papa*

Ob Ihre Tochter verheiratet ist oder nicht, schlage ich Ihnen vor, solch einen Brief an sie zu schreiben. Teilen Sie ihr mit, was Sie ihr gegenüber empfinden, ermutigen und segnen Sie sie. Machen Sie dann einen Zeitpunkt aus, wo Sie ihr den Brief persönlich vorlesen können. Sie werden feststellen, daß Ihre Beziehung dadurch noch enger wird.

# Anmerkungen

[1] Willard Gaylin, „*Feelings*", Harper and Row.

[2] Suzanne Fields, „*Like Father, Like Daughter*, Little, Brown and Co.

[3] William Woolfolk & Donna W. Cross, „*Daddy's Little Girl*", Prentice Hall Inc.

[4] W. S. Appleton, „*Fathers and Daughters*" Doubleday & Co.

[5] Nicky Marone, „*How to Father a Successful Daughter*", McGraw Hill.

[6] H. Norman Wright, „*Understanding the Man in Your Life*", Word Books.

[7] Auszug aus „*The Male Stress Syndrome*", Georgia Nitkin Lanoil, Newmarket Press.

[8] Ken Druck & James C. Simmons, „*The Secrets Men Keep*", Doubleday and Co.

[9] Diane Wakoski, „*The Wounded Woman* by Linda S. Leonard, Ohio University Press.

[10] Tennessee Williams, „*The Glas Menagerie*".

[11] Erna Furman, „*A Child's Parent Dies*", Yale University Press.

[12] Robert Veninga, „*A Gift of Hope*", Little, Brown & Co.

[13] Joan Libman, „*No Happily Even After in Divorce*", Los Angeles Times.

[14] Elyse Wakermann, „*Father Loss*".

[15] Ibidem

[16] E. Mavis Hetherington, „*Girls Without Fathers*", Psychology Today.

[17] Ibidem

[18] Ken Olson, „*Hey Man, Open Up and Live*", Fawcett.

[19] Michael E. McGill, „*The McGill Report on Male Intimacy*", Harper and Row.

[20] Howard Halpern, „*Cutting Loose*", Bantam Books.

[21] Ibidem

[22] Lloyd John Ogilvie, „*God's Transforming Love*", Regal Books.

[23] Sara Hines Martin, „*Healing for Adult Children of Alcoholics*", Broadman Press.

[24] Melodie Beattie, „*Copedendent No More*", Harper and Row.

[25] Archibald Hart, „*15 Principles for Achieving Happiness*", Word Books.

[26] David Seamands, „*Healing of Memories*", Victor Books.

[27] Gaultiere, „*Mistaken Identity*".

[28] Hart, „*15 Principles for Achieving Happiness*".

[29] Leonard Felder, „*A Fresh Start*", Signet Books.

[30] Ibidem

[31] John W. James & Frank Cherry, „*The Grief Recovery Handbook*", Harper and Row.

[32] Ibidem

[33] Beverly Engel, „*The Right to Innocence*", Jeremy P. Tarcher.

[34] Ibidem

[35] Ibidem

[36] Ibidem

[37] Dwight Lee Wolter, „*Forgiving Our Parents*", Compcare Publishers

[38] Leopold Bellak, „*The Best Years of Your Life*", Atheneum.

[39] Behavior Today Newsletter, November 1988.

[40] Leopold Bellak, „*The Best Years of Your Life*".

[41] Howard Halpern, „*Cutting Loose*", Bantam Books.

[42] Ibidem

[43] C. Flax & E. Ubell, „*Mother, Father, You*", Wyden Books.

[44] Josh McDowell & Norman Wakefield, „*The Dad Difference*", Here's Life Publishers.

[45] Gary Smalley & John Trent, „*The Blessing*", Thomas Nelson Publ.

Lieber Leser,
wenn durch die Lektüre dieses Buches in Ihnen persönliche
oder seelsorgerliche Fragen aufgekommen sind, so wenden
Sie sich mit diesen bitte an einen Seelsorger Ihres Vertrauens. Gerne dürfen Sie sich auch an die
Family Life Mission, Postfach 1965, 77679 Kehl
wenden, die von Walter und Ingrid Trobisch gegründet
wurde. Erfahrene Seelsorger werden Ihnen antworten. Ihre
Anfragen werden selbstverständlich vertraulich behandelt.